日本の敗戦後、南京路にある大新公司ビルに掲げられた蔣介石の巨大肖像、1945年
（劉香成、凱倫・史密斯『上海：1842-2010、一座偉大城市的肖像』世界図書出版公司、2010年）

上海の映画・演劇関係者
于伶（前列右端、眼鏡の人物）、田漢（前列右から二人目）などの姿が見える。ここに集った人びとの多くが戦後上海に戻った。
（潘翎主編『上海滄桑一百年：1843-1949』、海峰出版社、1993年）

共産党軍が上海に接近する中、外灘《ワイタン》を巡視行進する国民党軍、1948年11月
（『上海：1842-2010、一座偉大城市的肖像』）

闇取引やインフレに抗議して外灘をデモする女学生たち、1949年8月
（『上海：1842-2010、一座偉大城市的肖像』）

共産党の勝利を前に銀行から金を引き出そうと殺到する人びと
Henri Cartier-Bresson（アンリ・カルティエ=ブレッソン）
（Sam Tata: *Shanghai, 1949 End of an Era*, B. T. Bastford, 1989）

人民解放軍の進攻を新聞で読む市民、1949年4月25日
（『上海滄桑一百年：1843-1949』）

上海に入る人、出る人でごった返す四川路の雑踏、1949年5月初め
（*Shanghai, 1949 End of an Era*）

人民解放軍の妻と子ども（*Shanghai, 1949 End of an Era*）

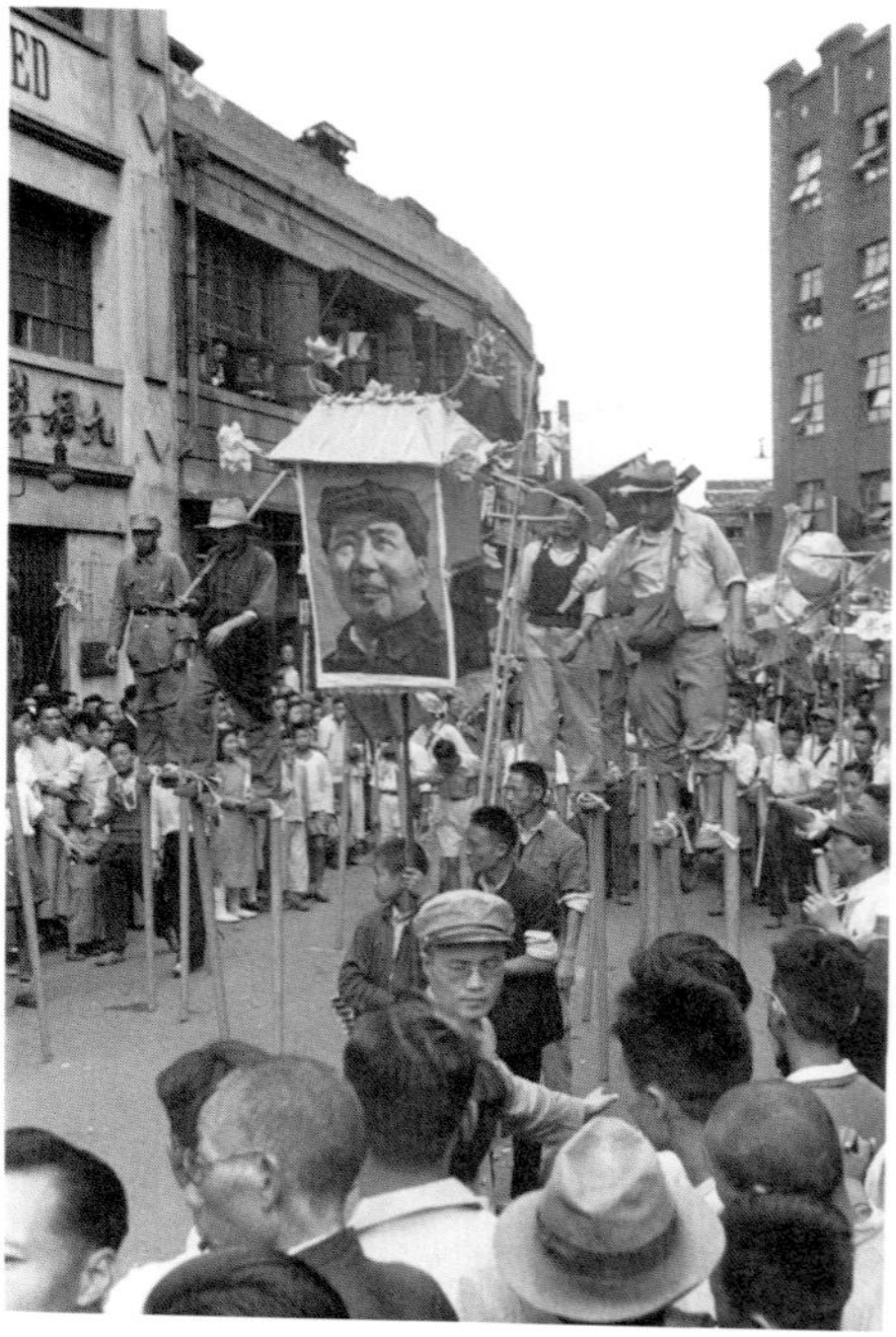

毛沢東の肖像を掲げて竹馬で行進する男たち、8月もしくは9月
（*Shanghai, 1949 End of an Era*）

ウースター・ヴィクトリー号への乗船を待つ外国人避難民の少女
（*Shanghai, 1949 End of an Era*）

# 上海の戦後

## 人びとの模索・越境・記憶

髙綱博文・木田隆文・堀井弘一郎［編］

勉誠出版

［目次］

# 上海の戦後

## 人びとの模索・越境・記憶

## 第Ⅲ部　〈記憶〉の再編

# 戦後上海への招待

髙綱博文

私たちは、二〇一七年二月に刊行した『アジア遊学二〇五』において「戦時上海グレーゾーン」を特集した。本書ではそれに引き続き〈戦時上海グレーゾーン〉を生き抜いた上海の人びとの戦後を描こうとするものである。その狙いは戦後に奥地から上海へ帰還した人びとなどを含め、日中両国の庶民、企業人、文化人、それに外国人ら戦後上海を体験したところのさまざまな人びとの生き様を掘り起こし、その歴史に光をあてることにある。

上海の戦後（終戦〜中華人民共和国成立）は、これまで概説書において日本の敗戦に始まり、国民政府軍による上海接収、日本人の引揚げ、漢奸裁判、国共内戦の勃発、国民党の弾圧と腐敗、国民党政権の崩壊として叙述されてきた。本書ではいわばそうした政治史の通史としてではなく、上海の〈戦後〉を体験した人びとの〈模索〉、〈越境〉、〈記憶〉という切り口から戦後上海像を提示し、戦後上海の多様性に注目した新たな歴史像を提示したいと考えている。

はじめに、戦後上海の時代状況を概観しながら、本書の狙いを述べておきたい。アメリカを代表する中国史研究者であるJ・K・フェアバンクは戦後の上海において米国広報文化局長官代理を勤めており、一九四六年末の上海の街の様相を次のように描いている。

キャセイは上海のリッツで、現在は海軍が経営し、われわれの事務所もそこにあります。通りは兵隊を乗せたバス、輪タク、タクシー、行進する中国兵、骨董品のような市電の前を横切ったりして徘徊する店員たち、交通のまっ只中で新聞を売る少女たち、間もなく本国へ送り帰されることになっている髭のシーク兵たち数人、雑多なGI、長袍を着た中国人の外国人協力者たち、揚子江上流地域から帰ってきた投資家たち、白系ロシアの舞姫たち、取り残されたドイツ人たち、彷徨する日本兵、そして結核持ちの苦力たちなどでごったがえしています。

(平野健一郎・蒲地典子訳『中国回想録』みすず書房、一九九四年)

一九四五年八月十四日、中国は八年間の抗戦に勝利した。戦争の終結は、上海の新しい時代の到来を意味した。国民政府は重慶から南京に帰還し、上海はふたたびその統治拠点となった。国民政府は旧租界を含む上海市全域を接収、九月十二日には上海市政府成立の宣言がなされ、上海ははじめて中国の主権下に統一された。これは一八四二年の南京条約以来はじめて、上海が中国人の上海になったことを意味するものであり、上海の歴史にとって画期的なことであった。しかしながら、フェアバンクは戦後上海が依然として「国際都市」であることを描写しながらも、「黄浦江に砲艦を配置している者によって支配される点も変わっていない」とも指摘している。戦後上海は日本にかわりアメリカの支配下に置かれた。八月十八日にはアメリカ軍は上海に進駐し、その後アメリカは政治・経済・文化的な影響力を著しく強めることになり、上海の中国人との矛盾・対立を生むことになった。

日本軍の降伏、租界の消滅、そして重慶から帰還した国民政府による統治の開始などの変化により、上海社会は新たな局面を迎えた。内陸の国民党統治地域に移動していた多くの人びとが、続々と上海に帰還した。帰還した人びとは上海の政権運営で新たなイニシアティブを発揮することになったが、時として残留者との矛盾が顕在化することもあった。帰還者は一部の残留者を対日協力者＝「漢奸」と非難し、両者の間に軋轢も生まれた。「漢奸」とされた人びとも、新たな状況の中で身の振り方を模索し、自らの生き方を選びとっていくことになる。

アヘン戦争そして南京条約の締結による開港以後、上海は中国の対外貿易、金融、交通運輸、軽工業などの主要な基地として繁栄してきた。「華洋雑居」の混沌の中で発達した上海の消費文化は、日本軍の包囲による「孤島」時代ですら、大きな発達を遂げていた。蘇州河以南の共同租界とフランス租界には大量のヒト・モノ・カネが流入することによって、商業的な繁栄局面に入っていた。またアジア太平洋戦争が勃発し、日本軍が共同租界・フランス租界に進駐して以降、商業活動は一定程度の後退局面に入ったものの、中国人社会の購買力は依然として維持されていた。

終戦とともに上海は、中国経済の中心地としての地位を回復した。戦後の中華民国の領土は日本人によって「満洲」と呼ばれた東北地域と台湾を組み入れて再編されたが、上海は対外内貿易で圧倒的な比重を占める中心であった。上海は終戦直後から経済的に復調の兆しを見せ、それは軽工業品に対する需要の増加や敗戦による日本製品の中国市場からの退場のためであった。

一九四六年半ばに国共内戦が再開するまでの戦後上海は、自由主義思潮とアメリカ文化は拡大し、直接に戦禍を被ることのなかった大衆消費社会が活力を取り戻し、再び中国における経済・文化の中心になりつつあった。一方で、連合国救済復興機関（UNRRA）による物資の大量流入や、国民政府が一九四六年二月に貿易自由政策を性急に実施したことにより、アメリカの安価な商品が大量に流入して上海の民族産業に打撃を与えた。また、戦後の上海経済の発展を挫折させたのは国民政府による通貨政策の失敗であり、その結果としてのハイパー・インフレーションであった。こうした社会不安に際して、国民政府は治安維持と社会統制政策を最優先した。

戦後、国民政府が、上海で取り組まねばならなかった第一の課題は、巨大な国際都市の復興と支配の確立であった。日本人居留民がほぼ引揚げた四六年六月、上海には三十数ケ国の外国人およそ四万八〇〇〇人が居住しており、租界はなくなったものの英米の企業活動が復活し、中国第一の国際都市であることにかわりはなかった。しかし、ユダヤ人や留用日本人を含む多くの外国人は国境や境遇を越境していくことになり、その後彼らは上海の記憶をさまざまに語ることになった。

一九四六年夏になると、全面的な国共内戦が始まり、上海の経済は停滞し悪性インフレは民衆の生活を直撃した。全市の産業労働者八十万人のうち三十万人が失業し、多数の難民が路上をさまよったと言われる。内戦の強行と経済の崩壊は、大多数の民衆を国民政府から離反させ、上海では「反内戦・反飢餓・反迫害」をスローガンとした反政府運動が高揚した。

四八年夏以降、国民政府の上海統治は最終段階に入った。一九四九年四月十二日、中国共産党の人民解放軍は長江流域で総攻撃を開始した。五月二十七日に上海市を占領した人民解放軍は上海市軍事管制委員会を設立、翌二十八日には陳毅を市長とする上海市人民政府が誕生し、四九年十月一日、中華人民共和国が成立した。四九年四月三十日に最後の外国軍——アメリカ海軍陸戦隊——が上海を撤退し、上海における多く外国人と外国企業は引揚げたが、建国後もおよそ二万八〇〇〇名の外国人は上海に留まり事業の継続を模索していた。しかし、建国当初の共産党の対上海政策の見解は次のようであった。

上海は、帝国主義経済体系との依存関係を断ち切らなければならない。帝国主義、買弁、官僚が人民を圧迫し、搾取する都市から、国内市場のための生産ならびに人民に奉仕する都市に改変されなければならない。

ここに租界を中核として形成された「国際都市」上海は終焉することになった。とは言っても、かつての上海租界を通じて外国の文化、生活習慣と中国の文化、生活習慣との融合が生み出したところの「クレオール上海」（古厩忠夫）は一九九〇年代に入り上海においても改革・開放政策が本格的に推進されるようになると復活し、上海の人びとを活気づかせ、再び上海を東アジアにおける国際巨大都市へと押し上げることになった。

本書の構成は以下の通りである。

［Ⅰ　人びとの〈模索〉］では、日本敗戦から国共内戦、中華人民共和国建国にいたる戦後上海において、中国の人びとがその激動期をいかに生き抜いてきたかを明らかにしようとするものである。そこでは対日協力者の戦後の足跡をたどり、資本家たちの苦悩と選択、民衆の苦難と不安な日々が語られ、インフレに苦しむ上海経済の実態が明らかにされる。困難な時にこそ上海の人びとに愛された話劇や、上海キリスト教会の動向を考察した論考も集められている。

［Ⅱ　〈越境〉の軌跡］では、上海租界が消滅したとはいえ、「国際都市」であった戦後上海における外国人の軌跡を歴史的に検証しようとするものである。戦後のおいても上海の欧米人社会は健在であったこと、ナチスから上海へ逃れてきたユダヤ人にとっての戦後や、上海租界で活躍していたあるフランス文化人の戦後が、また上海に残留して国民政府や共産党政権で「留用」された日本人の実態、それに戦後上海における朝鮮人の動向が諸論考により明らかにされている。

［Ⅲ　〈記憶〉の再編］では、主に戦前・敗戦期の上海体験をテーマとした日本人文学者の作品を素材にして、戦後における日本人の上海記憶のあり方を考察している。堀田善衞や武田泰淳、さらには小泉譲・生島治郎・村上春樹らによる上海を描いた文学作品が取り上げられるが、そこでは各作家の、あるいはその親世代の上海体験がいかなる内実を持っていたかが具体的に検討されるだけでなく、それらが表象化される際に生じる「ゆらぎ」が問われている。またさらに、近年の歴史修正主義の流れに即した出版物を批判的に検証し、日本人の清算されない「帝国意識」をあぶり出す論考や、終戦後の国民党系雑誌にみられる日本への「まなざし」を顕在化するものも収められている。

本書は主に上海の戦後を体験したさまざまな人びとの生き様やその記憶を掘り起こし紹介するものであるが、それを現代の視点から照射するために改革・開放政策下における上海の第一線で活躍されてきた方々に上海における体験や記憶のあり方をインタビューやコラムという形で語っていただいた。ご協力をいただいた方々に厚くお礼申し上げます。

（日本上海史研究会代表）

# 本書に登場する上海の主な場所

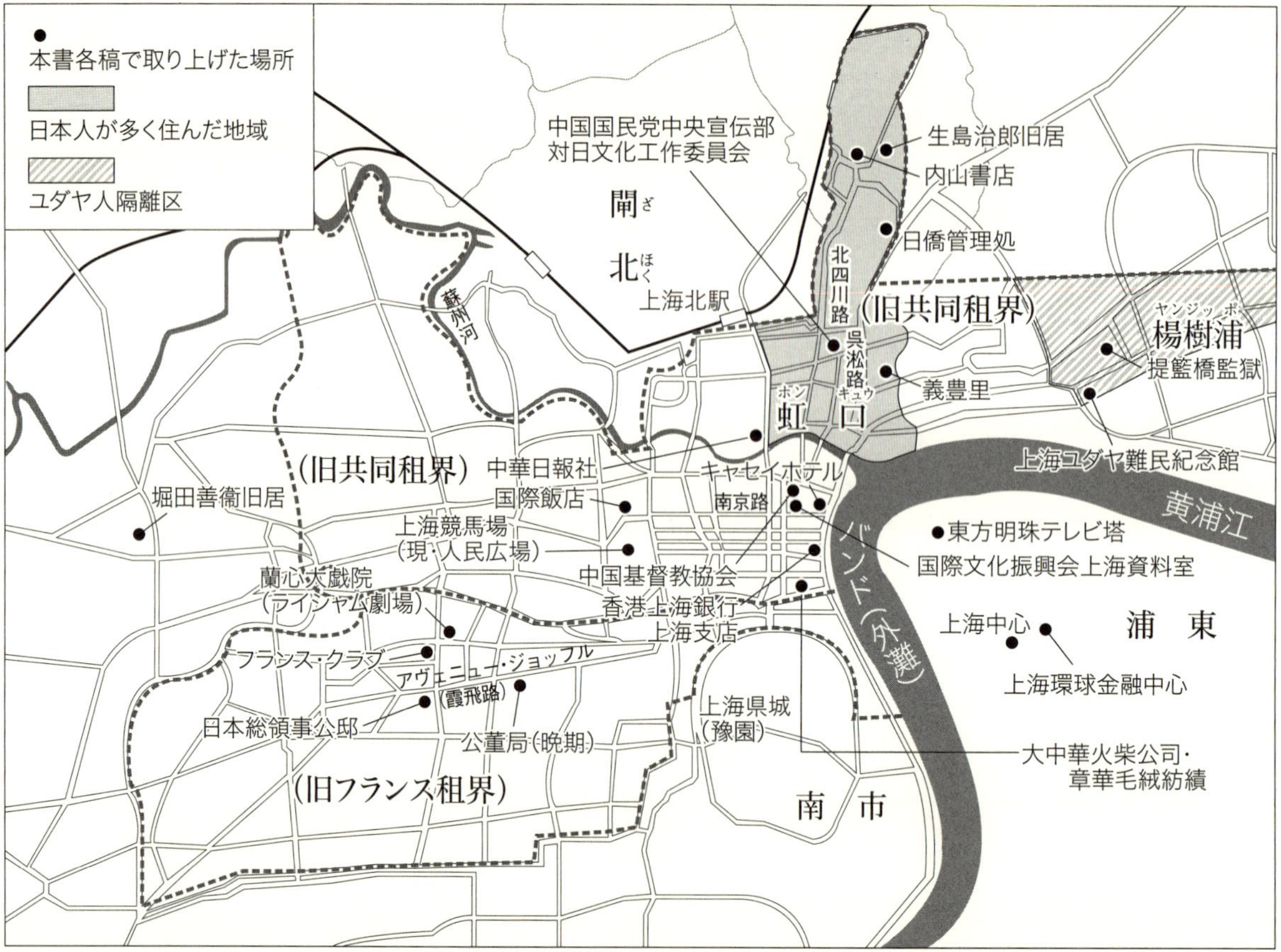

【Ⅰ　人びとの〈模索〉】

# 対日協力者の戦後――日本亡命者盛毓度《せいいくど》と留園

関　智英

せき・ともひで――公益財団法人東洋文庫奨励研究員。専門は中国近現代史。主な著書・論文に『文革――南京大学一四人の証言』（共編訳著、築地書館、二〇〇九年）、『『順天時報』社論・論説目録』（共編、東洋文庫、二〇一七年）、「高橋和巳と満洲国・中国占領地――歴史認識とその背景」（太田代志朗他編『高橋和巳の文学と思想――その〈志〉と〈憂愁〉の彼方に』コールサック社、二〇一八年）などがある。

本稿ではまず上海に関係の深い中国人対日協力者の敗戦前夜から戦後の動向を分析し、漢奸裁判で処刑された者はごく少数で、多くは減刑・釈放されたことを確認する。続いて漢奸裁判を受けながら、戦後は日本で中華料理店留園の経営者として知られた盛毓度と日本社会との関わりについて検討し、戦後の日本社会が経営者としての盛の活動には注目したものの、「漢奸」として裁かれたその経歴についてはほとんど意識しなかった点を明らかにする。

## はじめに

一般的な日中戦争史ではあまり注目されてこなかったものの、日中戦争の進展は中国人対日協力者（以下、協力者）の存在と不可分の関係にあった。日本は占領地を統治するに際し、現地人による政権（占領地政権）を通じて間接的な支配を行ったからである。これには、日中戦争勃発当初、アメリカの中立法発動を懸念して、日本が宣戦布告をせず（故に戦争でなく「事変」と称した）、そのため占領地に直接軍政を敷くことができなかったという理由もあるが、実際問題としても圧倒的多数の中国人を少数の日本人が直接統治することは非現実的であった。占領地政権による間接統治は、効率性からも合理的な選択であったと言える。しかしこのことは協力者を多数生み出し、中国人同士を分断することに繋がった。

本稿ではこうして登場した協力者のうち上海と関係の深い人々に着目し、その戦後の事情を明らかにする。後述するように、上海は南京とともに汪精衛《おうせいえい》（汪兆銘）政権の重要な拠点であった。上海の事例を検討することで、占領地や協力者の動向を摑むことができよう。さらに後半では盛毓度《せいいくど》なる人物の検討を通じて、戦後日中関係史の中でも従来あまり注目されることのなかった側面について考えてみたい。

## 一、占領地政権と協力者

日中戦争開始から間もなく、日本軍占領地に中華民国臨時政府（北京）と中華民国維新政府（南京）という二つの政府が樹立された。しかし両政府ともに中国民衆の支持を得ることは出来ず、その基盤は弱かった。このため現地日本軍は、より強力な占領地政権樹立を模索し、重慶の国民政府内で親日派として知られていた汪精衛に注目した。

汪精衛は清末から革命運動に身を投じた国民党員で、国民政府内では国民参政会議長を務めるなど、蔣介石に次ぐ立場にあった。汪は抗戦を続けることにより中国国内が荒廃することや中国共産党の擡頭《たいとう》を憂慮していた。

一九四〇年三月、汪精衛は重慶国民政府を南京に還《かえ》すという体裁（還都）で政権を樹立した（汪政権）。臨時政府・維新政府は汪政権に合流した。

汪政権も含め、占領地政権に参加した中国人が日本と協力するに至った理由・背景は一様ではない。しかし、日本へ徹底抗戦の構えを取っていた蔣介石率いる国民政府は一九三八年八月に「懲治漢奸条例《ちょうちかんかん》」を制定しており、それによれば敵国と通じる者や、「偽政府」（占領地政権）に奉職する者は、一律に「漢奸」（漢民族の裏切り者・売国奴）として処罰されることが規定されていた。日本と関わりを持つことは、「漢奸」のレッテルを貼られることと表裏の関係にあったのである。それでも少なくない中国人が日本と協力するという選択肢を取ったのは、日本との提携が、それなりの合理性を担保していたからに他ならない。

この合理性が大きく崩れてしまったと考えられるのが、日本による対米英宣戦布告である。多くの協力者にとっても、日米開戦は寝耳に水の出来事であった。さらに日本の戦局が悪化したことは、協力者自身が「漢奸」として処罰される危機意識を高めたことは想像に難くない。一九四四年十一月には政権の大黒柱汪精衛も入院先の名古屋で死去していた。

日本の戦局悪化は、日本人居留民を含む一般市民にも明らかであった。一九四四年から四五年にかけて上海に滞在していた作家阿部知二《あべともじ》は、「杭州湾あたりに、いまにもアメリカの大軍が上陸してくる」という流言や、「戦局を見越して米弗《ドル》を闇相場で買つてゐる」日本人の姿を小説「隣人」に描いている。阿部自身の経験が反映されたものとみて良いだろう。

## 二、日本の敗戦と漢奸裁判

上海では一九四五年八月十日の黄昏に日本投降の消息が広まり、翌日、汪政権の機関紙『中華日報』も号外でこの事実を伝えた。当時国際文化振興会上海資料室に在籍していた堀《ほっ》田善衛《たよしえ》は、日本降伏を伝えに来た詩人路易士《ろえきし》が大変よろこんだ表情で堀田ら暗い表情の日本人達を食事に誘ったと回想している〔紅野謙介編『堀田善衛上海日記』集英社、二〇〇八年〕。

八月十五日、日本のポツダム宣言受諾が正式に伝えられ、汪政権は翌十六日に解散を宣言し、蔣介石率いる重慶の国民政府からの接収を待つ姿勢を示した。

上海では八月二十日に重慶の国民政府により、実質的な市政府に相当する軍事委員会上海行動総隊司令部の陣容が発表された。司令には汪政権で財政部部長などを務めた有力者周仏海《しゅうふつかい》が任命された。周は戦時中から重慶側と繋がりを持っており、そのことが周の任命に繋がったのである。同司令部には羅君強《らくんきょう》〔上海市政府秘書長〕や（〔〕内は汪政権での役職）、調査室主任万里浪《ばんりろう》〔軍事委員会政治保衛局局長〕など、汪政権で周仏海と関係の深かった者も多数任命された。副司令熊剣東《ゆうけんとう》〔上海市保安処処長〕のように、元々は重慶国民政府の軍人として、占領地で特務活動などに従事していたものの、その後汪政権に逮捕され、周仏海との関係などから汪政権に参加した者もいた。彼らは、汪政権と重慶側とのまさに狭間に位置しており、上海行動総隊司令部の立場を、身をもって体現した人々であった。

国民政府によるこのような指示の背景には、中国共産党の擡頭に対する危機意識があった。日中戦争の八年間、蔣介石率いる重慶国民政府は、日本との戦争に専念せざるを得なかったが、その間隙をぬって共産党は農村部を中心に勢力範囲を拡大していた。

このため蔣介石は八路軍《はちろぐん》・新四軍《しんしぐん》〔共産党の軍隊〕が国民党軍に先立って日本軍を武装解除することを認めず、上海行動総隊司令部のような緩衝組織を置いて、重慶からの軍が到着するまでの治安維持に当たらせたのである。

これには将来的には汪政権の軍事力を国民政府に糾合する狙いもあった。しかし、中国共産党も、国民政府と汪政権の合流を警戒し、盛んに反漢奸キャンペーンを繰り広げ、輿論に対し汪政権関係者の厳しい処罰を求めた。このため国民政府も協力者により厳しく臨まざるを得なくなったのである〔古厩忠夫「戦後地域社会の再編と対日協力者」〔姫田光義編著『戦後中国国民政府史の研究――一九四五―一九四九』中央大学出版部、二〇〇一年）。

## 三、漢奸裁判の開始

上海では一九四五年九月初旬から国民政府による漢奸の逮捕が始まった。漢奸裁判は、首都高等法院（南京）・上海高等法院など全国各地で開廷されたが、上海は南京と共に汪政権の中心地だったことから、要人の裁判も多数開廷された。また各地の裁判所で判決を受けた者が上海の提籃橋《ていらんきょう》監獄に入獄する例も多かった。

上海での漢奸裁判で最初に判決が下されたのは陳日平《ちんじつへい》である。陳日平は横浜に生れ、早稲田大学卒業後、一九二〇年に中国に戻り上海北四川路で弁護士業を営んでいた。三八年、大槻茂《おおつきしげる》（報知新聞特派員）の誘いにより維新政府立法委員となり、その後財政部常務次長・華興《かこう》商業銀行監察人・上海第一区公署経済処処長・上海特別市諮詢《しじゅん》会委員・『新聞報』副社長等を歴任した。陳日平は四五年九月六日に逮捕され、同年十二月二十二日に「無期懲役」の判決が下された。

一九四六年に入ると漢奸逮捕と裁判は本格化した。重慶の国民政府から上海行動総隊司令部のメンバーとして任命された先述の羅君強らも例外ではなく、上海高等法院で判決が下された。また国外の汪政権関係者も漢奸裁判の対象となった。例えば交通部部長として維新政府に参加し、その後は汪政権の駐東京大使館で顧問を務めていた江洪杰《こうこうけつ》は、戦犯としてGHQに逮捕された後、上海に送還され、四七年七月に懲役七年六ケ月等の判決を受けた（関智英「大使館の人々」）。

漢奸裁判の審理は短期間で判決が下される傾向にあったが、判決に不服がある場合は再審も認められており、その結果減刑される者も少なくなかった。こうしたこともあり、死刑判決がそのまま執行された例は全体から見れば多くない。また『申報』社長の陳彬龢《ちんひんわ》や同編輯長の呉玥《ごげつ》のように、「漢奸」指定を受けたものの潜伏し、裁判を逃れた者もいた。こうして上海で受理された漢奸案件は、一九四六年で一二六二件、四七年は一四八二件に上った（『上海監獄志』上海社会科学院出版社、二〇〇三年）。

一方、特務工作やスパイ関係の軍事漢奸は、漢奸裁判を経ず非公開で処刑された。上海では一九四六年八月五日午後四時、上海閘北《ざほく》の宋公園で二十六名が銃殺刑に処され、この中には先述の万里浪も含まれていた。彼等が裁判を経ずに処刑された理由は不明だが、任務の特殊性から、国民政府が裁判で自身にとって不利な証言が出ることを恐れた可能性がある。

漢奸狩りの影響は市民社会にも影響を与えた。一九四六年一月には、上海の老舗百貨店新新公司の総経理李沢《りたく》が、職工ら約八〇〇名の告発により、「漢奸」として逮捕された。李沢が戦前に全国商業統制総会理事など「偽職」を務め、日本側に鉄を融通したことなどが問題とされたのである。李沢は気鋭の弁護士章士釗《しょうししょう》に弁護を依頼し法廷闘争に備えたが、結局懲役三年等の判決を受けた。

一九四六年四月に実施された上海市参議員選挙で選ばれた市参議会（諮詢機関）にも「漢奸」摘発が影響を与えた。というのも選挙で当選した参議員のうち十一名が「漢奸」として告発される、との噂が広まったからである。結局実際に告発されたのは、一人だけだったが、こうした騒動の背景には、戦争中に日本と協力した者に対する恨みはもちろん、一方で戦前以来の勢力を保ちたい旧勢力と、「漢奸」に対する大衆感情を利用して社会上昇を狙った新興勢力の対立も絡みあっていたのである（古厩前掲、岩間一弘『上海大衆の誕生と変貌』）。

## 四、「漢奸」の保釈と人民解放軍の上海入城

漢奸裁判を通じて、占領時期の問題が清算されていった一方で顕在化してきたのが、国民党と共産党の対立であった。戦後の中国の政治体制をめぐって両者の対立は決定的となり、一九四六年六月、蒋介石は共産党に対し全面的な攻撃を開始した。同年十一月から南京で開かれた憲法制定のための国民大会にも共産党は参加せず、国民党・青年党など一部の政党だけで中華民国憲法が通過し、四七年十二月に施行された。内戦勃発当初優勢だったのは中華民国政府軍だった。しかし、農村部を中心に共産党の人民解放軍の勢力が拡大し、一九四八年十一月から翌年一月にかけて、徐州《じょしゅう》を中心に展開した淮海《わいかい》戦役で人民解放軍が中華民国政府軍に勝利すると、南京・上海にも共産党の影響が及ぶようになった。

こうした変化は漢奸の処遇にも影響を与えたようだ。実際、李沢のように上海で服役していた「漢奸」も、一九四八年後半から四九年前半にかけて保釈された者が少なくない。四八年十二月、懲役五年以下で刑期の二分の一以上を過ぎた「漢奸」は保釈され、翌月二十日までに一一二九名が出獄した。

一九四九年五月二十七日、人民解放軍が上海に入城した。その三ケ月後の八月、上海に一人の「漢奸」が移送されてきた。汪精衛の妻陳璧君《ちんへきくん》である。陳は江蘇高等法院での審理を経て、最高法院で終身禁固の刑が確定し（四六年四月二十二日）、蘇州獅子口《ししこう》の江蘇第三監獄で服役していたが、四九年四月二十七日に人民解放軍が蘇州を占領すると、提籃橋監獄に収監されたのである。人民共和国は陳璧君に対し、「認罪」（罪を認めること）と転向を迫ったが、陳は最後まで亡き夫、汪精衛の人格・信念・政治行動を賞賛する姿勢を貫いた。

一九五七年夏、訪中元軍人団の一員として中国を訪問した谷岡平八郎（元駐南京日本大使館付海軍武官輔佐官）が、陳璧君に向けた柳行李一杯の慰問品を中国政府に託した。しかし結局陳の手に渡ることはなかった（井崎喜代太「汪兆銘夫人陳璧君と梅蘭芳」『霞山会報』第十号、一九六七年十一月）。五九年六月十七日、陳璧君は提籃橋監獄で逝去した。

## 五、残留か移住か――協力者の転機

陳璧君のように上海提籃橋監獄に残った者は、人民共和国成立後も釈放されることなく、服役中に死去した。漢奸裁判で懲役刑の判決が確定していたにもかかわらず、盧英《ろえい》（上海市警察局局長）と銭大槐《せんだいかい》（中央儲《ちょ》備銀行副総裁）は処刑された。

むろん協力者の中にも、朱博泉《しゅはくせん》（中央儲備銀行参事）や陶亢《とうこう》徳《とく》（『中華日報』編輯長）のように釈放後に社会復帰した者もいた。しかし、彼等を待っていたのは平穏な日々ではなかった。「漢奸」としての経歴は、その後中国大陸で繰り広げられた三反五反運動（一九五一～五三）・四清《しせい》運動（一九六二～六四）・文化大革命（一九六六～七六）といった政治闘争の度に指弾され、協力者は迫害を受けたのである。

このため大陸に残った協力者の戦後の言論はほとんど残されることはなかった。中には羅君強のように汪政権時期の回想（羅君強「偽廷幽影録」）を残した者もいるが、その読解に際しては、共産党の影響下で執筆されたものであることを踏まえる必要がある。

一方、人民共和国成立前後に中国大陸を離れた協力者もいた。例えば林康侯《りんこうこう》（銀行業公会秘書長）・鄭洪年《ていこうねん》（華中鉄道総裁）・江上達《こうじょうたつ》（全国商業統制委員会理事）・趙尊岳《ちょうそんがく》（鉄道部次長）・柳雨生《りゅううせい》（国民党中央宣伝部編審）らは香港、湯良礼《とうりょうれい》（宣伝部国際宣伝局局長）はインドネシアのジャワ、沈嗣良《しんしりょう》（セントジョンズ大学校長）はアメリカ、そして胡蘭成《こらんせい》（宣伝部次長）らは日本に渡った（後に鄭洪年は上海、江上達は北京にそれぞれ戻り、趙尊岳はシンガポール、柳雨生はオーストラリアに移った）。

このうち日本に亡命した協力者は総計で一〇〇名を超え、その中にはほぼ無一文の状態で入国した者もいた。彼らが当てにしたのは、華僑や戦時中に交流のあった軍人ら日本人であった。しかし、敗戦後の日本では旧軍人はもちろん日本人一般の生活も苦しく、亡命中国人を援助する余裕はなかった。

こうした中、戦前に協力者と関わった日本の旧軍人はじめ関係者からは外務省に対し複数回にわたって亡命者救済の嘆願書が出され、国会でもこの問題が取り上げられるようになった。これに対し日本政府は、表面上は個人的な援助で対応すべきとの立場を表明していたが、水面下では日本に滞在する協力者の全体像の把握と対応が進められた。その結果、一九五九年六月には外務省の外郭団体として善隣友誼会が設けられ、窮乏する協力者への支援制度が整えられた（関智英「中国人対日協力者の戦後と日本――善隣友誼会設立への道」）。

## 六、盛毓度の戦後――ある上海人の軌跡

さてここで我々は、上海で漢奸裁判を経験した盛毓度（一九一三―九三）という上海人に注目し、これまであまり注目されることのなかった戦後の日中関係について考えてみたい。盛毓度は戦後日本に渡り、留園という中華料理店を開いた他、エッセイなどで知られた中国人である。盛の祖父は、清末に李鴻章《りこうしょう》の幕僚を務め、中国初の製鉄コンビナートとして知られる漢冶萍《かんやひょう》公司や中国通商銀行を設立するなど、実業家として著名な盛宣懐《せいせんかい》（一八四四―一九一六）で、父親はその跡を継いだ盛恩頤《せいおんい》（一八九二―一九五八）である。

盛毓度が生まれた当時、盛家は静安寺路に豪壮な邸宅を構え、その規模は中国人のものでは上海最大だった。

### 日本への留学

盛毓度の学齢期は、日本の中国侵略が顕在化した時期と重なった。盛はあえてそうした状況下で日本留学を選択した。盛によれば、「中国と日本がこんなにお互いにいがみあっていたら、いずれ共倒れになりかねない（中略）なんとかこれを解く方法がないか、身をもって確かめたい」との思いがあった。また「明治維新を成しとげ、欧米の圧迫をはね返した日本に強い関心があった」とも証言している。

一九三三年六月、盛毓度は日本に向かった。学友として費《ひ》功甫《こうほ》（漢冶萍公司の秘書課長）がつき、日本での世話役は、八幡製鉄所と横浜正金銀行が担当した。「タマゴ」と「サヨウナラ」しか日本語を知らなかった盛だったが、成城に一軒家を構え、「女中さん四人と家庭教師四人」を雇って日本語を学び、一九三四年四月に成城学園に入学した。盛の同級生で、少年時代をロンドン、ニューヨークで過ごした柏木雄介（のちに東京銀行頭取）によれば、「米国帰りの柏木と、留学生の盛とどちらが日本語が達者かとからかわれた」というから、この間に盛の日本語が上達したことがうかがえる。

一九三七年三月、成城学園を卒業した盛は、京都帝国大学経済学部に進学し、高田保馬《やすま》と小島昌太郎のゼミに参加した。高田ゼミでは唯一の留学生ということでよく指名され「閉口した」ものの、「中国の代表のつもりで頑張った」という。

日本留学中には財界関係者とも交流を持った。盛毓度によれば、中井励作（製鉄所長官）・児玉謙次（横浜正金銀行頭取）・池田成彬《しげあき》（三井合名理事）・郷古潔《ごうこきよし》（三菱重工業社長）・小倉正

恒（住友合資総理事）・結城豊太郎（日本興業銀行総裁）・渋沢敬三（第一銀行取締役）・明石照男（第一銀行頭取）・渡辺義介《ぎすけ》（八幡製鉄所所長）・向井忠晴（三井物産取締役）・古田俊之助（住友本社総理事）など、錚々たる面々だった。

盛の京大在学は日中戦争と重なった。盛のもとを訪れた特高警察の「蔣介石がどうだとか汪兆銘がどうだとか」の質問に対しては、「そんなの愚問じゃないかとはねつけた」ものの、中国人はだんだん日本に居づらくなっていった。

日本の対米英宣戦布告も盛の日本滞在中のことだった。この頃盛は、日米戦争が「必ず起こる」という友人とかけをしていた。「日本は絶対に勝ち目がないから、そんなバカなことは絶対にしない」と考えていた盛だったが、この予想は外れたのである。

間もなく戦争の拡大と、それに伴う交通遮断を恐れた父恩頤から帰国を促す電報が来た。盛は「正直なところ、あまり帰りたくなかった」が、一九四二年に帰国した。

「私が帰った上海は、日本軍に完全に占領され、盛家の事業はほとんどすべて日本軍の管理下にあった。漢冶萍などは、旧日本製鉄の一部になってしまっていた。なにしろ日本人は銃剣を持っているから、占領下の中国人は命令どおり、否応なしに従わざるをえない。「没法子」であるとは、後年の盛の回想である。

## 工部局への就職

上海へ戻った盛毓度には、汪政権の周仏海から熱心な誘いがあった。しかし盛は「日中和平の点では同じだが志がちがう」とこれを断り、工部局《こうぶきょく》に就職した。工部局は上海公共租界（数ケ国が共同で管理した租界）の行政機関で、イギリス・アメリカが中核を担っていた。日米開戦後は日本の影響下に置かれ、その代表である工部局総董《そうとう》にも駐華日本大使館参事官の岡崎勝男が就任していた。盛の工部局入りには、そうした工部局の「日本化」も作用したかもしれない。

盛毓度が就任したのは総董協辦《きょうべん》、すなわち総董の秘書役だったが、後には物資統制部公会科の業務も兼任し、工部局の政策遂行と各種業界との橋渡しを行った。盛が一九四三年一月に発表した「市民に消費の節約を勧告する」という文章では、上海は消費都市なので、戦時にあってあらゆる物資は浪費できないこと、公平な物資供給の必要性などが論じられ、対策として無職者の郊外への疎開などを提唱している。また同年七月の「日本より帰来して」では、六月に訪問した東京で見聞した配給生活を紹介し、日本での物価統制が成功していると述べている。

当時、上海市の直面した問題は、限られた食糧・物資を如何に市民に供給するかであった。盛もまたこうした課題を解決すべく市政に関わったのである。盛の誠実な働きぶりは三国志の英雄諸葛孔明《しょかつこうめい》に比され、「東洋人の優れた感情と西洋人の事務能力を兼ね備えた、模範青年」と上海で評判が立つほどであった（『社会日報』）。一九四三年八月、公共租界は中国に返還され、上海特別市第一区と改称された。盛はこの移管を機に市政から離れた。

## 日本の敗戦と漢奸裁判

「くるものがとうとうきた」とは、日本無条件降伏時の盛毓度の感想である。上海の目抜き通り南京路の「ショーウインドー」というショーウインドーには、すべて蔣介石の写真がリボンをつけてかざられ」、盛も「これで蔣介石は中国のワシントンになった、国民政府はだれがみても最低十年や二十年は安泰だと思った」。日本占領時代に、「否応なく」引き出された盛毓度だったが、盛家では「これからは〝選手交代〟で、日本が負けたのだから、お前は引っ込んでいたほうがよい」ということになった。

一九四六年十一月、盛毓度は漢奸として淞滬《しょうこ》警備司令部に逮捕され、提籃橋監獄に収監された。四七年三月十五日に開かれた初公判では、日本占領期に工部局で岡崎勝男の私人秘書を務め、工部局外事顧問・物資統制局工会科科長などを歴任し、協農建業公司を開設したことが罪に問われた。

これに対し盛毓度は、工部局への就職は、工部局法律部主任のアメリカ人ブライアン（Robert Thomas Bryan, Jr.）の紹介によるもので岡崎とは関係がないこと、工部局には私人秘書という職はないこと、現在上海市政府秘書長の何徳奎も同室で仕事をしていたこと、外事顧問の職は名目だけで、会社は開いたこともないと反論した。また軍統局戴笠《たいりゅう》の命令により、地下工作に従事したとして、法廷に多数の証拠を提出した。

しかし抗弁も空しく、一九四七年九月二十九日、盛は懲役一年三ケ月の判決を受けた。ただ翌年四月には病を理由に保釈を請願し、裁判所は保釈金として「一億現金」と豊かな店一店舗を差し出すことを条件に認めた。

後年、盛は国民政府による漢奸狩りについて、「国民政府軍は武器を持っていてさえ逃げたではないか。手ぶらの民間人がどうして銃剣を持った日本軍と戦えるのか――国民を守りもしないで逃げた連中が、帰ってきて漢奸狩りをするとはなにごとだ」と批判している（盛毓度『新・漢民族から大和民族へ』）。

## 共産党政権への不信と再来日

人民解放軍が上海に入城した一九四九年五月、盛毓度は上海に居た。盛によれば「共産党の規律はきびしく、民心は安定し」、盛家の諸事業も逐次国営化されていった。しかし結局盛は共産主義社会に馴染《なじ》むことが出来ず、故国を出る決意を固めた。その最大の理由として盛は「言論の自由」を挙げている（盛毓度『新・漢民族から大和民族へ』）。

ただこの回想は盛の認識としては興味深いが、人民共和国成立後ただちに「言論の自由」が制限された訳ではない。むしろこの時点でまず意識されたのは、清朝の大臣を祖父に持ち、複数の企業を持っていた盛の「資本家」としての出自や、「漢奸」の経歴だっただろう。こうして盛は家族と共に中国を離れ、香港経由で日本へ向かった。人民解放軍の広州入城（一九四九年十月）の前で、まだ出入国も比較的自由だった。

日本に渡った盛は銀座で大東通商という貿易会社を経営した。当時の外務省の記録に「不動産五〇〇〇万位自動車一台」を有していることが記載されており、貧窮にあえぐ協力者も少なくなかった中、その暮らしぶりは豊かなものであった。また同記録には「貿易を通じ八幡製鉄と取引有り」との記載もあり、盛の起業・経営には日本財界の知己との繋がりが大きく影響していたと考えられる。

この大東通商の「秘書募集」の広告に応募したのが、のちに音楽評論家として知られる湯川れい子である。湯川がラジオ番組を担当するようになると、盛はそのスポンサーにもなってくれたと言い、後年湯川は「人生の恩人」として盛の名前を挙げている（『読売新聞』『日本経済新聞』）。

## 中華料理店留園の開業

一九六〇年七月、盛毓度とその関係者及び八幡製鉄・三井物産・三菱商事・富士製鉄などの日本企業との折半で、株式会社留園《りゅうえん》が設立された。「ご協力願えないかと、社長さんたちに頼んだら、断る人は全然いなかった」のは、盛宣懐以来の日本財界との繋がり故であろう。

社名の留園は、中国蘇州にある庭園に由来する。留園はもともと劉園という名だったが、これを手に入れた盛康《せいこう》（盛宣懐の父）が、「留連忘返（遊びに夢中で帰ることを忘れる）」（『孟子』梁恵王章句下）にちなんで、留園と改名したのである。

翌年十月には東京港区芝公園の一角、約一〇〇〇平方メートルの敷地に、建設費七億五〇〇〇万円（当時）をかけて、地上四階地下一階八〇〇人収容の中華料理店留園が完成した。建物は「雄大清楚」をモットーに、中国風建築ながら赤と緑を一ケ所に使わないようにするといった工夫が凝らされ、建物に取り付けた照明が夜空にその雄姿を照らし出した。「リンリンランラン留園」「留園行って幸福食べよう」といったテレビCMのキャッチコピーで知られた留園の開業である。店は修学旅行などの団体客を乗せたバスでも紹介される都内の名所となった（図１・２）。

それまで商売に縁のなかった盛毓度が中華料理店を選んだのは、「日中の文化交流に貢献したい」という思いと、「日本人だけではできない仕事で、日本人の生活に割り込まない商売」という条件が両立したからであった。

留園は、一店で四川・広東・上海・福建・北京の中国の五大料理を楽しめることを売りにして料理人二十五人を香港から招聘。調度も中国のものにこだわった。当時は珍しかった年中無休の導入やバイキングなどでも注目され、開業直後には連日数千人が押し寄せる盛況となった。

図1　ライトに浮かびあがった「留園」の夜景（『日本で味わえる世界の味』保育社、1969年）

## マスコミの注目

留園は一九六九年には赤坂東急ホテルに二十四時間営業の支店を出し、赤字を出さない経営などから、マスコミでも注目された。管見の限りで、一九六二年から八八年にかけて、『週刊新潮』『フェイス』『文藝春秋』『東京だより』『ＰＨＰ』『経営科学』『動向』『時事評論』『日本及日本人』『週刊文春』『ホテルレストラン』『競馬研究』『諸君！』『潮』『労働文化』『経済界』『月刊食堂』『産業新潮』『財界』『中央公論経営問題』『宝石』『先見経済』『中央公論』の諸雑誌、『毎日』『読売』『朝日』の新聞各紙（以上刊行順）が盛毓度の論考やイン

図2　中国ムードいっぱいの室内（留園）（『日本で味わえる世界の味』保育社、1969年）

タビュー記事を掲載し、「天の時、地の利、人の和を手中に収めた哲人経営者」（『月刊食堂』）、「中国人の評論家」（『読売新聞』）などとして広く紹介された。

　盛の議論は、「アメリカの軍事力に依存していればそれは確かにラクですが、そのかわり自主性は失われ、民族の気骨はむしばまれます」（『読売新聞』）のように日本の外交姿勢を論じたものや、「余力のあるうちに方向転換しておく。これが中国流だね。視野が望遠鏡的なんだ。日本人はギリギリ目いっぱいやってしまう。綿密な計算のできる優秀な民族なのに、視野が顕微鏡なんだね」（『朝日新聞』）といった、日中比較を盛り込んだ独特の経営論に代表される。

　一九六五年十月には、それまでの文章をまとめた『野火焼ケド盡キズ――私の見た日本民族』、七一年九月には、その名も『漢民族から大和民族へ』を出版し、『読売新聞』などで積極的に宣伝した（**図3**）。さらに七八年九月には、自らの半生を盛り込んだ『新・漢民族から大和民族へ』を刊行した。推薦者には荒垣秀雄（コラムニスト）・稲山嘉寛（新日鉄会長）・草柳大蔵（ジャーナリスト）・五島昇《ごとうのぼる》（東急電鉄社長）・堤清二《つつみせいじ》（西武グループ代表）・東山魁夷《ひがしやまかいい》（画家）・藤山愛一郎（元外相）・細川隆元（政治評論家）・松下幸之助（松下電器相談役）・松本清張（作家）・森繁久彌《もりしげひさや》（俳優）と各界の著名人が名を連ねた。戦後日本に亡命した協力者の中で、最も日本社会に名前が浸透したのが盛毓度であることは間違いない。

　こうした盛を通して、戦時中に交流のあった中国人を思い出していたのが、ラジオのパーソナリティや評論活動で知られた秋山ちえ子である。結婚後の六年間を広東・北京で過ごした秋山は、「日本の敗戦と同時に、尊敬する中国の人と接する機会がぷっつりと断たれてしまったのです。そしてそれ

図3　『読売新聞』に掲載された『漢民族から大和民族へ』の広告

から三十年近い歳月がたってしまった今日、私は東京で、また再びあの頃と同じ気分を味わっています。それは盛毓度氏との出あいです」（秋山ちえ子「今こそ盛毓度氏に期待する」『漢民族から大和民族へ』）と、盛の姿にかつて交流のあった中国人の姿を重ねて喜んだ。

興味深いのは、続く部分で秋山が「盛さんにお目にかかる時、私は三十年前に会った畏敬する中国の人々のその後の生活はどうなのかと思って、時に胸をいためることがありま す」と語っている点である。おそらく秋山は戦時中に日本と関係を持った中国人が戦後の中国では「漢奸」とされ、厳しい立場に置かれている事情をも知った上で、盛との交流に重ね合わせていたのである。

盛毓度は戦後アメリカに占領された日本人について、「日本人は、敗戦の一事を大変なことのように思っているが、根さえ残ればかかならず再起できる」（盛毓度「野火焼不尽春風吹又生」）と激励したが、これがかつて日本人に占領された中国人の言であることを想起すれば、その意義はいや増そう。

ただ盛のこうした発言を、盛自身がかつては被支配者の立場にあり、しかもその支配者が日本であったということに思いを致した上で理解できる日本人が、当時どれだけいたであろう。先述の秋山が盛に向けた眼差しですら、協力者が置かれた複雑な境遇をどれだけ理解していたかはわからない。協力者の存在を無かったものとして無視する日本社会全体の傾向から見れば、例外的な存在だったということだろう。

実際、盛毓度自身は、自著の中で「漢奸」指定を受けた過去に言及しているものの、ほとんどの日本人はそうした盛の過去に関心を示すことはなかった。日本で注目されたのは、盛の「中国の大富豪」の出自であり、「京都帝国大学経済学部卒業」の学歴だった。新聞などで紹介された盛の略歴も「一九四二年、いったん帰国、戦後一九四九年、再び来日、貿易業に従事」云々と、日本の敗戦を挿《はさ》む数年間の説明は省略されている（『読売新聞』）。

このことは戦後日本社会の中国認識を考える上でも示唆的である。戦時中、日本が同盟国として名実ともに国交を持っていたのは汪政権で、日本人と交流のあった中国人のほとんどもまた占領地の人々であった。彼らの多くは戦後「漢奸」とされ、とりわけ中国大陸では厳しい状況下に置かれ、社会の表舞台からは退いていた。これは言葉を換えれば、日本社会が戦後交流しようとしていた中国は、戦前のそれとは断絶していたということである。しかしその事実にどれだけの日本人が自覚的であったのかは、はなはだ心もとない。

盛は日中関係の一〇〇年を、「二〇〇〇年の交流の歴史の中でも、もっとも暗く、悲劇的なものであった。私の家も、私の家族も、その犠牲者となった」と振り返ったが、その「犠牲」とは、日本に協力したが故に蒙ったものでもあったのである。

## おわりに——その後の留園

最後に盛毓度が精魂を注いだ留園のその後についても触れておこう。一九八七年七月、留園はその四半世紀を越える歴史に幕を下ろした。各地に同種の大型店舗が林立したことで、客足は一九七四年頃をピークに減少していた。さらに追い打ちをかけたのが営業経費の高騰である。盛が「こんなめちゃくちゃなことが続くと、都心からレストランがなくなってしまいますよ」と嘆いたように、創業当時との比較で料理の価格が二倍になったのに対し、「地価は約四〇〇倍、人件費は約二十倍」に跳ね上がっていた。「余裕のあるうちに幕を引く」という盛の方針で店は解体され、跡地には貸しオフィスビルが建設された。

しかし留園の歴史はもう少し続く。留園の外装や内装品はそのまま上海に運ばれ、上海郊外の上海交通大学閔行《びんこう》校区に琉璃瓦を葺いた五階建ての中国風建築として、一九八九年十一月に再建されたのである。起工式には盛毓度の妻彭菊影《ほうきくえい》や元上海市長の汪道涵《おうどうかん》らが出席した。言うまでもなく交通大学は盛の祖父盛宣懐が創設した名門大学である。一九九一年には盛から上海交通大学への寄付金一〇〇〇万円で「盛毓度奨学金」も設けられた。

盛毓度は一九九三年七月に逝去し上海帰園公墓に埋葬されたが、今も残る「交大留園」に、我々は往時の留園を偲ぶことができるのである（『日本経済新聞』『朝日新聞』）。

**参考文献**


盛毓度『野火焼ケド盡キズ——私の見た日本民族』（私家版、一九六六年）

盛毓度『漢民族から大和民族へ』（留園出版、一九七一年）

盛毓度『新・漢民族から大和民族へ——春風吹イテ又生ズ』（東洋経済新報社、一九七八年）

古厩忠夫『日中戦争と上海、そして私——古厩忠夫中国近現代史論集』（研文出版、二〇〇四年）

岩間一弘『上海大衆の誕生と変貌——近代新中間層の消費・動員・イベント』（東京大学出版会、二〇一二年）

関智英「大使館の人々——汪政権駐日使領館館員履歴」（相原佳之・尾形洋一・平野健一郎編『東洋文庫汪精衛政権駐日大使館文書目録』東洋文庫、二〇一六年）

関智英「中国人対日協力者の戦後と日本——善隣友誼会設立への道」（『中国——社会と文化』第三十一号、二〇一六年七月）

関智英「戦前戦後を越える思想——政論家としての胡蘭成」（『中国——社会と文化』第三十二号、二〇一七年七月）

【I　人びとの〈模索〉】

# 過去を背負って生きる――二人の「文化漢奸」

山口早苗

やまぐち・さなえ――東京大学大学院総合文化研究科博士課程。専門は近現代中国文学。主な論文に「陶亢徳と中華日報社――編輯者の側面に注目して」（『中国――社会と文化』第三十二号、二〇一七年）、「周作人関於日本的議論――『順天時報』批判之研究」（『時代重構与経典再造（晩清与民国巻、一八七二～一九四九）――国際青年学者専題学術論集　第四冊』（花木蘭文化出版社、二〇一七年）などがある

戦後中国の「漢奸粛清」では、戦時中の対日協力を理由に、政治家とともに多くの文化人が逮捕された。本稿は、陶亢徳・柳雨生という戦時上海の文壇を生きた文化人を取り上げ、二人の裁判の状況や釈放後の人生を追うことで、「文化漢奸」とされた人々の戦後の運命や戦前の活動とのつながりを、対比的に明らかにするものである。

## 一、陶亢徳と柳雨生

陶亢徳《とうこうとく》（一九〇八―一九八三）と柳雨生《りゅううせい》（一九一七―二〇〇九）は、共に日本占領下の上海で文芸活動に従事し、汪精衛《おうせいえい》（汪兆銘）政権に関わったことにより、戦後は「文化漢奸」として裁かれた文化人である。「文化漢奸」とは、対日協力者とされた人々のうち、主に教育・文化面に従事した者を指す言葉である。戦後、「漢奸裁判」によって彼らはいわゆる「敵に通謀した売国奴」とされたため、その活動が顧みられることはなかった。

陶亢徳は一九三〇年代の中国で名を馳せた文学雑誌『論語』『宇宙風』の編集者として知られ、戦時下の上海でも『古今』『天地』といった文学雑誌の創刊を手助けし、文化界の「隆盛」に貢献した。また、汪政権機関紙『中華日報』や同紙の姉妹誌『中華週報』『中華月報』の編集も担当し、第二回大東亜文学者大会に参加した。大東亜文学者大会は、日本人文学者と日本の勢力圏にあった「大東亜」各地の文学者との交流による国威発揚を狙った、日本の国策イベントで

あった。

柳雨生は北京大学卒業後、文学雑誌や新聞に小説・散文作品を発表し、二十代前半には自身の著作集を出版するなど、戦前から上海文学界で活躍した作家である。戦時上海では、汪政権の宣伝部に就職し、延べ三回開催された大東亜文学者大会すべてに参加したほか、陶亢徳と同様に中華日報社に入り、文学雑誌『風雨談』を創刊した。そのほか二人は、日本人経営の太平印刷出版公司の下部組織である太平書局という出版社の経営に関与している。

このように、陶亢徳や柳雨生は共に、汪政権下で主に出版・編集などの方面で盛んに活動した文化人である。上海で敗戦を迎えた作家堀田善衞は、二人について以下のような感慨を書き残している。

図1　右から実藤恵秀、安藤彦太郎、陶亢徳、不明、呉玥（呉杰）
早稲田大学演劇博物館前（安藤彦太郎『虹の墓標』勁草書房、1995年）

〔玉音放送を〕聞きながら、すぐに僕は柳雨生や陶亢徳などの、大東亜文学者大会に参加した、つまり侵略者たる日本側に協力した文学者たちの運命に思いをはせた。彼らは一体どうなるのか。もとより彼らには彼らの覚悟があろうし、私などの思いも及ばぬ情報ももっていたであろうし、準備もあったかもしれぬ。この二人だけではない。このほかにも、私たちの知合いだったすべての中国人は、私たちの思いも及ばぬ道を巡らねばならぬ……。

（紅野謙介編『堀田善衞上海日記』集英社、二〇〇八年）

実際に陶と柳の「漢奸裁判」からは、堀田が思いを致したような「準備」があった様子が窺える。以下では、上海の中国紙『申報』や上海市檔案《とうあん》館（＝文書館）の史料を手掛かり

図2　柳雨生（柳存仁）（柳存仁『我愛夏日長』文藝書屋、1973年）

に、彼らの「準備」とはいかなるものだったか、また戦後彼らが実際に歩んだ人生とはいかなるものだったかを検討してみたい。

## 二、「漢奸」の認定と弁明

堀田が想像したように、戦後まもなく陶亢徳と柳雨生には大きな危機が訪れた。一九四五年九月に始まった「粛奸（漢奸粛清）」で二人は逮捕され、上海高等法院で公判が開かれたのだ。陶は四六年五月十三日、柳は十六日にそれぞれ初審を迎え、二回の審理を経て、柳は五月末、陶は六月末に、共に懲役三年・公民権剥奪三年を宣告された。これは、汪政権下で二人と同様に新聞出版に関わった金雄白や章克標の懲役二年半の判決と比べると、いささか厳しいものであった。

では二人の罪状はいかなるものであったか。柳の主な罪状は、①汪政権宣伝部編審（＝編集出版担当）を務め、林柏生のために作家の懐柔に奔走した、②大東亜文学者大会への出席、③第一回大東亜文学者大会後、英語で南洋華僑に日本との民族互助を宣伝したこと、④太平書局の開業、の四点であった。一方、陶の具体的罪状は明らかではないが、柳の罪状から判断すれば、②と④は当然該当していたと考えられる。

こうした罪状に対して、柳雨生は戦時生活の困窮を強調しながら、以下のように振り返っている。「偽職（＝宣伝部編審）に就いたといっても、（四ヶ月ほどで）途中で辞職し、（大東亜文学者）会議に参加したといっても、脅迫されたもので、またそのために偽職を辞めることにもなった。（中略）太平書局で編集に協力し、月収は一万元から最後には数十万元を得たが、生活費が高騰し、一所懸命働いても、我が家七名が生活していくには足りなかった」。

このように柳は、自身の生活状況を以て、汪政権への参加が消極的なものであったとする一方、自身の出版活動は積極的に国家に貢献するものだったと主張した。柳は、太平書局が出版した書籍は、「政府の国策に背くものではなく、決して政治・経済に言及していない」とし、また自身が執筆した「書籍雑誌の文章は敵偽（＝日本と汪政権）の宣伝を意図するものではなく、かつ上述のように日本占領地において人民の真の感情と国家の民族観念を訴えかけるもの」と語ったのである。

陶亢徳も、自身が編集した『中華週報』の内容と大東亜文学者大会への出席について、重慶側の意向に沿ったもの、すなわち重慶国民政府の三民主義青年団宣伝処の代理主任であった朱雯《しゅぶん》と相談した上での決断であったと弁明した。その上で、「（自身は）消極的には敵（＝日本）の宣伝工作を破壊し、積極的な意味では敵側の情報収集を行った」と主張した。柳雨生の妻姜《きょう》賜《し》蓉《よう》も、柳が戦時中日本側に拘束された朱雯釈放のために尽力したと証言している。

　陶亢徳の証言に登場する朱雯（一九一一―一九九四）は、蘇州の東呉大学を卒業後、作家・翻訳家として活躍し、戦後は上海師範大学教授や復旦大学教授などを歴任した。朱雯は陶と共同で雑誌『天下事』を編集出版するなど旧知の仲で、戦時中は陶の証言にもある通り、上海で重慶側の地下活動に従事した。また朱雯は、直接呉《ご》紹澍《しょうじゅ》（重慶の蔣介石国民党上海市党部主任委員で戦時中上海に潜伏し、戦後は上海市副市長を務めた）の指示を受けていた。こうした人間関係からは、陶や柳が、漢奸裁判において、朱を通じた呉の支援を当て込んでいたふしがある。

　太平書局についても配慮が加えられたようである。戦後太平書局は、朱雯を社長とする正言《せいげん》出版社に接収され、迅速に出版業務を再開した。柳雨生はこれを陶亢徳と朱雯の純粋な友人関係から出た措置で、そのために接収の手続きも必要がなかったと述べている。

　一九四七年九月、陶亢徳は懲役一年三ケ月に減刑された。この時点ですでに収監期間が刑期を超過していたため、減刑公表と同時に釈放された。同年十一月、柳雨生も「品性が優良で、改悛の情が認められる」ため、刑期が二分の一になり、釈放された。二人の減刑にも上述した重慶との人間関係が影響を与えたかもしれない。

## 三、対照的な戦後――出獄後の二人

出獄後、二人の命運は大きく分かれることになる。

　柳雨生は一九五〇年前後に香港へ渡った。香港では、本名の柳存仁《りゅうそんじん》を用い、皇仁書院・羅富国教育学院で教員を務め、一九五七年にロンドン大学の哲学博士号を取得、一九六六年にはオーストラリア国立大学中文系教授としてシドニーへ移住した。その後、国際的な漢学者としての功績が評価され、一九九二年にはオーストラリア内外の個人の優れた功績を称えるオーストラリア勲章が授与された。

　一方、陶亢徳は出獄の翌年一九四八年に上海で文筆活動を再開した。しかし本名や従前の筆名を使うことはできなかった。同年陶亢徳が刊行した雑誌『好文章』の編集者欄にも陶亢徳の名はない。一九四九年には出獄後上海に逗留していた周作人と再会を果たし、周が滞在した尤炳圻《ゆうへいき》の家を頻繁に訪れていることが確認できる。

　一九五〇年からは、上海革新書店・上海群聯出版社・上海新知識出版社で編集に携わった。しかし、一九五八年五月、陶亢徳は大躍進政策の最中に「右派」つまり自由主義者に認定され、それまで何とか続けていた文筆活動も放棄せざるを得なかった。陶は安徽省労働教養農場へ送られ、一九六五年に上海に戻るまでの約七年間、家族とも切り離され、政治犯としての辛酸をなめることになった。

不幸はさらに続いた。上海に戻った矢先、文化大革命が発動され、勤務先の新知識出版社から「反革命分子」（敵対者）と名指しされたのである。文革が終わり、一九七九年になってようやく陶の「名誉回復」は認められた。しかしその後の陶亢徳は、翻訳は手掛けたものの、一九八三年に亡くなるまで再び創作の筆を執ることはなかった。

このように「漢奸裁判」の判決は陶亢徳と柳雨生という戦時期の上海文壇で活躍した二人に、戦前と全く異なる人生の航路を強いた。一方は国外への移住、もう一方は国内への滞留を選択したが、これが結果的に二人の運命を大きく分けることになったのである。すでに見てきたように、陶亢徳の戦後の歩みは苦難に満ちており、その苦衷は察するに余りある。それに比べれば柳雨生のほうは、順風満帆な人生を歩んだかにみえる。だが柳雨生もまた、戦時中の回想や記録を残すことは一切なかった。柳雨生は戦後中国に招かれた際、新聞社のインタビューに答え、戦前の北京大学の様子や自身の学術について饒舌に語ったものの、戦時の事柄に関しては全く触れていない。こうした様子からも対日協力及び「漢奸」というレッテルが、柳雨生の心にもたらした傷の深さを窺うことができる。

# 民族資本家の一九四九年——劉鴻生《りゅうこうせい》一族の選択

上井 真

うえい・まこと——日本上海史研究会会員。専門は戦間期中国企業経営史。主な論文に「劉鴻生の戦時事業展開——社内人脈と外部人脈」（『アジア遊学二〇五 戦時上海グレーゾーン』勉誠出版、二〇一七年）などがある。

戦時中、経済統制下にあった中国人実業家たちは、戦争終結後、経営の自由を取り戻し、戦前のような事業の再構築を模索したが、戦後の急激なインフレで経済は破綻し、事業再建を果たすことはできなかった。更に一九四九年に共産党が政権を握ると、資産保全と事業継続のため、台湾移住か、大陸残留か、国外移住かの選択を迫られた。民族資本家・劉鴻生《りゅうこうせい》を例に、経済的側面からこの時期の模索と選択の実像を明らかにする。

## はじめに

一九三〇年代の中国経済成長の担い手だった民族資本家たちは、一九三七年の第二次上海事変の勃発で、国民政府と共に後方地域（重慶など）に移転すべきか、占領地（上海など）に残留すべきか、厳しい岐路に立たされることになった。戦時下において、民族資本家たちは生き残りこそできたものの、後方地域でも占領地域でも戦争遂行のため、資材調達から販売に至るまでの経済統制政策が敷かれ、経営者として自らの判断で事業を展開する経営の自由を奪われてしまう結果となった。そのため、一九四五年の戦争終結以降、民族資本家たちの期待は「戦前復帰」（＝経営の自由を取り戻す）することであった。

しかし、一九四五～四九年までの戦後中国の経済情勢は、国民政府の経済政策の失敗などから異常なインフレに見舞われた結果、企業活動は壊滅的な打撃を受けた。民族資本家たちにとって「戦前復帰」どころではなく、一部の民族資本家は事業継続・資本保全のため、中国国外へ移転を試みる事態となった。更に一九四九年の中国共産党による上海「解放」に際しては、共産党の経済政策への不透明感から、共産党と共に上海に残留するか、国民党と共に台湾に移転するか、それともその他の海外地域（香港など）に移転するかの厳しい選択を迫られることになった。

本稿では、まず、一九四五～四九年において、民族資本家たちは、どのように「戦前復帰」（＝経営の自由を取り戻す）を模索したのかについて触れてみたい。経済情勢や経済政策がめまぐるしく変化する中で、民族資本家たちがいかに資産返還、操業再開を果たし、新しい時代の事業展開を模索し、挫折していったのか描く試みを行う。

図1　劉鴻生（1888—1956）

次に、一九四九年時点の民族資本家の選択とその背景を明らかにしていきたい。これまで、民族資本家たちの一九四九年の選択については、大陸残留（共産党側）を選択した立場から、なぜ中国共産党を選んだのかという視点で語られた内容が多数を占めていた。しかし、経済活動に従事する人物が政治的信条だけで決断するとは一般に考えづらく、経済合理的な判断も加わっていたことは想像に難くない。そこで、本稿では、一九四九年当時の民族資本家たちの事業展開の実情に迫り、「一九四九年の選択」（＝資産保全と事業継続の模索）を経済的な側面から明らかにしていきたい。

ここで取り上げる劉鴻生（**図1**）は、民族資本家の象徴的存在で、①多角的投資を行い、事業事例が多いこと、②単なる守りの経営だけでなく、積極的かつ時代の先取りを志向したこと、③劉一族の繁栄と資産維持のため、一族を多地域に分散配置したこと、④時代を生きるしたたかさとそれを支える人脈を持っていたこと、などから、この時代の民族資本家の苦悩、選択がよく現れている例として取りあげてみたい。

## 一、一九四五～四九年の中国経済

本稿に入る前に、一九四五～四九年の中国がどれだけ激動の時代だったか、経済面から概説する。この時期の経済状況の特徴として、(一) 国民政府の経済政策の失敗から、急激なインフレが進行したこと、(二) 内戦の勃発により事費支出が増大、通貨の際限ない発行で財政赤字補填を行ったことから財政破綻したこと、(三) 国民政府は、産業復興、インフレ対策のため、企業活動の統制に主眼を置いた経済政策を行い、戦中に引き続き、民族資本家たちは統制下に置かれたこと、(四) 中国国内外の交易は、戦前は長江交易と沿岸交易を通じて全国市場が形成され、上海を中継点に国内外との交易が形成されていた。しかし、戦後長江交易は復活せず、国内市場は分断されたままで、旧日本軍占領地域(華北・華東)と新たに加わった台湾との交易圏が、上海を中継点として形成されたにすぎなかったことなどが、挙げられる。

戦後の国民政府の経済政策の失策とは、具体的に①「国民政府の法幣」と「汪精衛政権の発行した儲備券」との交換レートを市場レートより法幣高に設定したことにより、占領地域だった上海にその周辺地域から資金が流入し、インフレが加速したこと、②外貨の交換レートを市場価格より法幣高に設定し、貿易自由化政策を採用したことから、著しく輸入が増加、更に復興援助物資が大量に輸入されたことで貿易赤字を生んだだけでなく、国内産業の復興も阻害することになったこと、③軍事支出を賄うために通貨を際限なく発行、インフレが加速して、通貨の価値保存機能が失われたため、外国為替・金だけでなく、換金可能物資に対しても投機が過熱し、インフレが更に加速したこと、などである。この経済政策の失策により発生したインフレであるが、この時期の中国の物価上昇が戦前比三十六兆倍だったのに対し、有名なインフレ事例である第一次大戦後のドイツの物価上昇が一・四兆倍だったことからも、そのすさまじい影響度がうかがえる。

こうした中国経済情勢が、民族資本家たちに与えた影響について簡単に触れておきたい。一九四七年二月の黄金風潮(金インフレ)までは、自由貿易を志向した時代で、援助物資が大量に流入した上、市場価格より法幣高な為替レート設定だったことから輸入が増加、中国国産品が売れず国内産業が打撃を受けた一方で、棉紡績業のように安い輸入棉花を調達し急上昇する市場価格で販売し巨額の利益を得た業界もあった。一九四七年に入ってからは物価上昇抑制のため経済統制が強化された。その例として調達・販売面での統制強化と外貨割当制限が厳しくなったことが挙げられるが、一方で、関税率引き上げで国内産業は一息つき、海外への設備発注は市場レートより有利な公定レートでの外貨割当を受けることができたので、海外設備発注ブームが発生した。また、インフレの加速で、外貨・金以外の換金可能物資への投機(買い溜め）が発生し、一層インフレが悪化する結果となった。こうした動きに歯止めをかけるため、一九四八年八月には金圓券が発行され、外貨・金などと強制兌換が実施された。上海経済管制助理督導員・蒋経国《しょうけいこく》は、金圓券への兌換に応じない者に対し、外貨不法持ち出し、黄金私蔵、買占め投機などを理由に、多数の経営者を逮捕した。その中には著名民族資本家・栄鴻元《えいこうげん》も含まれ、懲役六ケ月執行猶予二年の判決を受け、一〇〇万米ドルを支払って釈放された。こうした動きに民族資本家たちは動揺し、海外への事業・資産移転の動きを加速していったのだった。金圓券の発行はインフレを収束させるどころか、中国経済を一層の混乱に導き、一九四九年五月の上海「解放」を迎えたのであった。

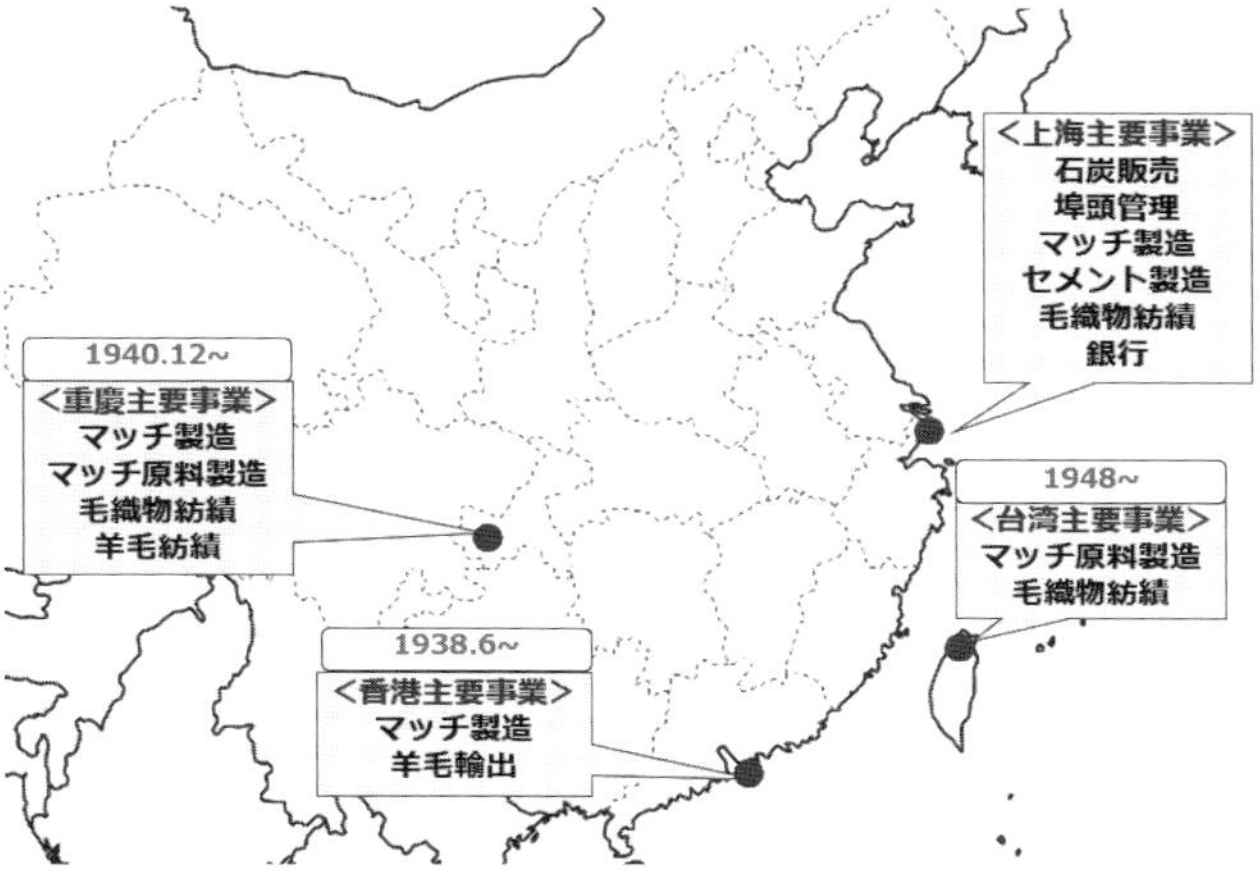

図2　劉鴻生企業グループの事業展開（上海社会科学院経済研究所編『劉鴻生企業史料』上海人民出版社、1981年より筆者作成）

## 二、劉鴻生一族の戦後の課題

劉鴻生の名前を初めて聞く読者のために、戦前から戦後に至る事業展開を簡単に振り返ってみる。劉鴻生は、一九二〇〜三〇年代に上海を拠点にマッチ、セメント、毛織物紡織、埠頭倉庫、銀行など多角的な事業を展開、民族資本家を代表する存在であった。彼のビジネスモデルは当時としては先進的で、①徹底した市場調査に基づく差別化戦略を採ったこと、②外資に依存しない自社生産技術の育成を行ったこと、③多彩な人物招聘と人材育成による権限移譲経営を行ったこと、④川上（原材料）から川下（販売）まで自社によるサプライチェーン構築を行ったことが特徴であるが、第二次上海事変の勃発（一九三七年）により、上海から、香港・重慶へ拠点を移しながら、事業の継続と資産保全を図った（**図2**）。しかし、占領地域、後方地域のどちらにおいても、戦争遂行

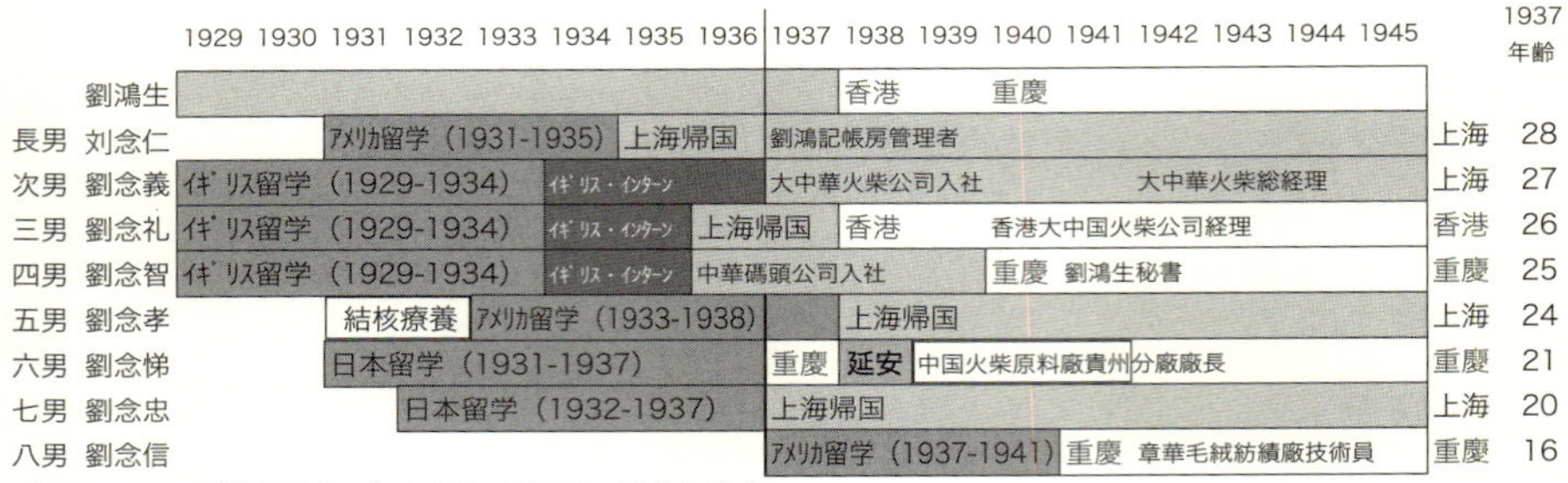


＊九男については詳細不明のため本稿では記述の対象とせず

図3 【戦前戦中】劉鴻生の家族構成（男性のみ）（Sherman Cochran and Andrew Hsieh, *The Liu of Shanghai*, Harvard University Press, 2013より筆者作成）

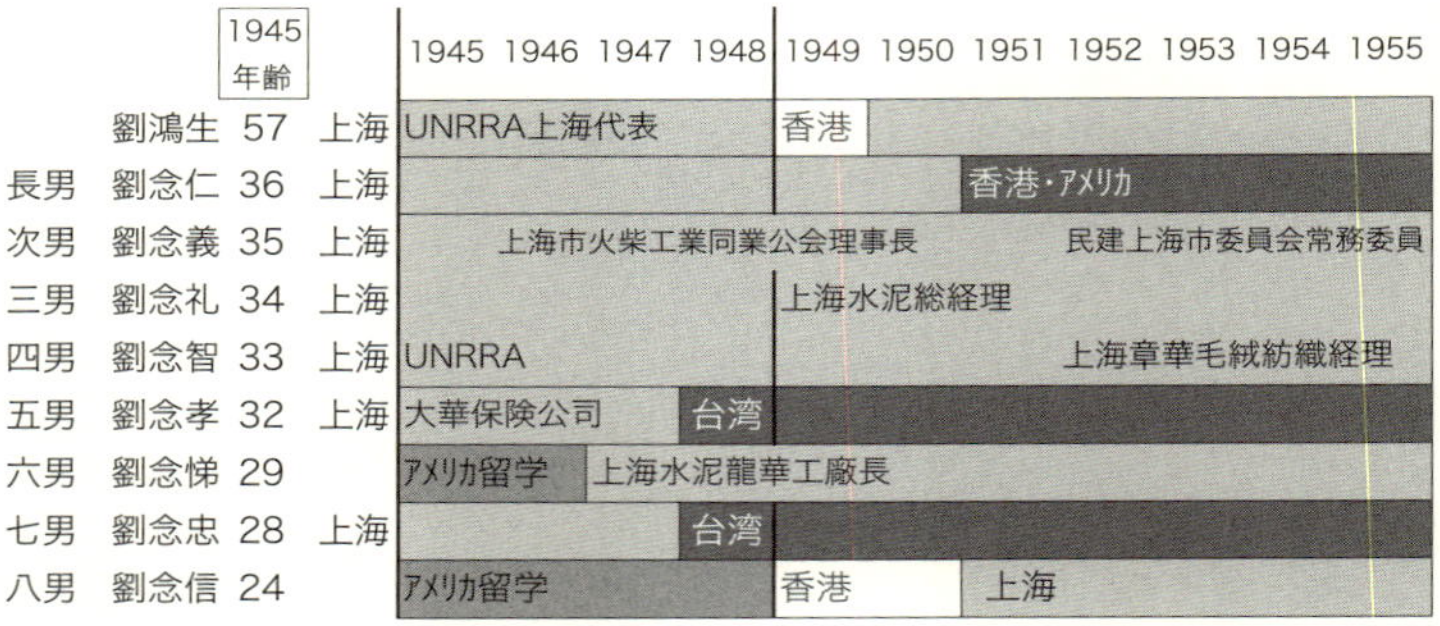


図4 【戦後】劉鴻生の家族構成（男性のみ）（Sherman Cochran and Andrew Hsieh, *The Liu of Shanghai*, Harvard University Press, 2013より筆者作成）

のため資材調達から販売に至るまでの経済統制政策が敷かれ、経営者として自らの判断で事業を展開する経営の自由を奪われてしまう結果となった。

劉鴻生には八人の息子がおり、海外での留学経験をもっていたが、第二次上海事変の勃発時は二十代の未経験な若者たちばかりだった。しかし、劉鴻生とビジネスパートナーの劉吉生（弟）は、八人の息子たちを上海・香港・重慶に分散配置して、一族を挙げて戦中の混乱期を乗り切った（**図3**）。約八年に及ぶ苦難を経て終戦を迎えた時には、息子たちの多くは三十歳を超え、中堅経営者の仲間入りをしていた。戦前は、劉鴻生と劉吉生（弟）がグループの中核として経営にあたっていたが、戦中に劉念義（次男：上海）と劉念智（四男：劉鴻生私人秘書：重慶）の二人が重要な役割を果たすようになり、世代交代が進みつつあった（**図4**）。

戦後の劉一族の政治リスクは、占領地で日本と合弁企業を経営した劉念義（次男）、劉念礼（三男）に対する経済漢奸の嫌疑と、戦中に延安に赴き一年間共産党と活動を共にした劉念悌（六男）に対する共産党協力者の嫌疑であった。これらの政治的リスクを回避しながら、一方で、日本軍に接収されてしまった上海の主力事業を無事に自分たちのもとに返還させることが、戦後の事業再開の鍵であった。

## 三、戦後の事業再開（上海）

### 政治的リスクの回避

　政治的リスクは先に述べたとおりだが、戦争終結を重慶で迎えた劉鴻生は、一九四五年秋に重慶国民党政府との人脈を使って働きかけを行っていた。宋子文《そうしぶん》の腹心で国民政府上海特派員の周象賢《しゅうしょうけん》、漢奸裁判の責任者を務める戴笠《たいりゅう》の腹心の宣鉄吾《せんてつご》に対し、劉念義（次男）、劉念礼（三男）を彼らの下で仕事に就かせてもらう約束を取り付けることで、リスク回避を図っていた。また、劉念悌（六男）の共産党協力者としての嫌疑に関しては、経済部長・翁文灝《おうぶんこう》からアメリカへのインターンシップ制度の紹介を受け、それに応募することで冷却期間を置くことにしたのだった。一方、上海側でも、劉吉生（弟）が戴笠とのコネクションを使い、戴笠の上海到着直後から住まいの提供を行い、最終的には劉念義（次男）の自宅に滞在してもらうことで、こちら側でもリスク回避策を講じていたのだった。

### 戦時補償請求

　戦時補償請求に関しては、重慶に工場移転を行った民族資本家たちは、在華紡など日本企業が経営していた工場の引受けを国民政府に求めていた。劉鴻生の経営する章華毛絨紡織公司も、戦時中に設備の一部をビルマ経由で重慶に移設して中国毛紡織廠を設立、戦時経済建設に大いに貢献したのだったが、その戦時補償として、国民政府が接収した日本企業の毛紡織工場を官民合営とし、章華毛絨紡織公司がその経営を受託する案を国民政府に提示、一九四五年秋の時点では経済部長翁文灝の内諾を得ていた。しかし、一九四五年十二月に中国紡織建設公司（会社）が設立され、接収した日本企業管理下の工場を一括して管理することになり、戦時協力を行った民族資本家への補償は一切実施されないことになった。

### 資産返還

　資産返還の鍵は、中国善後救済総署（ＣＮＲＲＡ）と蘇浙皖区敵偽産業処理局とのコネクションにあった。ＣＮＲＲＡは、アメリカを中心とした連合国の復興支援機関である連合国救済復興機関（ＵＮＲＲＡ）の中国側受入機関であるが、その執行長・上海分署署長に劉鴻生が就いたのである。就任の経緯は、終戦直前の重慶で、劉鴻生は劉念智（四男・劉鴻生私人秘書）をアメリカ人社交クラブに出入りさせ、米軍幹部との面識を得たことから、善後救済総署執行長への就任要請に繋がったものである。執行長就任は、劉鴻生企業グループにとっても、上海事業再開の大きな足がかりとなった。

埠頭倉庫管理を行う中華碼頭公司は、戦中は日本軍に接収されたため終戦直後は中央信託局の管理下に入ったが、支援物資の荷揚げ・倉庫の確保のためいち早く返還された。一九四五年十一月には善後救済総署と業務委託契約を締結、一九四七年までに膨大な援助物資の陸揚げ・保管管理を行って、累計で五十万米ドル・十数万香港ドルの収益を得た。その収益はグループの復興資金源となり、貴重な外貨としてニューヨーク・ロンドンの銀行に送金し預けられた。しかし、援助物資の流入や輸入ラッシュが一段落した一九四八年には、取扱貨物量が急激に減少、一気に資金繰り難に陥り、上海「解放」を迎えている。

次に、蘇浙皖区（長江デルタ）敵偽産業処理局とのコネクションであるが、敵偽産業処理局は接収資産の返還審査を行う機関で、経済部の管理下にあった。経済部長・翁文灝、蘇浙皖区敵偽産業処理局局長・劉攻芸《りゅうこううん》、同特派員・張麗門《ちょうれいもん》のいずれも、重慶で劉鴻生・劉念智（四男）と面識があり、自社資産の接収委員に、自企業グループのメンバーを指名してもらうなど便宜を図ってもらい、一九四五年十二月にセメント工場を、一九四六年四月に毛紡織工場を返還してもらうことができた。難航したのはマッチ事業で、大中華火柴（マッチ）公司の七ケ所の工場の内、鎮江熒廠と上海熒昌廠は、戦時中日本と合弁企業を経営していたかどで審査の対象となったが、劉鴻生企業グループ全体での戦時中の戦争協力と日本軍に迫られてやむなく合弁に至った経緯を勘案され、一九四六年三月に返還を果たした。

また、事業再開においても善後救済総署の果たした役割は重要で、マッチ事業においては、トラック・発電機などの事業用資産の調達を支援してもらったこと、毛紡織工場の原料調達においては、オーストラリアの廉価羊毛を優先的に割り当ててもらったこと、セメント会社は、後で詳述するが、操業停止に陥った際に、黄浦江に面する土地を埠頭・倉庫として賃貸契約してもらい、収益減をカバーできたことなど、劉鴻生は善後救済総署を自社グループの事業再開に巧みに利用したのだった。敵偽産業処理局も、マッチ事業において、接収した各社マッチ原料の処分を大中華火柴に委託し、大中華火柴は大部分を自社使用としたことなど、こちらにも事業再開の便宜を図ってもらったのである。

## 四、戦後の事業展開（上海・重慶）

### マッチ事業

まず、マッチ事業であるが、上海の中核会社・大中華火柴は一九四六年に操業再開し、生産は、当初は敵産資産の原料、後に輸入原料をベースに進められ、一九四七年には一九三九年の水準に戻っていた。塩素酸カリウムなどの原料は、輸入自由化により輸入した方がコスト面から有利であったため国内生産を中止し、戦中に原料の国内生産を担った中国火柴原料公司が、化学原料輸入業務に転換したほか、マッチ原材料生産のグループ会社の多くは、事実上休業状態となった。しかし、一九四七年に輸出入管理委員会が設置され、外貨制限・割当が始まると輸入原料確保がままならなくなり、再び自社生産を模索し始めた。休眠状態だった原料生産子会社の増資を行ったほか、一九四八年に福建省に福華火柴梗片廠（マッチ箱）、台湾に中聯化工廠（塩素酸カリウム）を設立した。既に市場としては、華東の三分の二と華南のかなりのシェアを押さえていたが、全国市場を狙って、一九四七年には青島火柴公司の入札に参加し経営権を取得、一九四八年には蘇州民生火柴廠を競合つぶしの目的で落札、設備のみを活用するなど市場拡大のための手も着々と打っていた。大中華火柴のマッチの内、代表ブランドの「名煙」はインフレ下で投機（買い溜め）対象となるなど市場の評価を得ていた。このように経済情勢の変化に翻弄されながらも前向きな事業展開を行ってきた大中華火柴公司だったが、一九四八年の金圓券発行を契機とした急速なインフレ発生下では、販売店に対し十〜二十日の手形で販売すると、その間に物価が上がり、回収した現金価値は原価割れしてしまう事態に陥っていた。在庫を販売しないと市場を失い、生産を縮小し損失を抑えようとすると、今度は資金繰り難に襲われたとの記録があり、この時期の全ての企業がこうした資金繰りジレンマに陥っていたことが推察される。

### 毛紡織事業

毛紡織事業の中核会社は、章華毛絨紡織公司で、羊毛紡績・紡織・染色までの一貫生産を行っていることが特徴だった。一九四六年の事業再開後、最初に直面した問題は、毛織物の輸入攻勢だった。貿易自由化の影響で、コスト面で優位なアメリカ産に大きく市場を奪われ、国産メーカーは各社とも苦戦を強いられたが、一九四七年四月の輸入税率引き上げで国産毛織物は市場を取り戻すことができた。また、原料である羊毛の調達も課題で、内陸部からの羊毛調達は国内物流網の寸断で難しく、輸入に頼らざるを得なかった。しかし、外貨割当制限で思うように任せなかったため、善後救済総署とのコネクションで、一九四六～四七年にはオーストラリア産羊毛の優先割当を受けることができ、収益の下支えとなった。一九四八年以降は急激に生産が増加したが、これは先の輸入毛織物の減少と、インフレの進行で外貨・金以外の換金可能物資への投機（買い溜め）が盛んになり、毛織物もその対象となったことによるもので、一九四九年にインフレが極度に進行すると、生産は縮小、マッチ事業同様、資金繰り難に陥ったと推察される。

## 後方地域の事業

一方、後方地域に戦時中に設立した事業であるが、後方地域では戦後の急速な人口流出により需要を失って操業停止に追い込まれる産業が続出し、劉鴻生グループのマッチ産業も需要減に加え、外部地域からの化学原料の調達難から経営難に陥っていた。その中で中国毛紡織公司は、後方地域に羊毛調達・生産会社を持ち、沿岸部の市場に依存せず後方地域への供給を行うことで、営業活動を継続することができたのであった。事業の継続は羊毛調達にかかっており、蘭州に設立した西北毛紡織廠の経営にも力を注いだ。戦後から一九四六年にかけて、後方地域では輸入毛織物の影響は少なく、一九四七～四八年にかけてはインフレが進行し、毛織物が投機（買い溜め）対象となって、生産量は増加した。一九四九年の「解放」が近づくにつれて、買占め在庫が市場に出てきて、販売価格は下落、最終的には資金繰り難に陥ったと推察される。

## セメント事業

セメント事業は、劉鴻生の戦後事業の中で最も外部環境の影響を受けた事業だった。劉鴻生が執行長を務める善後救済総署を経由して、輸入された援助物資の中で代表的なものがセメントだった。二ラインあったセメント生産ラインから使える設備を一ラインに集約、一九四六年六月にやっと操業再開にこぎつけた上海水泥（セメント）公司だったが、アメリカ産輸入セメントの大攻勢と燃料石炭の供給難を受けて、早くも一九四六年九月には操業停止に追い込まれてしまった。しかし、上海水泥公司は黄浦江に面していたため、埠頭倉庫として善後救済総署に賃貸することができ、操業停止中の収益を補てんすることができた。一九四七年春にはやっとセメント輸入が減少、同年五月に操業を再開すると、インフレの進行でセメントも投機（買い溜め）対象となり、市場に架空需要が発生し、生産量が増大した。しかし、原料の調達難、電力供給不足、燃料管理委員会の燃料配給統制などで生産は、戦前の水準に復帰することはなかった。一九四九年にインフレが極度に進行すると、同様に資金繰り難に陥ったと推察される。

## 五、新規事業展開

一九四七年までに既存事業の再開に目途をつけていた劉鴻生は、一九四八年に入り、厳しい経済環境下でも時代の流れにあった新規事業展開を模索していた。

### 既製服事業

一九四〇年代のアメリカは既に既製服を大量生産・販売する時代に入っていた。近い将来、中国も既製服の時代になると予感した劉鴻生は、章華毛絨紡織公司内に成衣廠という部門を設け、既製服事業に取り組み始めていたが、アメリカのように機械生産を主力とせず、七割近くを人手による生産方法で、生産性はアメリカにはるか及ばなかった。一九四八年に劉鴻生は渡米し、Cohan Goldwater社という既製服製造会社を訪問、アメリカ人の指導で本格的な既製服製造に乗り出そうとしたが、章華毛絨紡織公司総経理・程年彭《ていねんほう》は経済環境を考慮し取り合わなかった。

### 人造繊維事業

人造繊維については原料の輸入制限を受けていなかったため、有望と期待された事業だった。劉鴻生は一九四八年にアメリカ商人と人造繊維製造設備の輸入と工程技術エンジニアの招致案を相談するなどの動きを取り、章華毛絨紡織公司での投資を検討したが、程年彭は既製服事業同様、関心を持たなかった。

## 六、分散投資と資産保全（台湾）

台湾での事業展開は戦後早い段階から模索されていた。台湾が中国の領土に復帰し大陸側との交易が盛んになると、市場を見込んで、一九四六年に劉念義（次男）はマッチ工場建設を台湾省に提案したが、台湾省ではマッチ製造が既に専売事業になっており、実現しなかった。次に、大陸でのマッチ原料供給に問題がおこってくると、劉鴻生は、大中華火柴公司青島廠のマッチ箱用製紙ラインを台湾に移設、製紙工場設立を目論んだ。劉念孝（五男）とその同窓生で製紙業に関心のあった沈志明にこの事業を任せ、一九四八年に文華造紙廠を設立させた。また、台湾碱業（ソーダ）公司が廃棄する塩素を利用して、マッチの重要原料である塩素酸カリウムを生産する計画が持ち上がり、一九四八年に中聯化工廠を台湾高雄に設立している。更にこの時期には、劉一族の資産の一部も台湾に運び込まれ、劉念忠（七男）がその資産と関連会社の管理を任されることとなった。

## 七、事業展開・資産保全策の見直し

一九四八年八月、金圓券が発行されると、外貨・金などとの強制兌換が実施された。劉鴻生も、蔣経国の召喚を受け、外貨・金などの強制兌換を要請された。蔣経国の強権ぶりを目の当たりにした劉鴻生は、やむなくグループ企業合計で、黄金八〇〇条、二三〇万米ドル、銀数千銀元を兌換した。こうした動きに加え、民族資本家・栄鴻元らの逮捕の知らせを耳にした劉鴻生は、国民党統治下の事業継続に疑念を感じ、一九四九年初頭に一族とパートナーを招集し、資産の海外退避を決議、章華毛絨紡織公司総経理・程年彭と同社襄理・華爾康《かにこう》に対し、外貨、原材料、成品など計五〇〇万米ドルを、劉念智（四男）に対し、グループ各社合計二〇〇〇万米ドルを海外に持ち出すように指示した。

これを受けて、一九四九年三～五月に章華毛絨紡織公司の資産は台湾に向けて運び出されたが、これに先行して、一九四八年に章華毛絨紡織公司営業科職員・孫元錦《そんげんきん》が台湾に送り込まれ台湾毛絨廠設立の準備を行っており、一九四九年十月に同社は設立された。程年彭と華爾康は、その後台湾に半年近く滞在したが、台湾での事業継続を断念、一九四九年秋ごろまでに香港へ拠点を移している。

## 八、中国共産党との接触（上海）

劉念悌（六男）は一九三八年七月から一九三九年七月までの約一年間、延安を訪れて共産党と活動を共にし、以降共産党秘密党員として活動していた。一九四九年に入り、劉念悌はその時活動を共にした戴徳《たいとく》という共産党員と接触を持つようになり、劉一族に対し、共産党の政策は「発展生産、繁栄経済、公私兼顧、労資両利」であると説明を行った。戦中日本軍との交渉経験のある劉念義（次男）が最初に理解を示し、劉鴻生と劉念智（四男・劉鴻生私人秘書）の説得にあたった。劉鴻生は、この時上海残留に傾いていたとも言われるが、上海「解放」直前には、上海特別市社会局長・陳保泰《ちんほたい》が民族資本家の動向監視を行っており、一九四九年五月に劉鴻生は広州へ強制連行されてしまった。

## 九、最後の事業展開（香港）

一九四九年当時の香港は、自由貿易が可能で、政治的にも安定した場所であったため、多くの民族資本家が移ってきており、一九四五年から四九年までに約一三〇万人が大陸から移住してきたといわれている。この時の移住の選択肢は、香港か台湾に限られていた。アメリカなど多くの国は厳格な移民制限を行っており、東南アジア諸国も、国民政府の瓦解を見て、大量の移民受入を回避するため移民制限を行うようになっていたためである。

劉鴻生は、広州へ強制連行後、まもなく香港脱出に成功し、ここで最後の事業展開を模索する。

### マッチ事業

戦中の一九三九年香港に設立した大中国火柴は、戦中・戦後も事業を継続していた。一九四七年頃は輸入マッチの影響で売上が減少したが、その後東南アジアやフィリピン市場の開拓に努め、一九四九年時点では、劉一族の中では収益を稼げる数少ない事業となっていた。この事業を引き継いだのは、劉吉生（弟）とみられ、一九七〇年代まで事業は継続した。

### 羊毛輸出事業

劉鴻生が香港で最後に試みた事業展開が羊毛輸出事業だった。重慶の中国毛紡織公司では、一九四七〜四八年に楽嘉禾という人物をニューヨークに派遣していた。蘭州で生産した羊毛をアメリカへ輸出する事業調査のためだった。有望な商談になりそうとの情報はその後も立ち消えになっておらず、劉鴻生は一九四九年に中国毛業公司を香港に設立、アメリカ最大のカーペット会社Bigelow-Sanford carpet co.と交渉を行った。しかし、国内物流網が遮断され、空輸で運んではコスト高になってしまうこと、アメリカでの羊毛相場が軟調になってしまったことで、この取引が実現することはなかった。

## 十、一九四九年の選択

### 事業評価

これまで見てきた通り、一九四九年時点の上海の主力事業であるマッチ製造・セメント製造・毛紡織・埠頭管理のいずれも事業規模は大幅縮小あるいは活動が停滞していた。重慶のマッチ事業は休業、毛紡織は事業継続していたが、事実上の支配権を失っていた。台湾の事業は継続していたが、国民党の支配下にあり、一族を挙げてここでの事業継続は考えられない状況だった。香港のマッチ事業は収益を稼いではいたが、それ以上の展開は見込めず、香港を舞台にしたそのほかの事業展開は一九四九年時点では時期尚早だった。資産保全に関しても、金圓券兌換でかなりの資産を国民政府に強制兌換させられた上、インフレで目減りして資金繰り難に陥り、今後の事業展開に前向きになれる状況ではなかった。つまり、グループの経営状況は、「戦前復帰」どころではなく、事業継続・資産保全の危機に立たされていたのであった。

### 一九四九年の選択

一九四九年時点での劉一族の配置は**図4**の通りで、劉吉生（弟）は香港、劉念孝（五男）劉念忠（七男）が結果的に台湾に残留した以外は、すべて上海に集結していた。上海以外に、台湾、香港での事業展開を模索、万策尽きた結果の配置であった。劉鴻生は、香港での事業展開がうまくいかないのを見届けて、一九四九年十月に上海に帰還した。この時の苦悩・選択について、なぜ共産党を選んだのかという文献が多く残っているが、いずれも共産党時代に入ってのコメントで後付けの感をぬぐえない。その中で次のコメントは筆者の心に響くものがあった。

　私も六十歳を超えた老人で、主な事業は上海にある。いまさら〝白華〟（亡命中国人）にはなりたくない。家族も私が帰るのを待っている。

（劉念智『実業家劉鴻生伝略――回憶我的父親』）

　共産党は上海の米・石炭供給などの基本的な問題を解決していないので、更に複雑な経済問題を解決できないだろう。しかし、蒋介石の統治する中国には希望が持てない。友人や息子たちの情報から解放区の政策が正確に分かってくると、一抹の希望を共産党に託すことにした

（劉鴻生「我作為一箇実業家的経歴」『中国建設』一九五三第六期）

筆者は、このときの劉鴻生の選択を、社会的・経済的制約の中で自由な経営活動・事業展開を模索し続けた企業家の万策尽きた上での決断と考えている。じり貧に陥りながらも、「政治的信条による判断」でなく、制約ある中での「経済合理性に基づく判断」を行った結果と見ることができるのではないだろうか。

**参考文献**

上海社会科学院経済研究所編『劉鴻生企業史料』（上海人民出版社、一九八一年）
劉念智『実業家劉鴻生伝略～回憶我的父親』（文史資料出版社、一九八一年）
Sherman Cochran and Andrew Hsieh, *The Liu of Shanghai*, Harvard University Press, 2013
台湾国家発展委員会档案管理局『本府査核劉念忠等隠匿匪産案覆判及発還没收財産情形（三）』档号：B3750347701/0047/3132169/169
謝國興「一九四九年前後来台的上海商人」（『台湾史研究』第十五巻第一期、二〇〇八年）
沈柏宏「国民党在台湾留給我外省人的一個悪劣印象」（『太平洋時報』、二〇一六年十二月一日）

【I　人びとの〈模索〉】

# 戦後の上海インフレーション

菊池敏夫

きくち・としお——神奈川大学外国語学部特任教授。専門は中国近現代史。主な著書・論文に、『民国期上海の百貨店と都市文化』（研文出版、二〇一二年）、『上海モダン 『良友』画報の世界』（共編、勉誠出版、二〇一八年）、「永安公司遊芸場『天韵楼』の閉鎖と上海市社会局」（『人文学研究所報』第五十八号、二〇一七年）などがある。

戦後上海の統治に当たった国民党政権は、海外からの物資供給以外には明確な産業復興のための政策を提示できず、また通貨管理も市場原理を軽視した、内戦への備えや政権の利害優先の紙幣増刷を行うのみで、インフレの高進を促進するばかりであった。無制限の紙幣増刷がインフレを助長する中で、物価の高騰を防ぐ手段は、物価凍結と「金円券」の強制兌換、そして値上げや買い溜めに対する政治的、警察的手段による監視しかなかった。国民党には、この期のインフレを抑止し、経済復興を推進する政治的力量はなく、それが政権の維持を困難にした。

## はじめに

中国におけるインフレーションの起源は、一九三五年の幣制改革によって中国が銀本位制から管理通貨制度への転換を図ったことに求められる。その後、上海では、日本占領期に汪精衛（汪兆銘）政権のもとで中央儲備銀行発行の不換紙幣である儲備銀行券（以下「儲備券」、筆者注、以下同じ）が大量に使用され、八年あるいはそれ以上の年月にわたる悪性インフレの基礎となる状況がつくられた。日中戦争後の一九四五年十一月、国民政府は儲備券の回収に乗り出し、儲備券二〇〇元を法幣一元と交換する形で回収し、法幣の普及を図った。しかしその後法幣の価値は下がり続け、一九四八年八月、「金円券」の発行に及んで、戦後中国経済を大きな混乱に陥れ、国民政府の信頼を失墜させる要因となった。また慢性化したインフレは中華人民共和国初期の社会や経済、国家の形成にも大きな影響を与えた。

本稿の目的は、この時期、猛威をふるったインフレに対し、国民政府がどのような抑止策を講じたのか、そして、それはいかなる結果に帰結したのかを考えることにある。以下では、一九四五~四九年の期間を、(一)一九四六年二月、国民政府が経済開放政策を断行した時期、(二)一九四七年二月、「経済緊急措施方案」が施行された時期、(三)一九四八年八月、「金円券」発行の時期、の三段階に分けて考察する。

なお、戦後のインフレを論ずる場合、それが深刻な形で表出したのは商品経済の発達した大都市、特に上海であったこと、他方、農村ではその影響が相対的に小さかったこと、に留意しておきたい。

## 一、上海インフレーション(一)
### ――戦後の経済開放期

**戦争終結直後の上海経済**

一九四五年十月三日付の*The China Weekly Review*(以下、CWR)によれば、日中戦争末期の上海におけるインフレの特徴は、物価インフレというよりはむしろ通貨インフレである点にあった。上海では、一定の商品を除き、他の都市に供給を要請するという事態は発生しなかった。人々は、手に入る乏しい物資でその日暮らしをしており、それが何年も続いたので、自給自足スタイルが生きる知恵となっていた。一九四五年七月には、物価の上昇は見られない。実際、多くの人々が戦争の終結を予測して、手持ちの余剰商品を安売りした結果、多くの商品の価格は相当下落した。他方、日本の降伏は金融の混乱を招いた。中央儲備銀行が機能を停止し、通貨膨張はなくなった。銀行の信用貸付が停止し、株式市場は閉鎖された。汪政権下の二〇〇以上の銀行も整理された。金融の混乱が大きな問題であった("Inflation in Shanghai Due to Lack of Good, Production," *CWR*, 1945. 10. 3)。

戦争終結後、住民の日常生活には安堵感や将来への期待感が漂い落ち着きが見られたが、十月に入ると物価は急上昇した。米価を除いて日用品は概ね値上がりした。この時期、政府銀行はまだ多量の通貨を放出してはおらず、この上昇は他の諸都市からの需要の急増に原因があった。株価も一九四五年九月から翌年三月の間、センセーショナルな上昇を記録した。最優良株であった永安紡織の株価は一九四五年九月には僅か二〇〇元であったが、翌年三月には四〇〇〇元となり、米ドルベースでは三〇セントから二米ドルへと上昇して、ウォール街でも評判を取った。他の企業株も概ねこれに比例して上昇した。この株価上昇を促進した要因は消費財の不足、生産の不足、交通の不便であった。

生産力の復興の他に、インフレ抑止策の一つは、国外からの供給を増やすことであった。例えば、一九四五年十一月、UNRRA（連合国救済復興機関）は対中援助の動きを開始した。トルーマンは「中国は、UNRRAが現在行っている救済活動の中で最大の相手国である」と訴えた。それは中国が戦後復興を図るうえで重要な経済援助であった。しかしその期待とは別に、国民党政権存続の不透明さ、トルーマンと蔣介石の折り合いの悪さ、UNRRA加盟国の資金不足によって、この活動は十分な成果を上げることができなかった。

宋子文の対外開放政策と国内経済復興政策の希薄

このような中で、一九四六年二月末、宋子文行政院長はアメリカの資金援助に期待しつつ外国為替市場の開放と貿易自由化に踏み切り、実勢よりも高めの為替レートを利用してアメリカから消費財を大量に輸入した。しかし為替管理が十分には機能せず、上海の企業は復興の条件を削がれ、生産財の輸入も増えなかった。また上海の工業企業は十年近い戦争で機械もほとんど修理しておらず、工場も多くが停止状態にあった。この政策は産業界が望んだ石炭、石油、電力の供給、工業用機械の輸入、輸送の円滑化、原料輸入などにおいて成果を出せず、物価の安定にも寄与するところなく約一年で破綻した。

物価上昇の原因は他にもあった。一九四六年四月十一日付のある新聞記事は次のように指摘した。「通貨インフレと生活費の高騰の直中で、人々は紙幣に対する信用をなくす一方で商品に対する信頼を強めている。彼らは、紙幣を持てば常に急いで商品を買おうとする。そのために商品の不足は以前よりもひどくなった」と。商店は商品を山のように積み上げ、大安売りもしたが、買い溜め投機家に莫大な利益をもたらしただけで、市井の人々にとって御利益はなかった（"The Rising Cost of Living and Its Danger," *The China Critic*, 1946. 4. 11）。

インフレは企業活動を促す代わりに、遊休資本の利殖を促進した。生産コストが増えると工場閉鎖が避けられない状況では、生産よりも買い溜めの方がはるかに大きな利益を生んだ。*The China Critic* の記事は、政府が紙幣増発を停止することと、財政赤字の解消は無制限な紙幣増発ではなく、富裕層の拠出によるべきことを求めた。

一九四七年二月、宋子文は行政院長を辞し、国民政府は「経済緊急措施方案」を公布し、為替売買を禁止し、日用品等の価格に上限を設定して、「インフレ抑止」に乗り出した。

表1　法幣100元で何が買えたか（1937年～1947年）

| 年 | 品目など |
|---|---|
| 1937年 | 成牛2頭 |
| 1938年 | 成牛1頭と小牛1頭 |
| 1939年 | 成牛1頭 |
| 1940年 | 小牛1頭 |
| 1941年 | 豚1頭 |
| 1942年 | 中国式ハム1本 |
| 1943年 | 雌鶏1匹 |
| 1944年 | 雌鶏半匹 |
| 1945年 | 魚1尾 |
| 1946年 | 卵1個 |
| 1947年 | 豆炭1個または<br>油条3分の1個 |

出典：『大衆晩報』1947年7月30日。但し、当代中国的職工工資福利和社会保険編輯委員会編『当代中国的職工工資福利和社会保険』当代中国出版社、2009年、9～10頁による。

## 二、上海インフレーション（二）
## ――「経済緊急措施方案」下の状況

### 「経済緊急措施方案」の失敗

戦後わずか十七ケ月で金価格は暴騰し、法幣価値は急落した。日中戦争終結時、国民政府は金、米ドル合わせて約二十三億ドルを保有していた。しかし同政府は内戦への備えや官僚企業への大量融資のために法幣の大量増刷を続けると同時に、金と米ドルを売って法幣を買い支えた。一九四七年二月、中央銀行が放出した外国為替は準備額の半ばを超え、金準備も六割まで減少した。中国各地の法幣が金、米ドルと交換を求めて上海に蝟集《いしゅう》し、中央銀行が金放出をやめると金価格は一テールあたり九十六万元まで急騰し、もはや物価全般の値上がりと法幣の急落に歯止めがかからなくなった。**表1**は法幣一〇〇元で何が買えたかを示している。

政府は、日用品の価格に上限を設け、賃金を凍結する「経済緊急措施方案」を実行に移した。しかしそれは二ケ月足らずで解除された。国共内戦の勃発などによって法幣増発に歯止めがかからず、物価や賃金の上限が制限されれば、生産活動や商業活動は一挙に冷え込み、原料や日用品の買い溜めが拡大するしかないのは目に見えていた。

### 経済社会の全般的危機

インフレの影響は株価や物価に留まらなかった。一九四七年五月下旬のCWRの記事は「最近の米暴動、米穀商の報復、紛争、交渉、公的な声明、デモ、あらゆる形のストライキ、証券取引所規則の改正に仲買人が反対して取引所の立合が休止となったこと等々によって現状に対する不満が明らかになった」と経済社会の深刻な危機に言及した。上海のあらゆる分野において社会不安を表す事象が、計画的ではなく、自然発生的に起きており、その形や要求内容も個々に異なっていた。この記事は、かかる不満の多様な現れが経済的緊張の中で短期間に、かつ同時多発している点に、「特別な意味」があると強調した（John Perkins, "Current Labor Problems," *CWR*, 1947. 5. 24）。

失業問題も深刻であった。上海の失業者は「経済緊急措施方案」施行後、日ごとに増加し、市政府にとっても未曾有の大問題となっていた。社会局は、上海の失業者が一九四七年三月には二十万人前後存在し、Ｖ―Ｊ　Ｄａｙ（対日戦勝記念日）頃の約二倍にあたることを認め、さらに今後二～三ケ月の間にも激増が予想されるとした。また国民政府が外貨を使い果たせば上海の不景気はいっそう深刻になるとされた（"Shanghai's Unemployed," *CWR*, 1947. 5. 31）。

## 悪性インフレ下の企業経営

新聞業界を例にこの期の企業経営を見ておこう。週刊紙である *The China Weekly Review* 紙は、日中戦争末期、日刊紙が一部二十元のとき、四十元であった。それが二年後の一九四七年十月には一部一万元という法外な価格になった。この二年間で同紙は販売価格も広告料金も大幅に引き上げたが、インフレスパイラルの物価上昇にはまったく追いつけなかった。だが、この業界には「売り上げ、広告料よりもずっと深刻な問題」があった。新聞印刷用紙をめぐる新聞社経営の実態が問題なのである。一九四六年二月から新聞用紙は専ら輸入品となり、十一月からは他の輸入品と同様に政府の管制下に置かれ、各社ごとに割当量が定められ、政府の補助を受けた。割当は日刊紙のみが対象で、ＣＷＲは対象外であった。同社は新聞用紙を闇市で購入したが、その価格は輸入紙の十倍以上であった（"Results of inflation," *CWR*, 1947. 10. 18）。一方、上海の新聞社の多くが新聞用紙の割当制度を濫用した。「例えば実際の発行部数は二万部に過ぎないのに、表向き九万部と申請すると、この数字に基づいて新聞社には九万部分の新聞用紙が割り当てられた。そのあと新聞社は余った用紙を闇市で売り飛ばして儲けた。大半の新聞社はこのやり方で赤字にならずにやって行けた」という（"Changes in Shanghai's Press," *CWR*, 1950. 3. 11）。これこそが悪性インフレ時代の経営学であった。類似の経営は他の業種でも数多く見られた。例えば、ある工場が中央銀行から融資を受け、原料を思惑買いすると、その後生産活動はせず、インフレによる原料価格の高騰を待って銀行ローンを返済した。工場所有者は金を稼ぎ、労働者は給料をもらい、政府はより多くの紙幣を発行した。インフレは生産活動を極限まで排斥する異常な経済循環構造を生成し拡大していった。その結果、堅実な事業投資、まともな商品生産は縮減せざるを得なかった（Sheila Watson, "Labor, Management in Shanghai," *CWR*, 1949. 10. 8）。

### 法幣の増刷に次ぐ増刷

しかしこうした中で法幣はいっそう膨大な量が印刷され、そして紙くずと化していった。一九四七年には発行量が極めて大量で、上海の五軒の紙幣印刷所が昼夜運転しても間に合わず、外国にまで発注をした。国内印刷八万兆元に対して国外印刷は一三七兆元に及んだ。新新百貨公司の李承基は「法幣は朝、昼、晩と値を下げるので、新新公司はその日の全売り上げで新しい商品を仕入れる方法を取った。商品の仕入れができなかったときは、金または外貨を買う形を取った」と述べている（李承基『四大公司』政協広東省中山市委員会文史資料委員会、二〇〇六年）。同じ理由で、庶民の生活空間には、一九三五年の幣制改革以降、市場から姿を消していた銀元が再び登場し、一九四八年夏には銀元市場が形成された。老北門一帯で銀製品の露天商を営む「跑単幇《パオタンパン》」と呼ばれる人々がブローカーとなった。河南路の銀元ブローカーも早朝から一元銀貨の一塊を手の中でチャリンチャリンと鳴らしながら商売をした。悪性インフレの下で人々は金、米ドル、銀元を購入し、貨幣価値の維持に努めた。

## 三、上海インフレーション（三）
## ――「金円券」と蔣経國

### 「金円券」改革と蔣経國

一九四八年八月十九日、国民政府は膨脹に膨脹を重ね価値が下落した法幣に代わるものとして「金円券」の発行に踏み切った。蔣介石は金円券の運営を監督するため経済督導員を任命し大都市に派遣した。金融の中心地上海には、経済管制督導員として中央銀行総裁の兪鴻鈞《ユイホンジュン》を、実質的な責任者である副督導員として蔣経國を派遣した。蔣経國は、蔣介石の嫡男で、一九二五年にソ連に留学、十二年間の留学生活を終えて一九三七年帰国した。その後、江西省贛南《こうなん》市の行政督察委員を皮切りに中国政治の世界で経験を積み、上海赴任時は三十八歳の若者であった。彼は蔣介石に向かって「上海の金融・投機機関で党・政・軍の要人と密接な関係にないものはない。故にその抵抗力は当然大きいが、情実を排し、最後まで『快刀乱麻を断つ』の姿勢でいきたい」と抱負を語ったという。

蔣経國は、早くも七月二日、上海に乗り込み、中央銀行を拠点として物価の統制、隠匿物資の摘発、「貪官奸商」の摘発などの準備に取りかかった。彼は、軍と警察力を動員して厳しい取り締まりを行っただけでなく、ソ連留学で学んだ組織活動を応用し、「武松、虎を打つ」などの明快なスローガンを掲げ、江西省時代からの部下である王昇《ワンション》という人物に青年たちを選抜させ、取り締まりのための大衆運動を組織した。その行動部隊は上海青年服務総隊といい隊員数約一万人、通貨インフレに反対する大規模デモなども組織した。

『二十世紀上海大博覧』（文匯出版社、一九九五年）等で蔣経國によるキャンペーンの流れを概観しておく。七月九日、社会局が日用品買い溜めの取り締まりを開始し、各倉庫に出向いて顧客の押印の有無や預かり証のチェックをした。七月十八日、中央銀行が額面の大きい「関金券（関税納付専用証券）」四種（最大は二十五万元）の発行を宣布すると、市場は大きな衝撃を受け、日用品などは三割方急騰した。石油も高騰し、中央航空の北平上海間が運航を停止した。李承基は「（内戦で）国民党の劣勢が明らかになると、法幣はすでに流通機能を失い、二十五万元『関金券』が出回り始めると、上海における不動産などの大口取引はいずれも金や米ドルを用いた。農村における交易では糧食または銀元で価格計算をし、『物物交換』という古いやり方が復活した」と回顧した（李承基前掲書）。

## 「金円券への強制兌換と物価凍結」

八月十九日、国民政府は「金円券改革方案」に基づき金円券を発行、金、米ドル、銀元は金円券と交換するよう強制した。金円券一元は約金〇・二二ミリグラムと兌換でき、中央銀行が限度額二十億元で発行した。金円券一元は三〇〇万法幣元と交換され、一米ドルは金円券四元のレートで設定された。当初は法律上の没収規定が効力を発揮して資産階級の貴金属や外貨も金円券に交換されたという。上海で十月六日までに金円券に交換された金は一一四万テール、米ドル紙幣は三四五二万元、香港ドル一一〇〇万元、銀九十六万テール、総価値は二億米ドルで、全国兌換総額の六四パーセントを占めた。また二十日、国民政府は「財政経済緊急処分令」を公布、物価を八月十九日の価格で凍結すべく通達し、値上げや売り惜しみを禁止した。従わない場合は当局が逮捕、処刑する場合もあった。

李承基は、「新新公司もすべての倉庫が徹底検査された。調べは明快で、証票が確認できると、買い溜めを疑うようなことはなかった。金庫にあった米ドル八十万ドルおよび米ドル換算で一〇〇万ドル相当の金と銀元を中央銀行に送り、金円券と交換した」と述べている。しかし有力な家族や大規模取引をする商店で金、銀、外貨を上納したのは少数で、蔣経國が回収した金銀は基本的には上海の一般住民が収めたものであった。厳しい統制で上海の金円券改革はひとまず成功し、物価は政府が定めたボーダーラインを超えることはなかった。李承基は「財政部は金円券発行後ほとんど間を置かずタバコ・酒の増税案を発表した。このようなやり方が人々の信頼を失わせ、彼らを買い溜めに走らせた。それは白米、燃料から始まり、その他の商品に波及し、範囲も広がり、経済は迅速に崩壊した」と述懐し、「商品を販売しても戻ってくるのは金円券ばかりで、もはやそれで新たに商品を仕入れることすらできない。……上海の商工業は無形の内に停頓し、冬眠状態に入った」「当局は物価を管制するだけで、遊休資本の動きを完全に軽視した。物資の調節や生産の奨励は部分的なものに留まり、全般的な計画を欠いた」と指摘した（李承基前掲書）。

### 蔣経國の「打老虎」

遊休資本による不動産投資や物資の隠匿が以前にも増して活発化した。八月二十八日、経済警察が全市の銀行の倉庫および臨時に設置された倉庫を捜査し、綿糸布九〇〇〇件余りを差し押さえた。九月二日、経済警察は永安紡織など十数社の工場にあった綿糸製品を差し押さえた。九月三日、蔣経國が杜維屏《トゥーウェイピン》の逮捕命令を出すと、上海灘に激震が走った。杜維屏は、「上聞人（上海の有力者）」である杜月笙《トゥーユエション》の三男で、上海証券交易所の管理者であった。彼は永安紡織の株二八〇〇株余りの空売買を行い、騒ぎを起こしていた。それは彼にとっては常のことであったが、蔣経國はこれを理由に逮捕した。これに対して杜月笙は蔣経國を怒鳴りつけ、「平等な扱い」を求めた。つまり杜は、蔣経國と関係の深い宋一族が経営する揚子建業公司（以下「揚子公司」）も疑惑があるため、検査するよう求めたのである。九月五日には、呉国楨《ウーグオゼン》市長が蔣経國のやり方に不満で南京に辞職を願い出た。同日、蔣経國は杜維屏のほか米商の万墨林《ワンモーリン》、紙商の詹沛霖《チャンペイリン》、申新紡織公司老板の栄鴻元《ロンホンユアン》ら上海財界の大物、商工会の主要メンバー六十四人を逮捕投獄した。二十五日、林王公司の老板王春哲《ワンツエンチョー》を銃殺刑、違法役人の戚再玉《チーザイユィ》を処刑した。「擾乱金融罪」による初の処刑であった。同日、「上海青年服務総隊」が結成され、王昇が総隊長となった。

実は、この時期、蔣経國は生産を拡大するための努力も試みている。この頃、「黄牛」というダフ屋集団が上海の魚市場で徹底した買い占めを行っていた。彼らは、毎朝夜が明けるずっと前から市場に列をなし、すべての魚を買い上げ、そのあと街中をまわり法外な値段で小売りをして暴利を貪った。彼らと漁業公会は相互扶助関係にあり、魚の希少性を武器に利益を独占していた。蔣経國はUNRRAを介して近代的な漁船と機器を買い入れ、操業を増やして魚の低価格化を目指して魚市場の拡大を図ろうとしたが、これが漁業公会との間に衝突を引き起こした。蔣経國は旧来の魚市場を閉鎖し、新たに市が管理する市場を開設するという方針を打ち出し、公会と対抗したが、公会や「黄牛」の背後には「黒社会」の大物が付いており、事態を容易には打開できず、UNRRA提供の多数の漁船もポイント島に係留、放置されたままとなった（"Economy of Scarcity," *CWR*, 1948. 10. 9）。

## 沸騰する蔣経國人気

この頃、蔣経國の評判はうなぎ登りであった。経済統制も比較的順調に進み、上海住民の彼に対する信頼は急速に高まった。CWRの記者は、「我々はこの都市の経済を警察的手段によって安定させることはできない、と一再ならず言ってきた。我々はまだその見解を変えてはいないが、上海経済の皇帝（"czar"）である蔣経國の現在の活動に鑑みて、それを少し修正するかも知れない」と述べた。従来、警察は金融・商品市場における有力な投機家、攪乱者を実際に鎮圧しようとする意志も力量もなかった。彼らは時として一〜二人の大物を捕まえることがあったが、多くの場合、少数の軽微な犯罪者を逮捕して終わった。しかし「蔣経國の取り締まりはますます大がかりとなり、住民観察者はこれを見て真の喜びを感じている」（"A Breathing Spell," *CWR*, 1948. 9. 11）、「長い間影響力をもってきたラケッティー（"racketeer"、悪質な投機家）を検挙したことについて全上海が蔣経國と彼の部下に感謝している」（"Gratitude," *CWR*, 1948. 9. 11）、「中国の新聞は『新時代』の始まりを告げる蔣経國の『虎退治』を熱狂的に賞賛している」（"What Chinese Papers Say," *CWR*, 1948. 9. 18）、「経済督導の際に示した『実直さ、大胆さ、そして公平さ』は彼を英雄にした。疑いなく、蔣経國は住民の福利に関心があり、尊敬と感謝に値する。この二〜三週間は闇市も減少し、物価騰貴もないだろう。上海人はこの十年間で初めて比較的落ち着いた時間を過ごすことになろう」（"Far Sighted Reform," *CWR*, 1948. 10. 23）等々と賞賛の嵐が続いた。

もちろん、この賞賛の陰には、遊休資本を生産的な企業活動に向かわせる方法、香港へと流れる大量の資金を喰い止める対策など、このキャンペーンの見落とした重要な課題が未解決のまま残っていた。そして、残っている方こそが中国経済の根本的な課題であるという見方も広く存在した（"New Lease on Life," *CWR*, 1948. 9. 18）。

## 蔣経國の躓き

十月中旬までに大小四十数軒のレストランと食堂が米、油、野菜、家鴨、鴨、肉類の不足によって営業停止に追い込まれる事態が発生した。物価の凍結が生産、流通の停滞を来すのは当然で、加えて物資の隠匿が広範囲に及んだため上海は広く慢性的な物不足に陥ってしまっていたのである。とりわけ食料品の不足は上海住民の生活を直撃した。

十月三日付『申報』は揚子公司が大量の物資を買い溜めしている、と報じた。蒋経國が、義母である宋美齢との関わりが深い揚子公司の検査、差し押さえを行ったところ、義母の介入で検査は壁にぶつかり、九日、北平にいた蔣介石が急遽空路で上海入りし、差し押さえを解除するという事件が起こった。揚子公司は、外国為替を扱い、当時外国貿易を独占していた会社で、孔祥熙《コンシアンシー》の息子の孔令侃《コンリンカン》が総経理を務め、大株主には杜月笙、範紹増《ファンシアオツオン》、駱清華《ルオチンフア》などがいた。この会社は中国内外に多くの支店をもち、鉱山、運輸、倉庫、保険、不動産、商工業投資などの経営に当たっていた。特に戦後アメリカの余剰商品を廉価で大量に仕入れ、販売し暴利を稼いだことで知られていた。こうして浙江財閥や「官僚資本」に対する統制が困難と知るや、蔣経國のキャンペーンの先は見え、上海は再び物資の買占めパニックに襲われた。このパニックに対して蒋経國も警察ももはや無力であった。

蒋経國のキャンペーンは、上海市、浙江財閥、「黒社会」、悪徳商人、街のチンピラにまで及び、さまざまな反発を巻き起こした。上海市長の呉国楨が蔣介石に辞表を叩きつけたし、職員たちの反発もあった。上海を拠点とする浙江財閥は戦争終結時には重慶帰りの国民政府の権力と戦うこともせず、「全員昼寝をしている」と揶揄されたが、蒋経國のキャンペーンののちは南京に対する彼らの抵抗も強くなった。杜月笙ら「黒社会」に関連して、杜維屏の逮捕を「国民党が自分の支持者を攻撃した」と捉えるのは間違いで、彼らは「共産主義に反対し、国民党を支持してはいるが、国民党を支える足ではな」いとする論調があり、ここでも重慶帰りと上海残留派との間の矛盾が存在した。重慶帰りである国民政府の権力基盤は政府そのものだけであり、それは重要なパートナーをもたなかった、とする見方もある。これに身内の対立が加わったのが揚子公司の事件であった。この事件をきっかけに蒋経國は職を辞任し、上海を離れ、キャンペーンも終わりを告げた。

なお、アメリカは、金円券改革や蒋経國のキャンペーンにはほとんど反応しなかった。その立場は、中国が生産に携わる意志を明確に示さない限り、アメリカは中国を援助しないというものであった（"Mutually Misinformed," *CWR*, 1948. 9. 25)。

### 物価凍結の解除　暴走する物価と高飛びする資本

十一月一日、国民政府は物価凍結を解除した。堰を切ったように野菜、肉類が出回って値上がりし、次には米、綿布、旅館宿泊料金、映画館入場料へと波及した。李承基は「(新新公司では)金円券ばかりが残り、労働争議がやまず、時局は悪化した」と振り返った(李承基前掲書)。富と権勢をもつ資本の多くは引き続き海外へ高飛びした。その結果、一九四八～四九年の貿易収支は、国内生産が減少したにも関わらず、入超から出超に転じた。巷では、「黄牛」が広がりを見せ、いっそう活発に活動した。「黄牛」は闇市レートで商品を扱うダフ屋である。最近の悪性インフレ、物価高騰の中で、この「二本足の牛」は上海人のかなりの部分を仲間に取り込み、「銀牛」と呼ばれる弟分たちの手を介して日増しに増大していった。彼らは通行人にまとわりつきながら、銀元の塊を手の中で鳴らして商売をする。人々は、価値が急落する金円券を手放すためにぐずぐずしている暇はなく、僅かな蓄えを減らさないために、また商品を購入するために、朝な夕な金属マネーの取引を必要としたのである(X. Y. Zee, "Shanghai Sidelights," *CWR*, 1949. 4. 23)。

### 「持てる者」の上海、「持たざる者」の上海

ある外地人がキャンペーンの結末の風景を記録している。

「私が上海に着いたとき、蔣経國が圧政のもとで物価統制を行っていた。この統制を警戒して、馴染みのない客を入場させるようなホテルやレストランは一つもなかった。だが、この統制が解除されると、ホテルや食料品店だけでなく、劇場や高級レストラン、そしてダンスホールまでが、途方もない物価高にも関わらず、つねにごった返していた」「私は夜の街をあちこちと見て回った。夜は『持てる者』と『持たざる者』との間の鮮明なコントラストを見せてくれるからである。ある所では華やかに着飾った少女たちと贅沢三昧に耽り、酒を飲み、ダンスをする人々がいる一方で、そのすぐ側では、難民の少年が今にも息を引き取ろうとする父親に向かって泣き叫んでいる。道行く人々は同情の一瞥をくれるでもなく通り過ぎていく。これこそ、飢えとほったらかしによって日に二〇〇人が亡くなると最近報告された、あの事象の一つであった。また大通りや路地で身を寄せ合っている、別の多くの人々も目にした」("A Northerner Looks at Shanghai," *CWR*, 1949. 1. 22)。

## おわりに

戦後のインフレに対して国民政府が採った抑止策は、中国の戦後経済復興や上海住民の民生向上を展望したものという

よりは、自己の権力と利害とを最優先にした政治的、警察的手法による力の政策であった。その一部として進められた金円券改革と蔣経國の一連のキャンペーンも資本主義的生産への志向性に乏しく、金円券の無制限な増発と表裏一体化した、矛盾に満ちた「虎退治」に過ぎなかった。一米ドル＝四元のレートで出発した金円券はたった一年後には一米ドル＝七〇〇万元と価値を大きく減じ、紙くずと化した。その結果、生産においても資本主義を根絶やしにする危機さえもはらみ、流通においても農村と都市との間の最小限の物流すら確保できなくなり、上海は深刻な食糧危機に直面した。これらが国民政府の統治を困難にした。

生産が回復せず物資の不足が続く中で、新生の中華人民共和国もインフレ政策に腐心した。人民幣は一九四九年七月から十月までに二八〇〇万元から一億一〇〇〇万元へと約四倍に増えた。中央政府の支出は非常に大きく、国民生活の回復は困難で、一九五〇年三月までに、政府は人民幣のさらなる増発を行った。紙幣が頻繁に増発され、一方で食糧を初め物資が欠乏すれば、国民政府時代の悪夢の再来で買い溜めは極めて大規模に行われた。上海では多くの取引が銀元、米ドルを利用して行われ、紙幣に対する不信のトラウマを払拭できず、人民幣はここでは容易に流通できなかった。このため、政府は、生産元での商品の強制買い上げ、状況に応じた重要商品の放出、金銀、米ドルの流通の禁止など生産、流通、消費の全過程を統制する政策を実施し、一九五〇年四月には十年来のインフレを収束させ、買い溜めや投機活動も根絶したという。これを、商品と通貨が政府によって統制・所有され、通貨制度が国内経済と結合した、と見る人もいる。またこれによって人民幣は金銀、米ドルの変動に左右されることのない「物本位」通貨になったとする見方もある。しかしそれは、日用品にせよ、設備機器にせよ、商品の不足を前提とした商品の統制によって達成され、維持される性質の経済で、その基礎にはつねにインフレ再燃の可能性を残していた。人民共和国は、自由な生産への活路を閉ざした点では国民政府と変わりがなく、自由の犠牲の上に成り立つ、狭隘な「平等」に依拠した生産をベースに中国的な「社会主義」を模索するほかなかった。

**参考文献**
田村秀男『人民元・ドル・円』（岩波新書、二〇〇四年）
武力主編『中華人民共和国経済史（増訂版）』上（中国時代経済出版社、二〇一〇年）
久保亨『社会主義への挑戦　一九四五～一九七一』（岩波新書、二〇一一年）

# 物価の高騰と内戦——民衆の苦難と不安の日々

石島紀之

いしじま・のりゆき——フェリス女学院大学名誉教授。専門は中国近現代史。主な著書に『中国抗日戦争史』（青木書店、一九八四年）、『雲南と近代中国』（青木書店、二〇〇四年）、『中国民衆にとっての日中戦争』（研文出版、二〇一四年）などがある。

日本の降伏により上海の民衆は八年間の戦争の苦しみから解放された。しかし、戦後の彼らを待ちうけていたのは、新たな苦難と不安の日々だった。本稿は、戦後の上海民衆の生活と心性（感じ方、考え方）について、とくに彼らにとってもっとも切実だった米と内戦の問題を中心に考察する。また特色ある民衆運動＝一九四八年一月のダンス争議（舞潮）にも言及する。

## 一、危機の増大と民衆

### 期待から失望へ

一九四五年八月、日本の降伏を上海の民衆は「夜明けだ！」と歓呼してむかえ、国民政府の帰還を熱烈に歓迎した。しかし、抗戦勝利の喜びと新しい時代への期待は長くはつづかなかった。米価は九月には一石三七二五元に下落したが、十一月には最高値一万一〇〇〇元に急騰した（馬軍『国民党政権在滬糧政的演変及後果』上海古籍出版社、二〇〇六年、三、三九頁。以下、馬軍『糧政』とする）。八月末から十月にかけて蔣介石と毛沢東との重慶会談が行われ、双十協定がむすばれたが、その後も国共両軍の軍事衝突が各地でおこった。

上海の左派系の新聞『文匯報《ぶんわいほう》』は十一月四日付の社説で、物価の高騰と内戦の不安により、「絶望と幻滅がすでに全ての中国人の心を支配している」と論じた。また翌年二月十三日の『文匯報』には、江蘇省南通に住む読者が投書をよせて、抗戦勝利の日、「私たちは誰もが興奮し、私たちの解放の日がくることを願った」が、物価は数倍にあがり、生活は苦しく、「人民の心はすでに冷えてしまった」と記した。この社説と投書は、戦後わずかのあいだに民衆の気持ちが期待から失望へ大きく変化したことをしめしている。

一九四六年一月の政治協商会議で「和平建国綱領」などが採択されたことにより、国民のあいだに平和の実現への期待がひろがった。しかし、国民党は三月の中央執行委員会で一党支配を維持する決議を採択し、政治協商会議の決議を骨抜きにした。軍事面でも東北地域を中心に国共両軍の戦闘が拡大した。アメリカはマーシャル特使を派遣して調停にあたらせたが、六月末には国共間の全面的内戦がはじまった。

内戦の危機が拡大するなかで、『文匯報』には内戦に反対する読者の投書が数多くよせられた。またアメリカが六月に対中国軍事援助法案を議会で可決し、国民政府への支援を鮮明にしたこと、アメリカ軍による暴行が各地で頻発したことにより、中国民衆のアメリカへの批判が強まった。九月二十三日の『文匯報』は、アメリカ軍兵士による暴行事件、女性へのわいせつ行為が多発していることを指摘し、「友好から悪感情へ、上海市民のアメリカ軍にたいする態度はすでに一八〇度近く変化している」と報じた。

## アンケートにみる民衆の政治意識

こうした状況のもとで、『文匯報』は一読者の提案にもとづいて十月七日から十五日まで世論調査を行い、編集部の予想を上まわる一万八九〇七人から回答がよせられた。その内訳をみると、アメリカ軍の中国駐留については、「賛成」と「自分とは無関係」がそれぞれ〇・五パーセント、「即時退出をもとめる」が九九・〇パーセントだった。内戦については、「戦いで優劣を決する」に賛成が一・三パーセント、「国共両軍に即時無条件の戦争停止をもとめる」が九八・四パーセント、「自分とは無関係」が〇・三パーセントだった（『文匯報』十月二十三日）。同時期、上海の婦人団体が女性を対象に行った世論調査（回答者二四〇二人）では、人民の生活の苦しさの主要な原因については、「物価の高騰」が四・〇パーセント、「内戦」が九〇・六パーセント、「商工業の不振」が五・五パーセントであり、またアメリカ軍の中国駐留問題については、「即時退出をもとめる」が九三・一パーセントだった（同十一月三日）。回答者の圧倒的多数が内戦停止とアメリカ軍の退出をもとめており、これは広汎な民衆の政治意識の反映とみることができるだろう。

一九四七年に入ると、経済は悪化の一途をたどった。米価はうるち米一石が一月に七万一六六七元だったのが、二月には十万八三三三元に上昇した（馬軍『糧政』三三四頁）。二月十六日、国民政府は「経済緊急措施方案」を公布し、物価と賃金を凍結した（同一五一〜一五二頁）。この方案の実施により一時物価は下落したが、四月になると産地の米価の高騰により物価凍結をとる上海に米が搬入されなくなった。五月四日には閘北《ざほく》・虹口《ホンキュウ》・南市など人口集中区の多くの米屋は販売を停止し、市民たちは行列しても米が手に入らず、とくに貧民区の住民は飢餓状態におちいり（同一七五頁）、自殺者もでた（『文匯報』一九四七年五月八、九日）。

五月五日、呉国楨市長は米の自由売買をみとめたが、その日から九日まで上海各地で大規模な米騒動（米屋襲撃事件）がおこった（馬軍『糧政』一七六〜一八八頁）。同月半ばから学生たちは全国各地で反飢餓・反内戦の運動をおこした。『文匯報』は五月二十一日付の社説で「今日、全国の学生がさけんでいるのは人民の声であり、また歴史の声である」と書いて学生運動を支持した。二十四日、上海の警察司令部は「政府を転覆する意図があり、公共の秩序を破壊」しているとの理由で同紙を発禁とした（劉恵吾主編『上海近代史』華東師範大学出版社、一九八七年、下四九六頁。馬光仁主編『上海新聞史』復旦大学出版社、一九九六年、一〇三七頁）。

## 二、国民党統治の崩壊と民衆

### ダンス争議

一九四七年六月から共産党の人民解放軍は戦略的進攻を開始し、内戦の主導権をしだいににぎりはじめた。他方、国民党統治区の悪性インフレはさらに進行し、一石のうるち米の価格は五月には三十三万三〇〇〇余元、九月には五十六万三〇〇〇余元、一九四八年一月には一四四万元と急上昇し（馬軍『糧政』三三五頁）、民衆の生活はいっそう苦しくなった。商工業の衰退により上海の失業者は一九四七年春の十三万人から七月には十六万人に増加した（『上海大公報』一九四七年八月十四日）。内戦により蘇北・安徽・山東からの難民が上海に流入し、その数は二十万人に達した。彼らは職をえられず、街路で乞食をするものが増加した（同十一月十四日）。

年が明けて一九四八年の初め、上海では同済大学紛争・ダンス争議・申新紡績工場第九工場のストの民衆運動がおこり、社会不安を増大させた。ダンス争議とは、国民政府によるダンスホールの閉鎖に反対してダンサーや従業員が市の社会局におしかけ、警官隊と衝突した事件である。

国民政府は経済危機をのりきるため一九四七年九月一日「励行節約消費辦法綱要」を公布し、その一環として全国のダンスホールを営業停止にするとさだめた。この政府の決定は上海のダンスホール関係者を驚愕させ、企業者・ダンサー・従業員は団結してこれに反対した。とくに約二千人のダンサーたちにとっては、ダンスホールの廃止は死活問題だった。彼女たちの多くは家が貧しく、教育を受けていなかったため、転業は困難だった。市参議会・上海市婦女会などもダンサーたちに同情した。しかし市当局は中央政府の圧力におされ、二十九のダンスホールの営業停止を二回に分けて抽選により決めることにした（馬軍『一九四八年：上海舞潮案』上海古籍出版社、二〇〇五年、第一～四章、以下、馬軍『舞潮』とする）。

抽選日当日の一月三十一日午後、ダンスホール関係者は全体集会をひらいたが、抽選が予定時間をくりあげて午前中に行われたとの知らせが入り、憤激した人々は市社会局におしかけ、建物の内部を破壊した。市警察局は警察力を総動員して鎮圧し、多数を逮捕した（同第五章）。

この事件の特徴は共産党がまったく関与していなかったことである。逮捕者のうち六十九人は共産党員をターゲットにもうけられた上海特殊刑事法廷で裁判にかけられた。しかし共産党とのかかわりをみいだすことはできず、裁判は上海地方法院にうつされ、七月二十三日、六十二人に最高で懲役四年の比較的軽い判決がくだされた（同第六章）。

## 物価の狂騰

他方、上海の経済情勢は悪化の一途をたどった。国民政府は二月十八日に五大都市の全市民に一人毎月十五斤（七・五キログラム）の米を市価より安い値段で供給することを決定し、人心の安定を図った。しかし物価は高騰を続け、うるち米は七月には一石二九五〇万元に、八月には五八三三万余元にはねあがった（馬軍『糧政』二七九、三三六頁）。国民政府は八月十九日に幣制改革の実施を宣言し、新たに金円券を発行して法幣との交換比率を一対三〇〇万とし、物価を同日の水準に凍結した。上海には蔣介石の長男蔣経国《しょうけいこく》が派遣され、強圧的な手段で物価の統制を実施した。しかし前年春と同様に上海の米市場に入る米は大きくへり、逆に上海の米が周辺の地域に流れだした（同二二七～二三〇頁）。

十月三十一日、国民政府は物価の凍結の解除を宣布したが、翌月四日から十日まで上海全市で大規模な米騒動がおこった（同二三四～二五〇頁）。十一月十七日付の『上海大公報』の社説は、当時の上海の末期的状況について、次のように報じている。

米屋はからっぽになり、金があるものも買うのは困難で、そこで米騒動がおこった。一日に何度もおこり、事態は切迫し、加えてデマが飛びかい、上海はすでに恐怖の世界に直面しているかのようである。

物価はさらに急上昇し、内戦の大勢が決した一九四九年一月には、うるち米の価格は金円券一三六〇元、四月には一〇一万余元、五月には一億七五三三万余元にまで急上昇した（同三三六頁）。この五月の価格を法幣に換算すると約五二六兆元であり、一九四五年九月の三七二五元の一四一二億倍というおどろくべき上昇となる（同三頁）。四月九日付の『上海大公報』の社説は「物価は今日、一日に数回変化しており、一般の人民は深淵にのぞみ、薄氷をふむようである」と述べた。国民政府の上海統治は五月二十七日の人民解放軍の占領以前に事実上崩壊していたのである。

## おわりに

以上みてきたように、国民政府は内戦と経済政策の失敗により、上海の民衆の人心をうしなった。それでは民衆は、共産党にたいしてはどのような感情と意識をもっていたのだろうか。

上海史研究者の馬軍は二〇〇〇年から〇一年にかけてダンス争議の十五人の当事者にたいしインタビューを行ったが、このうち五人は事件後に共産党の外郭団体に加入し、二人は一九四九年三月に共産党に入党していた（馬軍『舞潮』附録二）。外郭団体に加入したある人は「ダンス争議の苦難をへて、我々進歩的同人の共産党にたいする好感は明らかに強まり、肝っ玉も大きくなって、共産党と結びつかねばならないとさえはっきり意思表示するようになった」とのべている（同二七九頁）。

一般の民衆はどうだったろうか。馬軍は彼らの心情を次のように推測している。「国民党はとても悪いが、共産党がいったいどうなのかははっきりしない。しかしまさか国民党よりさらに悪くはないだろう」（馬軍『糧政』二五七〜二五八頁）。多くの上海の民衆は期待と不安が入りまじった気持ちで共産党をむかえたと考えられる。

【I　人びとの〈模索〉】

# 一九四六〜一九四九年の上海話劇

邵　迎建

日中戦争時期に繁栄の頂点に上り詰めた話劇が、一九四六〜一九四九年の内戦時期において、いかに継続され、いかなる劇団が、いかなる演目を公演したのか。そして、なぜやがて衰退していったのかという点について、新聞の広告・劇評・話劇関係者へのインタビューなどを通して、舞台の相貌・観客の反応・社会背景と結びつけて考察し、論じた。

しょう・げいけん——東洋文庫研究員。専門は中国文学。主な著書に『伝奇文学と流言人生——一九四〇年代・張愛玲の文学』（お茶の水書房、二〇〇二年）、『抗日戦争時期上海話劇人訪談録』（台湾秀威資訊、二〇一一年）、『上海抗戦時期的話劇』（北京大学出版社、二〇一二年）などがある。

## はじめに

抗日戦争（日中戦争）の終了後、国民政府が南京に帰還し、夏衍《かえん》・于伶《うれい》・張駿祥《ちょうしゅんしょう》・呉祖光《ごそこう》等文化人たちが次から次へと戦前の文化の中心地であった上海に集まった。

一九四六年二月、『申報』には連日、人々の心を揺さぶる話劇（日本の新劇に相当する）の広告が現れた。

二月二十一日：戯劇史上における輝かしい一頁。まもなく復社が記念公演する。上海劇芸社。光華大戯院にて。

二十二日：渝（重慶　筆者注、以下同じ）滬（上海）両地の優秀な芸術家が提携合作して『戯劇春秋《ぎげきしゅんじゅう》』を公演する。

広告は二月二十八日まで掲載され、世間を賑わせた。『戯劇春秋』は夏衍・于伶・宋之的《そうしてき》の三人が一九四三年に創作した作品であり、夏衍によれば「一個人（應雲衛《おううんえい》）の経歴をもって中国新興戯劇の運動史を伝える」ものであった。この演劇は一九四三年年末から一九四四年二月まで陪都《ばいと》（臨時首都）重慶で計五一ステージ上演された（阿部幸夫「霧重慶演劇（話劇）公演一覧」『幻の重慶二流堂』東方書店、二〇一二年）。

三月一日から二十五日まで、上海劇芸社は五幕六景七場の伝記歴史劇『戯劇春秋』を公演した。この演劇は抗日戦争初期に上海話劇の市場化、商業化を推し進めた共産党幹部である夏衍と于伶が、「上海劇芸社」を復活させ、観客に自らが「帰還して来た」ことを高らかに宣言するものとなった。舞台監督は章傑《しょうけつ》、舞台装置は丁聡《ていそう》であり、馮琪《ふうき》・葉明《ようめい》・藍馬《らんば》・周起《しゅうき》・戴耘《たいうん》・白沉《はくしん》・孫芷君《そうしくん》等が出演した。藍馬は重慶から来た俳優であったのに対して、戴耘・孫芷君などは初期からの劇芸社のメンバーであり、日本占領下においても、異なる劇団名を用いて公演を継続させていた。

このように重慶と上海の話劇関係者が一堂に会し、手を携え合うことで、戦後の上海話劇は新しい幕を開けたのである。その後、三月二十八日から四月十六日まで、上海劇芸社は同劇場で「今年の最も優れた喜劇」と評された『幼い頃に疑いなし（両小無猜）』（石華父《せきかふ》脚本、洪謨《こうぼ》演出、左拉《さら》舞台装置）を公演した。劇芸社が再び旗挙げした時に公演したこの二本の演劇は話劇の二つの系統を代表している。一つは善悪をはっきり区別して表現する正劇《せいげき》であり、もう一つは喜劇であった。優れた舞台設備を有していた蘭心大戯院（ライシャム劇場《シアター》、九一頁参照）は戦争時期と同様に話劇の最上の舞台であった。一九四六年から一九四九年まで、『万世師《し》表《ひょう》』『重慶二四時間』『文天祥《ぶんてんしょう》』『清宮怨《しんきゅうえん》』『捉鬼伝《そっきでん》』『真偽おば（真假姑母）』『嫦娥《じょうが》』『大団円《だいだんえん》』『小市民』を上演した。

この中で、『万世師表』（張駿祥脚本）及び『真偽おば』（洪謨脚本、演出）は最も観客から歓迎された。前者は正劇であり、後者は笑劇（farce ドタバタ劇、趣劇《しゅげき》ともいう喜劇の支流）であった。このほか特筆すべきは、光華大戯院の『昇官図《しょうかんず》』（陳白塵《ちんはくじん》脚本、佐臨《さりん》演出）及び辣斐大戯院（ラファイエット大戯院）の『女性と平和（女人与和平）』（李建吾《りけんご》脚本、袁俊《えんしゅん》演出）であった。二本とも大ヒットした笑劇であった。

## 一、復興

### 『万世師表《ばんせいしひょう》（万世の模範）』

『万世師表』は中電劇団によって一九四六年三月十二日蘭心で初上演された。「中電劇団」は重慶からきた国民党政府の中央電影撮影場の付属劇団であった。この公演は重慶の話劇関係者が「上海側の関係者と対面」するための「手土産」であると宣伝された。制作・俳優陣は以下の通り。

脚本：袁俊（即ち張駿祥）、演出：張駿祥・潘孑農《はんけつのう》、舞台装置：李恩傑《りおんけつ》、俳優：耿震《こうしん》・白楊《はくよう》・劉厚生《りゅうこうせい》等。

公演前、『申報』（第一面）の「電影（映画）と戯劇」コラムには、半分の紙面を割いて「演出特刊」が発表され、公演履歴が紹介された。それによれば、一九四四年十月十八日〜十一月四日、重慶の青年館で公演が行われたが、本公演は観客からの深い理解と称賛を得、さらに「蔣主席が五十八歳の誕生日に観劇にみえ、奨励状をくださった」という。続いて同劇の全面的な紹介と解説が施されたが、それは「時代」「『万世師表』的故事（『万世師表』のストーリー）」「万世師表語録」「人物頌」「余談」などに分けて掲載された。

紹介文によるあらすじは以下の通りである。

『万世師表』はある大学教授がいかに自身の職務と責任を守り貫いたかを語る。彼は教員生活二十五年の間、教員の職務から離れたことがない。（抗日戦争中は）彼は若い大学生を導いて徒歩で雲南省に入った。貧しくて生計を立てられない時には、まずは経済的な基盤を作るようにと勧められたが、その話を聞かず、苦労をいとわずに自身の職務を守りきった。彼は目先及び将来の報酬を考えずに生涯を偉大な教育事業に捧げ、「自身の知識を他人に分け与えれば、自らもまた愉快になる」ことに満足していた。

この芝居は張駿祥が母校の清華大学をモデルに、林桐《りんとう》という教員の二十五年間の来歴を描くものであった。林桐が「五四」デモに参加して逮捕された時期から、抗日戦争初期に学生を率いて徒歩で長沙から昆明まで歩いた経験を描き、元同僚が苦労に耐えきれず敵に降参したり、商人になったりしたことと対比させて、教育に専念する素朴な知識人像を浮き彫りにした。最後に学生たちが敬愛の気持ちを表すため彼に「万世師表」の四文字を刺繍した旗を捧げた、というストーリーである。

上海での公演は一九四六年三月十二日から二十五日までと、四月十日から二十一日までであった。

抗日戦争での勝利から数ヶ月が経過したばかりの当時は、一般の大学教員が国家の指導者と共に「万世師表」という称号を享受できる時代であった。このことは世間に民主的な雰囲気が満ち溢れていたことを象徴している。

一九四七年の『申報』の報道によれば、中央文化運動委員会が「国民大会の代表を歓迎するために」『万世師表』を特別上演するよう国立戯劇学校の劇団を招いたとされ、この際、題名が『師表群倫《しひょうぐんりん》』に変更されたという。

### 『昇官図《しょうかんず》』

四月、光華大戯院で『昇官図』が公演された。この演劇は一九四六年二月から四月まで陪都時代の重慶で四十三ステージ公演された（前掲『幻の重慶二流堂』二六六頁）。

この公演の前には、威勢のよい広告が出され、重慶での盛況をアピールしている。

> 『昇官図』は陪都を震撼させた五幕諷刺大喜劇である。（中略）ユーモアがあり、滑稽で、人々に開放感を味わわせる。各地の方言が交差し、南北の見世物があり、お腹が痛いほど陽気に観客を笑わせ、（さらに劇中では）官吏社会を生き生きと再現している。

『昇官図』は上海劇芸社が公演した。上海劇芸社は「孤島」期（一九三七年十一月から一九四一年十二月までの期間を指す）に話劇の商業化の道を切り開いたパイオニアで、上海の観客なら知らないものはいない存在であった。戦後、その創立者の于伶が上海に戻り、日本占領期に上海で演劇を続けてきた元部下の朱端均《しゅたんきん》・洪謨と合流して再び劇団を立ち上げたのであった。

一九四六年初頭は、国民党と共産党との合作時期であった。于伶は持ち前の柔軟性を生かし、軍統（中国国民党の軍事情報機関、正式名称は国民政府軍事委員会調査統計局）、中統（国民党の捜査・情報機関、正式名称は中国国民党中央執行委員会調査統計局）及び銀行の頭取を劇団の幹部として招聘した。劇団幹部の名簿を見ると、顔ぶれは高官ばかりである。こうした有名人の保護によって、社会局の職員からの干渉を避けようとしたのである。

『昇官図』は上海の著名な演出家である黄佐臨《こうさりん》が演出を担当し、重慶のトップ俳優であった藍馬が主演をつとめ、上海の周起《しゅうき》と白沉《はくしん》等が加わった。舞台装置及び人物の造型はとてもユニークであった。

> デザインの丁聡《ていそう》は、（ステージの）真ん中に「銅銭眼（正方形の穴の開いた銅製の円銭、舞台写真を参照）」を配置し、壁は紙幣、ドアは金庫で作り、「賊」という字を天井からぶら下げた。そして（役者は）「銅銭眼」の中を行ったり来たりし、金庫に入って頭に「賊」という文字を掲げたり、紙幣に目を向けたりする。こうした人々は何者か、観客には一目瞭然であった。
>
> 人物の衣裳デザインも同様で、人格を抽象化するという方針に従っている。もっとも特徴的なのは財政局長で、頭に元宝《げんぽう》（馬蹄銀）を頂き、足にも元宝を踏みしめ、身体には紙幣を身に着け、税金を入れたバッグを三つ肩にかけている。教育局長も負けておらず、頭に博士帽をかぶり、身体に四書五経で作った長衣を着ている。舞台化粧の面も漫画風になっており、警察局長の顔はまるでヒトラーそのものである！　もっとも実像とかけ離れてい

るのは工務局長である。それは工務局長ではなくモダンな「胡西」（意味不明、印刷ミスの可能性あり）なのだ！　なんという辛辣な諷刺であろう！

一番演技が優れているのは藍馬が演じる省長である。彼は真剣な時にはとても恭しく厳かで、行動は凛々《りり》しく、にやにや笑う時でさえ、上位に立つ姿勢を崩さない。彼（の演技）は技法を見せびらかすものではないが、華麗な美しさがあり、その色彩は控えめで、眉をひそめたり笑ったりするときも、一挙手一投足がいつも簡潔かつ自然である。その演技は完璧の域に達している。周起も、財政局長が絶大な権力を握る様子を絶妙に表現している。また教育局長の八方美人ぶりや秘書長の抜け目のない狡猾ぶりは、独特な味がある。

演出については、監督を務めた黄佐臨が最も大きな影響を与えた。黄はこの舞台を活発かつ整然と演出したうえで、辛辣さを加えた。第三幕では彼は省長に腹かけのみを着せて登場させたが、省長は金塊を徴収し終えると、それを腹かけのポケットに入れ、観客の前で美しく光り輝く上着を物々しく羽織るのである。第二幕では、県の役所が犯罪者を懲罰するための会議を開くのだが、（このとき）各局長はそれぞれの方言で発言する。この場面は秀逸である。芝居全体は国語（標準語）を用いるが、この第二幕のみ基調が異なるのである。本設定は、この幕をとりわけ際立たせるためのものであろう。


（作者名不詳「評『昇官図』」『申報』一九四六年五月五日）


『申報』の広告によると、七月五日に九十ステージが上演され、八月二十一日に公演終了するまで延べ一四三ステージに達した。これは戦後の話劇興行の最高記録となった。

ヒットの主な原因は社会現実にある。一九四五年十二月三十日『申報』の「「捐」与「娯楽」」（捐は寄付金のこと）（江《こう》上鴎《じょうおう》作）によると、重慶では戦時の必要経費という名目で娯楽場の入場切符類に一律五〇パーセントの娯楽寄付金が付け加えられ、さらにさまざまな名目で数十パーセントの寄付金が附加されていた。映画のチケットならば、本来の価格に一〇〇パーセントの税金及び寄付金が附加された。その風潮は収復（日中戦争後、領土として回復した）地域にもやって来た。南京の各娯楽場では市政府当局が四〇パーセントの娯楽税を付け加えたほか、四〇パーセントの冬物の寄付金（収復地域の貧民のために使用されたとされる）を強要したという。

これに対して、上海話劇関係者は娯楽税への課税反対運動を行ったが、これは彼らが戦後になって権力者と戦った最初の戦いであった。彼らは現実に課せられた過酷で雑多な税金をピエロとして具象化してみせたが、これは彼らによるユニークな作戦であった。この作戦は話劇関係者自身のうっぷんを晴らしただけでなく、観客を喜ばせたという。

上記の芝居以外に、一九四六年八月二十四日から十月六日までは光華で『孔雀胆《くじゃくたん》』（郭《かく》沫若《まつじゃく》脚本、朱端鈞演出、上海劇芸社）が上演された。

図1　上海劇芸社が1946年に公演した『昇官図』の舞台写真（『上海話劇百年図誌1907〜2007』、中国戯劇出版社、2011年）

## 二、強敵再来——劇場争奪戦

第二次世界大戦中、各国の映画産業はそれぞれの国のプロパガンダとしての任務を負っていた。中国も例外ではない。陪都重慶には中央の宣伝、教育部門に直接管轄される映画製作機関が集中していた。ところが、肝心のフィルムがなかったため映画の製作ができず、ほとんどが話劇の上演に転じた。抗日戦争が終結した頃、話劇はかつてない繁栄を迎え、「内地では、民衆は話劇と切り離せず、話劇も民衆と切り離せない」といわれたほどであった。一九四六年には、映画と演劇の娯楽税が重慶市税収の半分を占めたという（重慶檔案館〔文書館〕「重慶市電影戯劇商業同業会呈」財税四三五号文、一九四六年十一月二十二日）。

日本占領下上海でも話劇は繁栄の絶頂にあった。理由は、太平洋戦争勃発後、アメリカ映画が禁止され、ほとんどの映画館が舞台劇場に転じざるを得なかったためである。

抗日戦争終結後、蔣介石政府の映画機関は上海の中華電影を接収し、中華電影の撮影所は中央電影撮影場（中央宣伝部管轄、略称：中電）・中央電影製片廠（軍事委員会政治部管轄、略称：中製）・中央教育電影製片廠（教育部管轄、略称：中教）に分割して接収された。

人々は首を長くして国産映画を待っていた。しかし、映画は短時間で製作できるものではなかった。そのため話劇が延命の時間を得たのである。他方で、戦勝同盟国のアメリカも上海のマーケットを忘れてはいなかった。メトロ・ゴールドウィン・メイヤー、ワーナー・ブラザース・ピクチャーズ、コロンビア、二十世紀フォックス映画らが映画協会を立ちあげ、上海市場での利益のために激しい商業戦を始めた。映画の配給業者は両手を挙げてハリウッドの再来を歓迎した。その結果、「映画館の経営者は……容赦なく話劇団体を一蹴した」のであった（君賓《くんひん》「話劇の致命傷――劇場荒」『申報』一九四六年一月六日）。

一九四六年六月五日、話劇界の元老の一人であった上海市立実験戯劇学校校長の顧《こ》仲《ちゅう》彝《い》が『申報』で上海影劇院の現状を批評した。まず顧は簡潔に映画市場の売り上げに言及した。

> 上海には四十軒余りの映画館があり、今はほとんど外国映画を上映している。毎日の外国の映画会社の収入は中華民国貨幣四～五〇〇〇万元、毎月約十五億元強である。ほかの大都市、例えば南京・北平・天津・漢口・広州・重慶を加えると、少なくとも二十億元以上となり、全国で外国の商業映画に流出した金銭は約三～四十億元にのぼる。

そして顧はその解決策を提示した。

> 積極的な方法はなるべく早く国産映画を製作することであるが、今の時点では一本もできていない。消極的な方法は輸入を制限し、（上映）許可証を出さないことである。
> （「外国影片大量来滬之危機」『申報』一九四六年六月五日）

外国映画の内容については以下のように手厳しい批判があった。

> （抗日戦争）勝利以来九ケ月間で上海に輸入された千三百数十本のアメリカ映画を見ると、八〇パーセント以上はポルノあるいは怪奇で観客を惹きつけようとする類のものである。このようなふしだらで、でたらめな内容は、社会の風習及び人間の感情に影響を与えやすい。……我々の懐から毎日毎月驚くべき額の外貨が流出している。その引き換えに来るのが、我が国の社会と人民に百害あって一利なしの悪影響である。これは実に不公平である。我々はアメリカ映画の製作者と配給会社が世界の食糧不作を救済すると同時に、精神食糧の救済、とりわけ「精神食糧の不足」が最も甚だしい中国のことを憂慮することを望む。あわせて我々はハリウッドの代理を務める中国配給業者に伝えたい。「商売」上の利益を考え

ると同時に、自身の良心に問いかけ、自身の同胞のことを考えてみてほしい。

（唐紹韋《とうしょうい》「中国『精神粮食』荒厳重　謹向好莱塢電影発行商呼吁」『申報』一九四六年六月二日）

実際には一九四六年三月、税関は外貨不足を理由に、アメリカの映画フィルムに三ケ月（四半期）に六万メートル（本数ではない）という輸入制限を課していた。

## 三、逆境の中の奮闘

一九四六年後半、中国演劇社と観客演出公司という二つの話劇団が誕生した。初演は次の通りである。

九月四日〜二十五日、蘭心で『文天祥』を公演。中国演劇社成立後初の大型公演。洪謨演出、石揮《せっき》・韓非《かんひ》等出演。

九月二十一日〜十一月十日、辣斐大戯院で『清宮外史《しんきゅうがいし》』を公演。観客演出公司の初公演。楊村彬《ようそんひん》脚本・演出、劉厚生等出演。

中国演劇社は、陳忠豪《ちんちゅうごう》をはじめ、張伐・白穆・韓非等の俳優が立ち上げた劇団である。観客演出公司の後ろ立ては張駿祥と黄佐臨であった。当劇団は、映画界に転職できない話劇関係者のために設立されたものであった（劉厚生の口述、二〇〇九年四月二十六日、筆者インタビュー）。

ちなみに『文天祥』は日本占領時期に上海でヒットした芝居であり、『清宮外史』は重慶で大歓迎を受けた名作であった。

### 『捉鬼伝《そっきでん》』

蘭心で公演した『捉鬼伝』（呉祖光脚本、十一月十八日〜十二月八日、中国演劇社）は社会問題を扱ったもので、人々がよく知る鐘馗《しょうき》（中国の厄除けの神）の物語を改編したものであった。『申報』には以下のような評価が掲載された。

喜劇の目的は、絶えず観客を笑わせることである。それゆえ内容は、皮肉や諷刺と切り離すことができない。呉祖光は新しい手法で大胆にこの『捉鬼伝』という喜劇を書きあげた。作者は古代の出来事を現代まで延長させているが、それは、鐘馗が酔っぱらって、千年寝てしまったので、千年間鬼を捕まえておらず、世界は鬼の世界になってしまった、という背景を説明するためであった。『捉鬼伝』にはストーリーがない。あったとしても（ここでは）かいつまんで話そう。鐘馗が状元（科挙試験の首席合格者）になったが、醜いと嫌われ、（官吏として）採用されなかった。このため、彼は殿上（宮中）で自殺した。それからというもの、幽冥の閻魔王は彼を鬼退治の神に任命した。彼は人間界に赴き、鬼を捕まえたが、酒に酔っ払い、寝てしまうとすでに千年が過ぎていた。（彼が）目を覚ましたとき、この世は鬼の世界になってしまったのだ。作者はこの単純なストーリーに多くの要素をエピソードとして織り込み、芝居を面白くさせたのである。

この芝居の主題はストーリーそのものにあるのではなく、むしろ挿入された面白いエピソードにある。それは官僚たちの卑怯で厚顔無恥な側面を最大限暴露するものであった。（中略）地方の悪徳な有力者が横暴を働き、庶民が虐げられる悲惨な状況を明らかにしている。この芝居の目的は、社会の各階層の腐敗を指摘することにあるが、本作品は（そうした内容を）観客を笑わせる喜劇の中で表現していた。

芝居の中に伝統劇の内容が二つ挿入されていたが、さほど違和感はなく、かえって効果的であった。（中略）最後に現れた「とんでもない」という旗の文字は、おそらく作者が脚本を書き終えた後、荒唐無稽だと批判されることを憚《はばか》り、わざと人を驚かせる一筆を書き加え、観客に思考の機会を与えたのだろう。これと同時に、「これは真実だ…喜劇として演じ、笑って済む芝居ではないのだ」ということを観客に訴えたのであった。

（管玉《かんぎょく》「談『捉鬼伝』——一个富于諷刺的笑劇）『申報』一九四六年十一月二十四日）

舞台の最後に広げた「とんでもない」という文字は、数ケ月前の「万世師表」に替わって世間に受け入れられた。『捉鬼伝』のような諷刺劇が正劇に取って代わったのだ。その背後には、人々の気持ちが希望から失望に変化したことが感じられよう。

## 『真偽おば』

一九四七年の話劇の舞台は洪謨の喜劇に独占されていたといっても過言ではない。次のリストを見てみよう。

一二月二十四日～一月三十一日、光華で『裙帯風《くたいふう》』の公演。上海劇芸社。洪謨脚本、潘孑農演出。

二月一日～二十二日、光華で『黄金万両』の公演。上海劇芸社。洪謨脚本・演出。

二月十八日～三月六日、蘭心で『真偽おば』の公演。中国演劇社。洪謨脚本・演出、三幕笑劇。

二月下旬以後、新聞から「上海劇芸社」の名前が消失した。これは国民党と共産党の決裂により、于伶が再び地下活動を開始したことによるものであった。しかし、これ以降も演出者と俳優は舞台で活躍し続けることになる。中国には、「湯を換えて薬を換えず」という諺があるが、この諺の通り形式を変えても内容を変えない、つまり政治情勢の変化に応じて劇団を解散しては名前を変えて再び立ち上げ、公演を継続したのである。

その後、以下の日程で公演が行われた。

二月二十三日～三月二日、光華で『裙帯風』の公演。中国演劇社。

三月十四日～二十三日、『真偽おば』を再演。

残念なことに、『真偽おば』の脚本は未出版であり、原稿も文化大革命中に全部消失してしまった。さらに舞台に対する批評も皆無に等しい。しかし、幸い筆者は、脚本・演出を担当した洪謨と、その親友であり同じく演出家であった胡導《こどう》にインタビューする機会を得た。両氏の口述により以下のことが明らかになった。

孤島時期、『金メッキ』という喜劇には、人々を抱腹絶倒させるシーンがあり、このシーンの存在が、演出の洪謨と俳優の韓非の二人が名声を博すきっかけになった。『真偽おば』では、韓非は女装して偽のおばを演じ、韋偉が本者のおばの役を演じた。彼女は広東方言を操り、ジョークを連発したという。

インタビューの際の、六十年を経てもなお、洪謨と胡導の面白くてたまらない様子を見ると、その場面の面白さが容易に想像できる。

両氏の総括によれば、この喜劇は、化粧や舞台装置などの表現については「写意」（写実ではなく対象の精神や、本質を表現する抽象的表現）に傾き、表現主義の手法に近かったが、細部の処理は写実的であったという。さらに洪謨の回想によると、彼らが公演した脚本は全て蘭心大戯院の図書館に所蔵されていた英文の脚本をベースに改編したものであったという（洪謨、胡導の口述、二〇〇八年三月十八日、筆者インタビュー）。

この『真偽おば』という作品は、戦後の興行最高記録を達成した。

## 『女性と平和』

国産映画の復興により、張駿祥と黄佐臨という、西洋で戯劇を学び、帰国後は話劇を繁栄に導いた二人が、映画に転向した。また「中電劇団」の白楊や「苦幹《くかん》劇団」の石揮をはじめ、日中戦争時期に話劇・映画両業界で活躍した優秀な俳優たちは皆、映画界に復帰、あるいは参入を図った。

一九四六年十月、転業できず話劇業界に留まった話劇同人のために、張駿祥と黄佐臨が観客演出公司という新しい劇団を立ち上げ、辣斐大戯院を借りて公演を行った。しかし興行業績不振のため、まもなく数千億元の債務を負った。途方に暮れた観客演出公司は、「舞台経験が豊富で、観客の心理をうまく把握でき、人望のある」劇作者の李健吾《りけんご》に救援を求めた。そこで、李健吾は『女性と平和』を創作した。これは古代ギリシアのアリストパネスの喜劇『女の議会』（紀元前三八九年）を翻案したものである。李は創作の動機として、八歳の息子との会話を挙げ、戦争がまた起こるのではないかと息子が恐れたこと、さらに当時の新聞報道でも戦争の再発が議論となったことに憤慨したことを挙げている。李は以下のように語っている。「あんなに長い間の災いに耐えた後、現在、中国人同士が命を懸けて戦い、理性をなくして互いに殺し合っている」ことに、「怨み、憎み、腹いっぱいの憤慨と期待を込めて」、『平和の歌』を執筆したのだと。このとき、名前が硬すぎるという配慮から、題名が『女性と平和』に変更された。

一九四七年一月十一日から二月二十五日まで、観客演出公司が辣斐大戯院で公演した。袁俊演出、劉厚生等出演であった。

劇中で、女性たちは夫の服と帽子を身につけ（本作は女性が男装して議会に参加するという筋書き）、不意をついて権力を奪い取った。詩人は、家以外のことに手を出さなかった主婦たちに政治に関わるようにと励ます。なぜなら「共和国の顧問には善人が一人もいないからで、もし彼らのうちの一人が、たまたま一日善人として振舞ったのなら、十日間は悪人として振舞う権利があるくらいだ」と主張する。（当時は）混乱に乗じて利益を得るのが政治家たちの常套手法となっており、ある男が（こうした状況に）絶望のあまりこう述べた。「政権を女性の手に渡しましょう。これがアテネで試されていない唯一の方法です」と。詩人がこの諷刺を描いた目的は、国家をいかにして軌道に乗せるか、という点にあったのだ。

（韓石山《かんせきさん》『李健吾伝』二五八頁。山西人民出版社、二〇〇六年）

公演初日、『文匯報《ぶんわいほう》』は洪深《こうしん》・柯霊《かれい》・風子《ふうし》・豊村《ほうそん》・葉聖陶《ようせいとう》の祝賀の詩文を掲載した。この公演は絶賛され、劇団は債務を償還したばかりか、収益を黒字に転換させた。しかし、すぐに楼適夷《ろうてきい》等左翼文人の批判の標的にされた。それからというもの、李健吾は外国の演劇を翻案する仕事とは縁を切り、生涯にわたりこうした仕事には二度と携わらなかった（前掲『李健吾伝』二五九～二六三頁）。

その後、観客演出公司はラジオ放送劇の声優の仕事に頼るしかない状況に追い込まれた。「非常に惨めだった」と元メンバーの劉厚生は嘆いている。一九四八年以後、国産映画が盛んに製作され、スクリーンに監督の張駿祥・黄佐臨・洪謨や、俳優の石揮・韓非……等、人々に馴染み深い名前が頻繁に出るようになった一方、話劇は『申報』から姿を消したのである。一九四九年の春節期間には、蘭心で『小市民』（ロシア・ゴーリキー作、翻案された三幕家庭悲喜劇、楊村彬演出）が公演された以外、中国演劇社が『夜店』等の旧い演目を数回公演したのみであった。

## おわりに

劉厚生は二十世紀の中国話劇を総括して次のように述べた。

中国の話劇は、ライバルが不在のときにのみ繁栄するがライバルが出現すると衰退する。芸術的な表現能力が微弱で、政治への奉仕を目的としており、競争力が乏しい。

（劉厚生口述、二〇〇九年四月二十六日、筆者インタビュー）

確かに話劇は一九〇七年に誕生し、一九三〇年代半ばによ うやく大劇場で公演されるようになったが、一九四五年までの間、民族と国家の危機に伴い、一貫して敵に抵抗し、民衆を啓蒙するテーマを主題としていた。外敵が存在しない内戦時期のうち、常識的に善悪を判断できる一九四六年の前半までは「万世師表（万世の模範）」を褒め称えるような芝居が歓迎された。しかし、敵と味方の区分があいまいで価値観が混乱する時期には、「とんでもない」という言葉にみられるように、現実社会への疑念が人々の心に充満した。そして先が見えない時には、劇作者は「鬼」などの比喩や隠喩をもって不満や疑惑を噴出させた。

中華人民共和国成立後は、話劇も共産党の文芸方針に従い、政治に奉仕する道具になる以外生存する術がなかった。ところで、七十年余り後の今になって振り返ってみると、抗日戦争後の一九四六年の一番ヒット劇であった『昇官図』に描かれた現象は、まさに今の中国の現実そのものではないかと気づく。作品が名作になり得る原因の一つは、人間の弱点を鋭く掴み、暴露して、反省させるところにあるのではなかろうか。

【I　人びとの〈模索〉】

# 上海のキリスト教——戦後・建国後・現在

石川照子

いしかわ・てるこ——大妻女子大学比較文化学部教授。専門は中国近現代史（女性史、キリスト教史）。主な著書に『はじめての中国キリスト教史』（共著、かんよう出版、二〇一六年）、『戦時上海のメディア——文化的ポリティクスの視座から』（共編著、研文出版、二〇一六年）、『女性記者・竹中繁のつないだ近代中国と日本——一九二六～二七年の中国旅行日記を中心に』（共著、研文出版、二〇一八年）などがある。

キリスト教のとらえ方とそれをめぐる状況は、中国の政治と社会の変動を映し出している。本稿は、戦後内戦期から中華人民共和国建国後のキリスト教についてたどり、さらに最新のキリスト教の状況を追うことによって、今後の中国の行方を考察してゆくものである。

## はじめに

戦後内戦から中華人民共和国建国前後の時期において、国民党と共産党は内戦への民衆動員・統合を目指して宗教政策を展開し、キリスト教界側もそれぞれの対応を示した。人民共和国が建国し共産党の宗教政策が遂行される中で、キリスト教界の再編と統合がはかられ、上海のキリスト教界の再編と変容も進行していった。

習近平政権が登場して以降言論の統制は強まり、党・政府による宗教管理は強化されて、現在キリスト教に対する管理・統制も厳しさを増しつつある。こうした状況は、憲法で保障されている「信教の自由」「結社の自由」「言論の自由」を考える上で看過できないものであり、またキリスト教界側の動向も重要である。

本稿では、内戦期から人民共和国建国後の宗教政策とキリスト教側の対応の変遷をたどった上で、現在のキリスト教界の動向を考察する。そして最新のキリスト教をめぐる状況も紹介して、中国の政治・社会・文化の現在と将来というものを探ってみたい。

## 一、内戦期〜人民共和国建国前後のキリスト教政策

### 共産党の動向と政策

日中戦争の終結から一年未満の一九四六年には国民党と共産党との内戦が勃発し、両党は民衆の動員・統合に尽力し、宗教政策もその一環として遂行されていった。

蒋介石の率いる国民党は、キリスト教会や関係者を慈善救済活動・政治宣伝の為に動員し、特にアメリカの支持・支援の獲得に力を注いでいた。

他方、共産党は一九四五年九月、宗教信仰の自由の政策の継続を表明している。これは人民共和国建国直前の中国人民政治協商会議で採択された「共同綱領」第五条に、宗教信仰の自由として改めて記されることとなった。また中国国内で活動する外国人宣教師については、その宣教・文化活動が許可され、宗教機関・教会堂は没収・破壊せず、教会の土地も保持されるとした。こうした方針もまた、民衆動員・統合を意図してのものであった。

しかし一九四九年一月になり内戦の勝利がほぼ確実になった段階になると、既に滞在する外国人宣教師の業務執行は許可するものの、新たに来る者はしばらく認めないという方針が打ち出された。そこには人民共和国建国後に目指されたキリスト教会の中国化の姿勢が、既に認められるのであった。

### カトリックとプロテスタントの対応

こうした共産党の政策に対して、カトリックとプロテスタントは、それぞれ異なる反応を示していた。

まずカトリック教会においては、バチカンの法王庁の意向が最も重要であり、また中国の司教の多くは外国人であった。さらに当時の法王ピウス十二世はそもそも反共的姿勢を保持しており、蒋介石の内戦発動を支持していた。そして一九四九年六月には、共産党への入党や支持をしてはならないという法令を公布している。

一方、プロテスタントの側の反応は一様ではなかった。中国のプロテスタント系の教会・教団はそもそもアメリカの教会・教団と深い関係にあり、超党派の組織である中華全国基督教協進会は親米反共の立場を打ち出して、蒋介石政権への支持を表明していた。

それに対して、人民共和国建国後に社会主義中国の代表的キリスト者となる呉耀宗《ごようそう》らは国民党を批判し、共産党への接近の姿勢を示していた。呉は中国のキリスト教がアメリカの大きな影響を受けて、帝国主義の思想と文化侵略の道具となったと、帝国主義批判を繰り返していた。このようにプロ

テスタント側の動向には、大きな分化を見ることができた。

建国直前の一九四九年九月に中国人民政治協商会議第一期全体会議が開催され、宗教界からの八名の代表の内、キリスト教界からは呉耀宗、鄧裕志《とうゆうし》（中国YWCA全国協会総幹事）、張雪岩《ちょうせつがん》、趙紫宸、劉良模《りゅうりょうばく》の五名が参加していた。彼らは会議終了後各地のキリスト教団体に対して、政協会議は統一戦線の表現であり、現在のキリスト教は中国化したキリスト教であると説明して、共産党政権への支持を明確にしたのであった。

## 二、建国後のキリスト教

### 共産党のキリスト教政策

中華人民共和国が一九四九年十月に建国された翌年、朝鮮戦争が勃発した。政権を握った共産党は抗米援朝運動、反革命鎮圧運動、三反五反運動を矢継ぎ早に展開して、国内の統一と民衆の動員を図っていった。そしてキリスト教等に対する宗教政策もその中で遂行され、キリスト教界の再編は急速に進行していったのだった。

共産党は政治協商会議の信教の自由を記載した共同綱領をもとに、宗教界自身の刷新を前提として、宗教界と共産党との統一戦線を提唱した。キリスト教は帝国主義の中国侵略と密接な関係があるととらえられ、さらに朝鮮戦争によるアメリカとの決定的対立という事態を受けて、「アメリカ帝国主義」への批判と独立自主、自力更生がキリスト教界側に求められた。また、外国人宣教師の中国来訪要請へも強い制限が打ち出された。このような共産党の方針に対し、一九五〇年七月に呉耀宗らは「中国基督教会宣言（革新宣言）」を発表して、共同綱領の支持とアメリカ帝国主義との断絶を宣言したのだった。

キリスト教関係の土地・施設の没収に関しては、対米対決姿勢が強まる中でアメリカの在中国財産の管制・預金凍結が決定され、アメリカの資金援助を受けている宗教団体の管理が進んだ。そして燕京大学をはじめ教会運営の学校・病院・孤児院等が次々に接収されて、アメリカのミッションとの関係断絶と性格の一新が迫られたのである。

アメリカ帝国主義と国民党反動派のスパイ活動を行ったという認識にもとづき、外国人宣教師の退去も実行された。カトリックに対してもバチカンと中国との緊張関係の中で、カトリック界の大物のバチカン公使のリベリが五一年に国外追放された。リベリは外交官、大司教として法王庁の意向を受けて、内戦後は国民党支持と反共の姿勢を強めて、カトリック信徒の反共組織「聖母軍」を組織していた。

さらに政府の宗教政策担当機構が整備されて、一九五四年には国務院宗教事務局が成立した。国務院直属の機関が宗教政策を担うということは、宗教事務に対する政府の指導と管理が一段と強化されたことを意味した。また同年九月に採択された憲法には宗教信仰の自由が規定されたが、それは共産党の提唱する統一戦線への宗教界の動員と統合が意図されていたのである。

朝鮮戦争は一九五三年七月に休戦協定が調印されるまで三年余り続き、国内では戦争を支える抗米援朝運動や国内引き締めの為の反革命鎮圧運動が展開されていった。共産党機関紙『人民日報』には「キリスト教とアメリカ帝国主義との関係を徹底的に立ち切れ」という社説が掲載され、海外勢力との関係断絶の姿勢は強化され、キリスト教界全体の再編と統合が強く要請されたのであった。

**キリスト教界の動向**

こうした政策に対してのキリスト教界側の対応はどのようなものだったのだろうか。前述の通り一九五〇年には呉耀宗らが「中国基督教会宣言（革新宣言）」を発表したが、これは政府と共産党が要請するキリスト教のあり方をキリスト教界側が斟酌し、忠実に踏襲したものであったと言えよう。とは言えプロテスタント内部の分化状況はまだ存在しており、中華全国基督教協進会における指導部と革新派の対立も見られた。

しかし、朝鮮戦争においてキリスト者自身も抗米援朝運動・三反五反運動への支援・参加を行い、外部とのチャネルも次第に閉ざされていった。やがて一九五四年には自治・自養・自伝を謳って全教派が加盟した中国基督教三自愛国運動委員会（呉耀宗主席）が成立し、中国プロテスタントの統合化が図られたのだった。

神学校の統合化による南京の金陵協和神学院の設立や、キリスト教教育機関の閉鎖・国立学校への吸収合併、教会統合もさらに進行したが、キリスト教界の再編は「反動派」とされた人物の糾弾・批判運動を招来することとなった。一九五五年に行われた自立会系牧師の王道明《おうどうめい》、カトリック司教の龔品梅《きょうひんばい》に対する批判運動がその代表であるが、やがて三自愛国運動以外のキリスト教活動は非合法化され、同運動への不支持・不参加を表明した者は反革命分子として批判、逮捕されたのだった。キリスト者とその教会は「愛国的クリスチャン」と「反革命分子」に厳しく峻別され、政府と共産党によるキリスト教界の統合・一元化は実現したのである。

**上海のキリスト教界の再編**

上海は中国におけるキリスト教の一大拠点であり、近代以降多くの宣教師や信徒が存在し活動していた。中国基督教三自愛国運動委員会の本部も上海に設置されており、人民共和国のキリスト教政策もまた上海をその中心の一つとしていたのである。

一九五六年に上海市人民委員会宗教事務局が設立されて、各区・各県の宗教管理部門のもとで登記と接収工作が進行した。前述した病院・学校・孤児院等の接収工作は、上海でも本格化していった。

宗教団体はその活動を認められる為には、それぞれの地区の宗教事務処への登録が必要であったが、プロテスタントと比べてカトリックに対しては厳しい評価がなされていた。三自運動以降帝国主義との関係を断絶し政治姿勢も変化しているとされたプロテスタントに対して、カトリックは依然、内部の帝国主義者に掌握され、政府の政策への破壊・抵抗が行われているとされて、登記の許可は遅れていた。政府によるその団体への評価の是非が、登記においては最も重要だったのである。

上海には主要な教会団体の本部やキリスト教文化機構・慈善機関が多くあり、キリスト教各派の指導者も多数在住していた為、三自運動も上海を中心として展開されていった。抗米援朝運動の後押しとして三自愛国運動は位置づけられ、プロテスタント側では控訴大会開催、運動学習班・宣伝教育の開始、バザー運営、銃弾献納等の活動が見られた。

カトリック側でも上海市抗米援朝分会天主教支会が成立し、反帝愛国学習会も開催された。帝国主義者、反革命者への糾弾も活発化し外国人神父らが逮捕されて、カトリック教会内の帝国主義勢力排除の闘争は激化していった。その中で最大の事件が、龔品梅逮捕事件である。

一九五〇年にバチカンによって任命された上海教区初の中国人司教であった龔品梅は、バチカンの指令のもとで共産党と政府へ反抗し、政府による運動・大会への参加を拒否して、政府の総路線政策にも反対したという一連の反革命的破壊活動の継続によって、五五年に逮捕された。龔品梅批判は連日新聞で報道され政治キャンペーン化が図られて、カトリック教界による糾弾大会が開催され、上海の教会神父たちの龔品梅を非難する書簡の全文が、『人民日報』や『解放日報』に掲載されて喧伝されたのだった。そして龔品梅の後任の司教が上海で選出されたがバチカンは認めず、この自主叙任問題は現在まで長く続く中国政府とバチカン政庁との間の対立関係を生んだのである。

その後カトリック教界の統合は進み、一九六〇年には上海市天主教友愛国会が成立し、六二年に上海市天主教愛国会に改称されて今日まで存続している。共産党の指導を擁護し社会主義の道を歩み、社会主義建設と愛国運動に積極的に参加することを同会は提唱しているのであるが、それはまさしく上海のカトリック教界の統合・一元化が実現したことを体現していたのであった。

**その後のキリスト教**

一九六六年から文化大革命が始まると、キリスト教をはじめあらゆる宗教は厳しい状況にさらされることとなった。すべての教会と神学院は閉鎖され、牧師・教会指導者は投獄されたり農村へ下放されたりした。家庭で秘密裏に礼拝を守った信者たちもいたが、すべてのキリスト者にとって文化大革命の十年は、苦難と忍耐の日々であった。

文革が終結し改革・開放政策の時代を迎えると、キリスト教をめぐる状況も大きく変化していった。一九八二年には「我が国の社会主義時期の宗教問題に関する基本観点と基本政策」（通称「十九号文献」）が出され、宗教信仰の自由の保障、宗教の積極的要素の活用が盛り込まれた。また、全国各地で礼拝が再開し、「中国基督教協会」が設置され、九つの神学校が再開・新設され、「愛徳基金会」の設立や教会の再開・新設、集会所の設置が行われた。

キリスト教は、文化大革命時代の破壊から徐々に甦っていったのである。

## 三、現在のキリスト教

**信者の拡大**

それでは現在、キリスト教をめぐる状況はどのようなものなのだろうか。

一九八〇年代から本格化した改革・開放政策により、中国はめざましい経済発展を実現していった。経済成長率が二桁を超える年が続いて、日本を追い越しアメリカに次ぐ世界第二位のGNP大国となり、中国は今や名実共に世界の大国となったのである。

しかし、経済発展の光が強くなればなるほど、その影もまた色濃く中国をおおっていくようになる。そして社会における拝金主義の蔓延や共産党の腐敗・汚職の頻発が深刻化して、貧富の格差が徐々に拡大してゆくと、精神的充足を追求する人々が増えていった。その中で宗教にその可能性を見出す人々も少なくなく、キリスト教信者も拡大して家庭教会も増加している。特に一九八九年の天安門事件後には若年層・知識人層の信者が急増し、特に都市部の新興家庭教会の勃興が顕著化する現象が見られた。

また、対外開放政策と経済発展の進行の結果、外国企業・

外資の誘致が積極化していったが、上海においては外国人の宗教活動が見られるようになっているという。そして、伝道活動や国際礼拝堂や非公認教会等の外国人教会における集会や活動が活発化しているとされる。

習近平政権下のキリスト教

しかし一方、二〇一三年の国家主席就任以来、習近平とその政権は国家統合・社会統制を継続的に強化している。そして言論の自由が危惧される中で、宗教政策もまた一段と強化され、宗教の峻別、糾弾・弾圧と利用が進行している。

キリスト教について見てみると、二〇一四年には浙江省の十字架撤去事件、一八年には山西省の教会会堂爆破が起こっている。その他にも信者の監視、信仰を持つが故の失職、教会への社会主義関係の図書の配布、家庭教会のみならず公認教会の閉鎖、クリスマス活動への圧力等も頻発しているという。

二〇一八年には「宗教事務管理条例」が改訂され、宗教活動の管理制限が強化されている。さらに国家宗教局が国務院付属から共産党の統一戦線部に吸収合併されたことにより、「キリスト教の中国化」の進行が一段と加速化されたのである。

そして二〇一八年十二月、四川省成都の家庭教会、秋雨之福聖約教会の王怡《おうい》牧師や信徒一〇〇人近くが逮捕・拘束された。「国家政権転覆扇動罪」の嫌疑で現在も拘束は続いており、このニュースはBBC、CNN、ニューヨークタイムズ等海外メディアでも大きく報じられたという。王怡牧師ら二十九人の家庭教会の指導者たちは、キリスト教に対する政府当局の管理・統制の強化に対して、同年八月三十一日に「牧師署名：キリスト信仰のための声明」を発表し、次のように訴えている。

我々は、こうした公権力に訴えた不義の挙が中国社会に深刻な政教衝突を生み出すと考える。これらの行為は人類がもつ「信仰・良心の自由」に違反し、普遍的な法治の原則にも反する。……我々は福音のゆえに一切を損失すること、自由を失うこと、命の代価を支払うことを引き受ける準備がある。

この声明からは、発表後に逮捕・拘束される可能性を十分に予想していたことがうかがわれ、覚悟をもって政府に対する非難と主張がなされたことが想像できるだろう。王怡牧師は逮捕された場合は、四十八時間以内に公開するようにとした文書を予め準備しており、それが教会によって公開された。

王怡牧師はその中で、「私は中国共産党政権の教会迫害や、人々の信仰の自由・良心の自由を奪う罪悪に対して、大きな嫌悪と怒りを覚えている」と、政府を強く断罪している。しかし同時に、「社会制度や政治制度を変革しようとする一切のことは私が召された使命ではなく、……非暴力によって、そして平和と忍耐の内に、聖書と神に反するあらゆる人間の法律に敢えて背く」ことであると述べて、信仰的不服従というあくまで自身の信仰の問題であることが主張されている。

## おわりに

それでは、言論・宗教に対する統制がますます強まっていく中で、中国のキリスト教はこれからどうなっていくのだろうか。その答は、中国の政治と社会の行方の中に探ることができるだろう。もし好調な経済発展が減速し、貧富の格差がさらに拡大し、共産党の腐敗・汚職もますます増大したら……。

図1　秋雨之福教会の礼拝（出典：キリスト教オンラインニュース）

図2　王怡牧師ら29人の声明（2018年8月31日）（出典：キリスト教オンラインニュース）

図3　王怡牧師と逮捕後に公表された声明（出典：キリスト教オンラインニュース）

図4　王艾明氏（出典：来日講演会Facebook）

共産党の一党独裁や言論統制が今後も続くことは予想されるが、グローバル化の進行は止められず、情報の管理・統制はもはや困難であり、ましてや人々の精神や内心の統制はさらに困難である。中国社会の影がその濃さを増していくことによって、むしろ光もその強さを増していくことが期待される。

今後、中国のキリスト教信者は激増するという予測がなされており、控えめな数字でも二十一世紀中には二億数千万人から四億人へと増大するという報告も現れている（アメリカの宗教社会学者による）。

現代中国教会を代表する神学者で、元南京金陵神学院副院長の王艾明《ワンアイミン》氏は、中国の教会改革に尽力する「現代中国教会の宗教改革者」であり、神学的主張の核心は中国における「教派の自由」の再確立であることを主張している。

普遍的人道主義を掲げるキリスト教は、全人類の救済をめざして誕生した宗教である。その教えを踏まえて、隣国中国のキリスト教に対する理解と連帯が今求められている。それが王怡牧師や王艾明氏の思いや働きを理解し、支えることにつながってゆくのではないだろうか。

**参考文献**

富坂キリスト教センター編『原典現代中国キリスト教資料集　プロテスタント教会と中国政府の重要文献　一九五〇―二〇〇〇』（新教出版社、二〇〇八年）
阮仁沢・高振農主編『上海宗教史』（上海人民出版社、一九九二年）
《上海宗教志》編纂委員会編『上海宗教志』（上海社会科学出版社、二〇〇一年）
石川照子・桐藤薫・倉田明子・松谷曄介・渡辺祐子『はじめての中国キリスト教史』（かんよう出版、二〇一六年）
石川照子「宗教政策と都市社会の変容――建国前後のキリスト教界を中心に」（日本上海史研究会編『建国前後の上海』研文出版、二〇〇九年）
村上志保「中国上海市における外国人プロテスタントの宗教活動」（『社会システム研究』第二十号、二〇一〇年）
王艾明著・松谷曄介訳『王道――二一世紀中国の教会と市民社会のための神学』（新教出版社、二〇一二年）
キリスト新聞、オンラインニュース　http://www.kirishin.com/

**附記**　本研究は、ＪＳＰＳ科研費（17K02085）の助成を受けたものである。

◎コラム◎

# 夢見る上海、さらにカラフルに

ヒキタミワ

ヒキタミワ――メイクアップ講師、美容ライター、メディアコーディネーター。専門は中国人女性の美容、ライフスタイルなど。主な著書に『ハッピー上海』（共著、双葉社、二〇〇三年）、『ハッピーグルメ上海』（共著、双葉社、二〇〇四年）などがある。

「これからは中国の時代だ」と、ある人が発したその一言で私の人生は大きく変わることになった。一九九三年春、カナダ留学が決まっていた私の頭に突然舞降りてきたのが「英語を話せる人はたくさんいるが、中国語ができる人はまだ多くない。留学は中国にしよう」という決断だった。それまで一度も中国を訪れたことのない私は、「中国＝上海」と思い込み、図書館に行っては租界時代の写真集を開き、旗袍《チーパオ》（チャイナドレス）に身を包みジャズを楽しむ、そんな煌《きら》びやかな世界がそこにあることを信じていた。そして同年九月四日の夕刻、私は胸を躍らせながら上海に到着した。ところが虹橋空港から留学先の華東師範大学に向かう車中から眼に映ったのは、埃っぽい未舗装の細い道、下垂れる柳、道端のスイカ売り、それはセピア色の世界だった。バブルの余韻残るイケイケ日本からやって来た私は、まるで映画のセットに放り込まれてしまったかのような感覚に陥った。なにはともあれ私の留学生活は始まった。兌換券で買う売店のコーラは夏でもぬるい、口に入れたチョコレートはまるでロウソクのよう、そしてオシャレな人はどこにもいない、と驚きと不便なことの連続だったが、留学生寮には多くの外国人が集まり、皆同じ条件で暮らしていたので楽しい毎日を送ることができた。ちなみに到着後すぐに和平飯店を訪れたが、『上海バンスキング』の世界はもはや存在しないものだと理解した。

そう、私の憧れていたのは一九二〇〜三〇年代の上海。多くの外国人が集まるこの街はコスモポリタンとして熱気を帯び、全中国から「憧れの街」と称されていた。一九四三年生まれの楊瑤珍《ヤンヤオジェン》さんは「小さな頃、外出時には母が綺麗な服を着せてくれました。口紅や頬紅もさしてもらい、舶来品の香りも纏って。母自身も旗袍にパーマヘアで、まるで映画の主

図1　2002年頃、ヴィダルサスーンのヘアショウのメイク担当、出演モデルたちと一緒に（中央ネームプレイトを下げているのが著者）

図2　1998年ごろ、淮海中路（フアイハンジョンルー）と陝西南路（シャンシーナンルー）の交差点上にて。まだ舗装されていない路面が時代を物語る。街の空気もどこか重たい感じ

人公のようでした」と語る。魔都上海を闊歩する摩登小姐《モダンガール》の優雅な様子がこれで想像できる。そして建国後は、旗袍から洋服へ。女子学生は花柄のワンピースなどを好んで着ていたと言う。ところがそんなカラフル上海に突如の変化が訪れた。「パーマもスカートも全部禁止。世界が突然モノクロになってしまいました」と一九五八年生まれの王莎莎《ワンシャーシャー》さん。文革開始と同時に街から全ての色が消えてしまったのだ。それでも私が上海に着いた頃には少しずつだが、ようやく街に色が戻り始めて来ていたように記憶している。

「上海人は新しいもの好き」というが、留学当時それを証明した出来事がいくつかある。流行りのディスコに行き、日本で一世風靡した扇子を持って踊ってみたところ、次の週には扇の舞をする人がちらほらと。真冬にミニスカートとロングブーツという格好の私に「ありえない」という目線が。ところがその翌年、感度の高い女性たちがどこで調達したのか、私と同じ格好で街を歩くように。お洒落だと認めたらすぐに取り入れる、そんな気質が上海人の遺伝子には組み込まれている。

さて、私自身のことをもう少し。留学中より日系アパレル会社でアルバイトをするかたわら読者モデルをしていると、雑誌や広告などのスタイリストをするチャンスが到来。ところが現場に入ってみるとメイクが残念。当時、細めの眉に濃い口紅が世界的に流行していたが、

中国人モデルといえば、驚くほどにボリュームのある付けまつ毛と朱色の口紅（逆に今流行）で、ファッションにマッチしていなかった。そこでバブルの国から来た私は「誰よりも経験があるはず」とメイクを担当することに。これがきっかけで、多くの女性の顔にふれるチャンスを得て、上海の美容情報を日本に発信できるようになった。この四半世紀の変化を一言で表すことはできないが、一貫していえるのが、上海女性は、とにかく「目的意識が高く、かつ大胆だ」ということ。目標があればブルドーザーで山を崩そうが、人に橋を作らせようが、目的地に辿り着くことが大切。絶対にたどり着く。負けない。

　美容に関して言えば、「もっと綺麗になりたい」とヘアカットに行く感覚で二重、隆鼻手術をするのは九〇年代も現在も変わらずで、今では十代の女子でさえ、若さを保ちたいとフェイスリフトをするほど美に対してのこだわりは強い。それだけではなく、「毎日メイクをするのが面倒だから」と眉毛、アイライン、口紅をタトゥーで代用するという実用主義な人が多いのも彼女たちの特徴だ。

　色を亡くした上海から五十年。今では海外旅行の規制も少なく、なによりもネットを通じて世界中の旬をそのまま入手することできる。元々持ったお洒落気質にプラスして経済力も得た彼女たちは、自由自在。ファッションも美容も時差なくサラッとこなして、街をカラフルに彩っていくだろう。そして、私はこの色彩に溢れた上海で、さらなる変化を見続けて行く。私の夢見る上海、永遠に。

◇インタビュー◇

# 上海総領事を勤めて

## 片山和之（聞き手：髙綱博文）

かたやま・かずゆき――前上海総領事、外務省研修所長（大使）。一九八三年、京都大学法学部を卒業し、外務省入省。一九八七年、ハーバード大学大学院修士号取得（ＭＡ地域研究）、二〇一一年、マラヤ大学大学院博士号取得（ＰｈＤ国際関係論）。主な著書に『ワシントンから眺めた中国』（東京図書出版会、二〇〇三年）、*China's Rise and Japan's Malaysia Policy* (University of Malaya Press, 2013) などがある。

――本日はインタビューをお引き受けいただきまして有難うございます。片山さんのことは私の旧くからの友人である陳祖恩先生から聞いておりまして、上海総領事を勤めながらお書きになったご著書『対中外交の蹉跌――上海と日本人外交官』（日本僑報社、二〇一七年）を読むことを勧められました。ご著書は「現役上海総領事が見た日本人外交官の軌跡」が中心ですが、ご自身の外交官としての回想録でもあり、総領事の目から見た現在の上海、日中関係が語られており、たいへん興味深く拝読しました。今回の企画を立てた際に、最初に片山さんのお話を伺いたいと思った次第です。はじめに、自己紹介を兼ねまして外交官としてどのように中国と係わってきたかについてお話を伺いたいと思います。

私は一九八三年に外務省に入りまして研修外国語として中国語を選択しました。上級職の同期二十六名のうち二名が中国語でした。外務省の在外研修は通常二年のところ、中国語の場合は三年でその内一年間英米で研修できるのも魅力でした。私と中国との係わりは外務省で中国語を選択したことにより始まった訳ですが、それは消極的な理由です。積極的な理由は、日本の外交に携わるものとして戦前・戦中の日本外交の失敗ということが念頭にあり、その最大の要因は中国問題にあると考えておりまして、特に近代の日中関係に関心を持っていました。外務省の茗荷谷研修所で中国語を学習し、八四年から香港及び北京の大学へ留学。八七年から北京大使館に勤務し、結局北京には外交官補、二等書記官、一等書記官、経済公使として合計四回勤務して、二〇一五年八月から今年一月四日まで上海総領事館に総領事として勤めていました。それ以外に本省でも中国課に二回勤務しており、その間、天皇皇后両陛下御訪中などに係わっております。

――片山さんから見て最近の上海の印象はいかがですか。

一言でいえば変化の速さと規模の大きさですね。私が総領事として上海にいる間にもキャッシュレス化や自転車などのシェアエコノミーなどがあっという間に広がりましたし、アリババに代表される電子商取引の普及や高速鉄道、ビッグデータなど、中国の大きな変化を実感しました。中国はこうであるというステレオタイプの認識ですと、中国の速さについていけません。もう一つ言えば、中国の市民生活が多様化し、ある部分では日本より便利で豊かになりましたが、一方で中国共産党の集権化という二つのベクトルのコントラストには印象深いものがあります。

――片山さんが上海総領事をお勤めの間は日中関係の厳しさが増したものと思います。私たちもこの間上海へたびたび行っておりますが、そのことを感じることがありました。差し障りのない範囲で結構ですので、エピソードを含めてお話しいただけないでしょうか。

ご存知の通り、日中関係は常に緊張を孕んでおりますが、私が上海に赴任していた時期は日中関係が改善に向かっていた時期でした。私がその前に北京を離れてヨーロッパに赴任している間に尖閣問題が発生し日中関係が極めて緊張しましたが、その後徐々に改善に向かい二〇一八年の日中平和条約締結四十周年における両国首脳の相互訪問で日中関係は正常な軌道を回復し、新しいステージに入ったものと思います。

北京大使館と上海総領事館の役割の違いについてお話しすると、大使館は日本政府を代表して政治的にセンシティブな問題の処理を担っておりますが、総領事館は日系企業をサポートして日中文化交流を促進し、知日派中国人を増やしていくような役割を担っています。そのため、それほど日中関係が厳しいと感じたことはありません。ただ、上海師範大学の中に慰安婦像が造られたことと、南京市における総領事館主催の文化活動が政治的理由により制約されたことは印象に残っています。私は中国側メディアから受けたインタビューは基本的にすべて応えておりますが、その中で二、三件ですが掲載ないし放送されなかったことがあります。私個人としては日中関係に起因するようなことで不愉快な思いをしたことはありません。

――現在上海には四万人以上の在留邦人と一万社近くの日系企業があると聞いていますが、上海総領事館はこれらの邦人及び企業に対してどのような対応をしているのでしょうか。

現在、中国人の日本訪問は八四〇万人近く、日本人の中国訪問者は二七〇万人ほどでしょうか。日本人訪問者のビジネス関係者の数はそれほど減っておりませんが、観光客は減少しております。ご存知の通り中国国内においても旅行ブームであり、どこに行っても中国人観光客で溢れています。中国側の日本人観光客の受け入れ体制の問題もありますし、政治関係も影響しているでしょうし、日本側が中国の急激な変化についていけないというか、それを正しく認識していないという問題もあります。

上海総領事館の管轄下にある日本企業の拠点が上海で一万ほど、浙江省・江蘇省・安徽省・江西省などを含めると二万拠点あります。上海の邦人数は四万四〇〇〇人ほど。上海の日本人学校も生徒数はかつて世界の都市で一位でしたが、現在はバンコクに抜かれました。それでも二二〇〇名ほどいます。世界に日本人学校が八十九校ありますが唯一高校を持っております。在留邦人の減少にもいくつか理由がありますが、一つは数年前までの厳しい日中関係、いま一つは環境問題であり、お子さんを連れて行くのを控えることです。企業の派遣形態が変化していることもありますし、企業の現地化が進んでおり派遣自体が減っていることもあります。結果として単身派遣者が増えて、在留邦人数は全体として減少しておりますが、日本にとって上海の重要性がなくなっていることはないというのが、現場にいたものの実感です。上海日本商工クラブの加盟数は減っていません。

――では、ご著書『対中外交の蹉跌』を執筆された動機についてお話しいただけないでしょうか。

以前から先輩外交官の回想録などを読むのが好きでしたが、上海に総領事として赴任しましてさまざまな歴史遺産がある中で、上海における日本人外交官の軌跡について改めて考えてみたいと思いました。実務ですから日々の仕事――文化交流行事参加、企業の創立何十周年のパーティー、日本からの来訪者の応対などで時間が過ぎて行きます。それはそれで重要な仕事ですが、それだけでは寂しいなと思い、赴任して一年過ぎたころから戦前の日本人外交官と上海との係わりについて調べ始め、その中で陳祖恩先生とも知り合い、日中交流研究所所長の段躍中さんのご尽力により『対中外交の蹉跌』を出版することができました。

――片山さんは北京経験が長いのにあえて上海における日本人外交官をテーマに

選ばれたのですか。

それは上海総領事という日本の広告塔の役割を果たすことになったことにも関係します。これまで上海に強い印象がなかったのですが、住んでみると日本と上海の係わり、戦前の上海との関係などに関心を持つようになりました。戦前の日本の負の遺産について上海人と普通に客観的に話をすることができて、北京とは違うなと感じました。上海に主観的な思い入れをするのはどうかと思いますし、北京は北京で良かったのですが、上海はとにかく楽しかったです。

――ご著書の中でも上海総領事公邸の由来を詳しく考証されており、豊田佐吉邸との関係を考察されているところなど、面白く拝読しました。

現日本総領事公邸と戦前の豊田佐吉邸(現在の上海新村)の関係について、両者が異なることをある写真集から発見したのは妻でして、陳祖恩先生が図書館で確認してくれて、これにより豊田佐吉邸＝公邸説の論争に一応一区切りをつけることができました。『上海歴史ガイドマップ』(大修館書店、一九九九年)をお書きになった木之内誠教授からも改訂版では修正したいとの手紙をもらいました。このように上海には戦前の日本人が残したものを含めて、さまざまな史跡があり、これが今日においても日本人にとって上海の魅力になっていることを感じました。

――ご著書には戦前の上海における日本人外交官の事績が述べられていますが、ここからどのようなことを学ばれたのですか。

私が外務省に入ったのは、戦前において強硬な日本軍部に対する平和を希求する外交官といったステレオタイプ的なイメージ、憧れのようなものがありました。ことはそれほど単純でありませんが、当時も文官の中でも優秀な人が外務省に入ってきたと思います。

第一に、彼らがどのように中国を認識し、どのように日中関係に対処しようとしていたか。彼らの善意は十分に理解できますが、日中関係の困難な節目で当時の情況からして勇気と信念を貫くことができなかったという根本的な問題があります。第二に、当時陸軍は強大な軍事力を有するだけでなく中国各地に人材を配して膨大な情報を収集しており、それをフィードバックしていました。それに比べると総合力において外務省は陸軍の敵ではなかったといえます。第三に、日本の伝統的な霞が関外交は、十九世紀以来のアングロサクソンが創り上げた世界秩序に合わせて英米協調を中心としており、中国においても英米と対立しないことを基調としていたことです。日本が日露戦争に勝利していわゆる一等国になっていくと、中国の民族主義とも衝突し、英米協調路線とも乖離していった側面があります。外務省の中にも満洲国を前提とした国益を中心に考え、東亜新秩序も求める革新派官僚が台頭してきまして、決して一枚岩でなかったという問題があります。第四に、世論が強硬外交を望み、外務省の外交を軟弱外交として非難するという風潮の中で国内における支持基盤を得られなかったということが言えます。このような四つの要因から戦前における日本の対中外交は蹉跌し、米国と決定的に対立しついに太平洋戦争に至ることになります。

私は本の中でも書きましたが、何人かの外交官や松本重治のようなジャーナリストが反省していますように、戦前日本の対中外交が失敗したのは、日本外交に「誠実さ」が欠けていたことにあると思います。ニコルソンが『外交』（東京大学出版会、一九六八年）の中でも述べていますが、外交官の特質で最も重要なことは国家間の関係で「信頼関係」を構築することであると思います。戦前日本の対中外交はそれに失敗したのです。

――戦前と戦後の日本外交官のあり方は当然異なっているでしょうが、どのように違ってきているのでしょうか。

戦前と戦後の日本の国際的地位や国柄は異なっており、日本の外交官、在外公館のあり方も大きく異なります。戦前の外交官は大日本帝国憲法下における天皇の官吏でありましたが、戦後の外交官は国民に奉仕する公務員です。そのため現在では私の上海総領事の経験からしてもより実務的・専門的な性格になっています。

――今後中国と日本はいかなる関係を築いていったら良いか、これまでの外交官生活を踏まえてお話しいただけますか。

まずお話ししたいのは、「友人を選ぶことはできるが、隣人を選ぶことはできない」と言われるように、日中は引越しのできない隣人関係という現実からスタートすべきであることです。中国とＷＩＮ－ＷＩＮの関係をつくらざるをえない。ましてや中国経済は世界第二位であり、一九九〇年頃日本とアメリカの貿易摩擦が取りざたされていた時期、日本のアメリカとの貿易に占める割合は三〇パーセント近く、中国は三・五パーセントでしたが、今や中国が二〇パーセントを越え、アメリカが一五パーセントです。先ほど述べましたように上海総領事館管轄地域には二万社の日系企業が進出し、中国全体で日系企業は一〇〇〇万人の雇用を生み出しています。今後、中国人の日本旅行者もますます増えていくでしょうし、中国の対日投資も増えていきます。日本の発展＝中国の発展という問題意識が大切であり、中国経済が傾けば日本経済に即影響するという関係になっています。

第二は国民同士の交流です。中国共産党の体制と中国国民は別のものであり、中国国民との付き合いは未来永劫続くものですので、中国国民に日本の正しい姿を理解してもらいたい。彼らに日本を付き合うに値する無視できない国だと思われる努力をすることが大切です。上海総領事として一番貢献できるのは、問題のない中国人にできる限り多くビザを出すことであると考えました。多くの中国人が日本へ行き、日本の自然、文化、環境、人々に触れて日本が好きになってリピーターになっていただきたいと思いました。国民間の交流を促進して行けば、今後日中政府間に政治的トラブルが起こった際に両国関係を基盤で支える役割を果たすことになるのではないでしょうか。

第三に中国を感情ではなく理性によって等身大に見ていくことだと思います。中国の長所・短所を冷静客観的に分析することは、隣国日本にとり極めて重要なことです。

第四に両国は自由とか民主主義とか人権、法の支配といった基本的価値を残念ながら共有していないことです。そのことから来る不安感、不透明性や懸念があって、それに対する安全保障や備えは日本にとって必要でありましょう。

一八六二年、高杉晋作が千歳丸に乗って上海を訪問しました。阿片戦争後、欧米列強に虐げられた上海の姿を見て、極めて強烈な危機意識を日本人の一部は持って、それが明治開国への一つの大きな原動力となったと思いますが、そういう意味では今の上海を代表とするような中国の大きく迅速な変化、ダイナミズムというものを正しく正確に見た上で、日本自身が覚醒して、もう一回改革、開国していく必要があるのではないか、ということを上海で感じました。

――日本の若い人たちが内向きになって、かつての高杉晋作みたいなチャレンジ精神をもつような若者が少なくなり、上海や中国に対する興味や関心を失っているのでないでしょうか。

若者たちは日本で非常に心地よい生活をして、日本語によって高等教育も受けられ、わざわざ外国に行くインセンティブをなくしているのかもしれません。中国のダイナミックな動きを見ていると、日本国内だけに留まっていたのでは限界があって、井の中の蛙になってしまいます。世界はもっと広いということを知る必要があります。私も福山の小学校時代、中学、高校時代、京都の大学時代、東京そして世界各国での社会人時代と、付き合う世界と人間が広くなればなる程に、世の中にはすごい人が沢山いると思い知らされる訳です。日本は今のままで行くと、自然に少子高齢化にもなっていくし、そのままに過ごしていくと、そこそこに豊かで安心で安全でお互い気を遣う心地のいい社会が徐々に衰退していくという、余り展望のない社会になってしまう可能性があります。その意味では若い人たちにはもっとチャレンジをしてほしい。その対象が上海だったり、中国だったり、アジアだったり、アメリカやヨーロッパでもいいと思います。まず、現場に行ってその国を見る、その都市を見る、人々を見る、社会システムを見る、その国の弱味、強味、日本にとっての弱味、強味を考えて、日本を少しでもいい国、もう少しエクサイティングな国にしてほしいなと思います。

二〇一九年一月十九日

於／日本大学・市ヶ谷キャンパス

# 戦後上海の欧米人社会——一九四六年の英字紙面から

藤田拓之

ふじた・ひろゆき——大阪産業大学国際学部准教授。専門はイギリス帝国史・上海史。主な著書・論文に『居留民の上海——共同租界行政をめぐる日英の協力と対立』（日本経済評論社、二〇一五年）、「上海の外国人社会とライシャム劇場」（『アジア遊学一八三 上海租界の劇場文化』勉誠出版、二〇一五年）、「『ノース・チャイナ・ヘラルド』にみる日本人の表象」（髙綱博文・石川照子・竹松良明・大橋毅彦編『戦時上海のメディア——文化的ポリティクスの視座から』研文出版、二〇一六年）などがある。

太平洋戦争後、上海における欧米人社会は、「租界」という制度を失いながらも戦争前にひけをとらぬ規模を維持していた。欧米人によるスポーツや文化・芸術活動も活発に行われ、特に舞台芸術においては、公演を行う劇場や団体に戦前からの継続性が色濃くみられ、開港以来、上海という都市が積み重ねてきた西洋的側面の根強さをみせた。

## はじめに

十九世紀半ばの開港及び租界創設以来、国際都市・上海の最も重要な構成要素のひとつであった、イギリス人をはじめとする欧米人社会は、太平洋戦争後の上海において、どのように変化したのだろうか。共同租界・フランス租界が消滅し、条約による外国人としての特権が喪失するなかで、そうした社会が存続することは可能だったのだろうか。ここでは、上海の欧米人社会の特徴のひとつである、文化・芸術活動を手掛かりに、そうした太平洋戦争前の時期から戦後にかけての欧米人社会を検討してみよう。

## 一、戦後上海の欧米人人口

まずは戦後上海の欧米人の人口を確認する。租界の最盛期といわれる一九三〇年代半ばの上海の外国人人口はおおよそ四万五〇〇〇人であり、その約半数が日本人であった。これに対し、太平洋戦争終結の翌年、一九四六年の外国人全体の人口は約六万五〇〇〇人であった。すでに多くの日本人は去り、非欧米人や無国籍・国籍不明者を除くと、このうち欧米人は四万五〇〇〇人程度であった。実は上海の欧米人人口はこの時期、相当数増加していたのである。

例えばイギリス人をみてみると、最盛期に一万人近くが上海に暮らしていたが、一九四五年十二月の人数は六三五名と極端に減少していた。しかし情勢が落ち着くと上海に戻ってくるものも多く、イギリス人人口は翌年には三一〇三名と回復し、四七年に四四二四名、四八年に四六〇八名と、戦前の全盛期の半数程度にまで増加している。

戦前期よりも増加していたのは米ソ二大国の人々で、一九四六年の人口はそれぞれ、アメリカ人九七七五名、ソ連人八八三四名と上海でも二大勢力となっていた。その他、フランス人三八七二名、ドイツ人一四九六名などとなっており、多くの外国人が上海での生活に復帰、あるいは新たに参加していることがわかる。その後、一九四九年に人民共和国が成立したことにともない、外国人人口は減少に転じることになるが、この時点でも三万人近い外国人が上海で暮らしていた。少なくとも太平洋戦争後から四九年までの期間に限ってみると、戦前期に匹敵する規模の欧米人社会が健在であったといえるだろう。

## 二、戦後上海の英字紙『ＮＣＤＮ』

次に戦後の上海の欧米人社会について検討する。ここでは、上海で発行されていた英字日刊新聞『ノース・チャイナ・デイリー・ニュース *North China Daily News*（以下、ＮＣＤＮ）』を手掛かりとして、そこから読み取れる社会・スポーツ・文化等の活動をみてみる。戦前期の上海において、上海内外の外国人居留民に情報を提供していた英字日刊紙『ＮＣＤＮ』は、太平洋戦争勃発と同時に停刊していたが、戦後再刊を果たしていた。現在では一九四六年から、共産党政府の指示によって廃刊となる一九五一年三月までの紙面が確認できる。一日当たりのページ数こそ大幅に減少（平日二十四頁→八頁）したものの、『ＮＣＤＮ』は上海の外国人にとって、中国や世界の情勢、そして上海の様々な出来事についての貴重な情報源であり続けた。

『ＮＣＤＮ』一九四六年一月一日の第一面には、かつて上海における最高峰のクラブであった「シャンハイクラブ Shanghai Club」の再開が誇らしげに報じられている。その他、イギリス人の代表組織である「英国人居留民協会 British Residents' Association」の総会（同年九月）や「英国ユナイテッド・サービス協会British United Services Association」

THE NORTH-CHINA DAILY NEWS, SUNDAY, OCTOBER 13, 1946

SPORT NEWS

Boston Back In Lead In World Series

CARDS TAKE A GAMBLE

Schoolboys' Boxing Tournament

MARSHALL'S STAY IN CHINA

New Colonial Office To Be Built

Breakdown In New Delhi Talks

Commons To Debate Paratroopers Case

Jenyu, Yukong Win at Volleyball

French Optimistic Over Ascot

Pitcher Traded For Infielder

Fresno Gridmen Capitulate

College Football Scores

STRAND

LYCEUM THEATRE "ON APPROVAL"

ROYAL

LYCEUM

CAPITOL

"KING OF DODGE CITY"

"SPIRIT OF POLICE"

TARZAN'S NEW YORK ADVENTURE

CITY WITHOUT MEN

"YOU'RE IN THE ARMY NOW"

APPOINTMENT IN TOKYO

図1　*North China Daily News*, 1946.10.13, p.8

主催の晩餐会（同年十一月）、また「米国人協会 American Association」による米国大使の歓迎会や「フランス・クラブ Cercle Sportif Français」主催の第二十二回年次児童水泳競技会（同年九月）などの告知がみられる。こうした代表的な各国居留民の代表組織の存続は、戦前の多国籍な欧米人社会からの継続性がみてとれる。

## 三、スポーツと文化活動

太平洋戦争前の『NCDN』は、スポーツや文化・娯楽に関する紙面も充実していた。特にスポーツについては毎日二頁が割かれ、上海で行われた種々のスポーツの結果や予定が報じられていた。戦後の『NCDN』でもこうした傾向は継続し、半ページほどに縮小したものの、毎日スポーツの頁が用意されている。例えば、四六年最初のイベントとして、一月二日に、後述するライシャム劇場で開催されたボクシングの興行が行われ、中国チャンピオンと米海軍所属の選手との試合など複数の試合が組まれていたが、その二日後に、「貧弱なカード」だったと試合と興行師を酷評する詳細なレビュー記事が掲載されている。その後、この年の前半においては海外のスポーツニュース――イギリスのテニスやアメリカの野球――の報道が中心であったが、夏ごろから、ソフトボールやサッカーのリーグ戦が、順次上海でも再開され、各国籍別のチームの勝敗を伝えるニュースに大きく紙面が割かれるようになった。一方で、戦前期において上海を代表するスポーツであった「ペーパーハント」――イギリスのキツネ狩りを模したスポーツ――や「ハイアライ Hi-alai」が姿を消した。またリーグ戦に参加するチームからは、日本人のチームが姿を消し、かわりにソ連人やユダヤ人のチームが存在感を高めた。

次に文化・娯楽であるが、太平洋戦争前の上海では娯楽の中心は映画であった。ハリウッドを中心とした欧米で製作された映画が、数多の映画館で上映されていた。こうした映画の上映は、戦後も継続しており、四六年以降の『NCDN』にも戦争前と変わらず多くの映画広告が掲載されており、映画の人気が陰ることはなかったようである（図1）。

## 四、太平洋戦争前の上海の舞台芸術

太平洋戦争前の上海の文化を考えるうえで、非常に重要な要素となったのは西洋の舞台芸術である。この時期の舞台芸術については、『アジア遊学一八三　上海租界の劇場文化』（勉誠出版、二〇一五年）に詳しい。こうした舞台芸術が上海という都市の「西洋性」を下支えしていた。なかでも西洋文化の象徴的な存在として、その権威が広く認められていたのが、租界の初期から存続する「ライシャム劇場 **Lyceum Theatre**」（**図2**）であり、特に一九三〇年代半ば以降、さまざま西洋舞台芸術が上演された。この劇場で公演を行った主な芸術団体としては、イギリス人を中心とした劇団「アマチュア・ドラマティック・クラブ **Amateur Dramatic Club**（以下、ＡＤＣ）」、共同租界の統治機関工部局が運営し、東アジアで最初の本格的なオーケストラと称された「工部局交響楽団 **Shanghai Municipal Orchestra**」、白系ロシア人を中心としたバレエ団「上海バレエ・リュス **Shanghai Ballet Russe**」、非常に多くの公演回数を誇った歌劇団「ロシア軽歌劇団 **Russian Light Opera**」などが挙げられる。これらの団体を含む様々なグループがこの劇場の舞台にあがり、例えば一九三六～三七年のシーズン――ライシャム劇場の一シーズンは十月から翌年五月の八ヶ月間――では、多様な演目で一五〇回以上の公演が行われた。

図2　ライシャム劇場

なかでも注目すべきは一八六六年創設のＡＤＣである。そもそもライシャム劇場はこの劇団の専用劇場として生まれている。上海でもひときわ長い歴史をもつこの劇団は、シェイクスピア作品から、コメディ調のサヴォイ・オペラ、「シンデレラ」など子供向け作品まで、長年にわたり数多くの演目を上演してきたが、太平洋戦争勃発後の一九四二年六月、上演した「リチャード三世」が反日的であるとして、日本軍により解散させられ、多くの団員が強制収容されていった。太平洋戦争が終結すると、ADCはいち早く復活を遂げ、一九四五年十一月には解散のきっかけとなった「リチャード三世」を上演し、多くの観客を集めたという。

## 五、戦後上海における舞台芸術

一九四六年の『NCDN』の記事や広告を確認していくと、この年最初のライシャム劇場でのイベントこそ、前述の一月二日に行われたボクシングの試合であったが、その後は、同じ一月に、工部局交響楽団の定期演奏会、上海バレエ・リュスによる「眠れる森の美女」、ロシア系歌劇団による「ポンパドール夫人」が上演されており、先に挙げた団体の全てが戦後においても公演を行っていたことがわかる。こうした団体の公演は継続的なものであり、工部局交響楽団は週二回の定期公演を行っていたほか、この年、ADCは五月、十月、十二月に、上海バレエ・リュスは二・三月、四月、十・十一月に、ロシア軽歌劇団は三月と十月にそれぞれ公演を行っている。これは、太平洋戦争前の活動のペースとほとんど変わらないものである。もちろん、これ以外にも様々な演者による多彩な演目が上演されているが、戦前から活動していたものもあれば、姿を消した団体もある。一方で、「ソヴィエト楽劇団 The Soviet Musical Play」のような戦後登場した新しい団体もあり、上海の西洋舞台芸術は、新しい段階を迎えていたとみることもできよう。さらに『NCDN』が廃刊となる一九五一年三月の紙面には、ADCの第三〇六期公演が翌月から予定されているとの記事が掲載されており、上海の「西洋」的側面の粘り強さをみせている。

このように、太平洋戦争終結後の上海の欧米人社会は、その人口規模において必ずしも戦争前の時期に引けを取るものではなく、彼らによる社会・文化活動も大きく変わることなく続けられていた。戦後において「租界」という制度が消失しても、開港以降営々と積み重ねられてきた上海という都市の「西洋」的側面はすぐに消え去るものではなかったのである。

# 上海ユダヤ人の戦後

## ——「待合室」上海から、「目的地」アメリカへ

関根真保

ナチスの魔の手から逃げてきたユダヤ人にとって、上海は戦時を生き抜くための「避難場」であった。戦後になって彼らは、アメリカやイスラエルへ去っていくことになる。彼らの上海時代の戦後とは、「目的地」に至るまでの「準備期間」と捉えることができるだろう。

せきね・まほ——立命館大学プロジェクト研究員。専門は中国近現代史、ユダヤ離散史。主な著書・論文に『日本占領下の〈上海ユダヤ人ゲットー〉——「避難」と「監視」の狭間で』（昭和堂、二〇一一年）、「楊樹浦における上海ユダヤ避難民の芸術文化——ライシャムなど租界中心部との関連性」（『アジア遊学一八三　上海租界の劇場文化』勉誠出版、二〇一五年）などがある。

### はじめに

上海にユダヤ人が急増したのは、一九三八年末から一九三九年初頭にかけてである。一九三八年十一月九日夜から十日未明にかけて、全ドイツで発生した、ユダヤ人に対する暴力的迫害の「クリスタル・ナハト」事件によって、およそ一万五〇〇〇人のユダヤ人が続々と上海に逃げてきたからである。

彼らの上海での生活は困難ではあったが、ドイツに残っていれば絶滅収容所で失っていたはずの命をつなぎ、戦後になって二年から四年ほどで、新天地に向かっていった。こうした経過からすれば、上海はユダヤ民族にとって救いの港であり、その長い離散の歴史において、重要な都市の一つに数えられることは間違いない。

彼らユダヤ人が上海で駆け抜けた約十年の歴史は、一九三九年から一九四二年までの「リトル・ウィーン」期、一九四三年から終戦までの「上海ゲットー」期、そして「戦後期」の三期に大別できる。第一期は、ユダヤ人が上海で徐々に生活基盤を作り上げ、「リトル・ウィーン」と呼ばれたユダヤ人街で、比較的自由を享受できた時代である。第二期は一九

四三年に日本軍が設置したユダヤ人隔離区、通称「上海ゲットー」で過ごしたもっとも困難な時期であった。従来の上海ユダヤ人歴史研究が主に扱うのが、これらの二つの時期であり、これまでも豊富な研究成果が積み上げられている。一方、戦後の第三期の研究は大きな進展がない。本稿はこの戦後のユダヤ人の歴史に光を当てる試みである。

戦後において、上海のユダヤ避難民が直面した課題は、（一）日々の食糧や生計をどのように確保するか、（二）生活環境をいかに改善・充実させるか、（三）最終的にどこに移住するのか、である。本稿の目的は、この三つの課題に対して、ユダヤ人がいかに取り組んだのかを考察することであり、その中でも、（三）の国外移住の過程を明らかにすることにもっとも力を注いだ。資料は主に、戦後のユダヤ人の歩みを記した、一九四七年出版の『上海アルマナク（上海指南）*Shanghai Almanac 1946-1947*』（Shanghai Echo）と、太平洋戦争中休刊しながらも一九四六年に復刊した、イギリス人運営の日刊紙『ノース・チャイナ・デイリー・ニュース *North China Daily News*』を用いる。青年時代を上海で過ごしたユダヤ避難民自身が、当時の上海の記憶や日記などをもとに記した回想録なども、ところどころ織り交ぜる。

## 一、戦時のユダヤ人――「リトル・ウィーン」から「上海ゲットー」へ

### 「待合室」上海

「クリスタル・ナハト」事件に直面したユダヤ人は、一刻も早くドイツを去るしかなかった。ナチスはユダヤ人に国外移住を強要し、それが不可能ならば強制収容所送りにしたからである。しかし、ヨーロッパの他国はすでにナチスの火の粉が飛び散っている。アメリカ合衆国は「移民法」によって移住制限をしている。そんなときに広まったのが、上海という都市は租界の存在によって入国にビザを必要としないという事実であった。彼らにとっては、一時的な避難場として、地球の裏側にあり、気候も習慣もまったく異なったアジアの一都市に行くしか選択肢はなかった。そのため当初からすでに彼らの視線は、未来で待つ新天地に注がれていた。その中でもとりわけ、自由の国であり、移民の国であるアメリカ合衆国で、新たに身を立てることを願った。つまり歴史家のペトラ・レーバーが記したように、上海はユダヤ避難民にとっての「待合室」であった。

### 「リトル・ウィーン」

ユダヤ避難民はドイツからの金銭の持ち出しを禁じられて

いたため、この未知の都市に無一文のままやってきた。そのため彼らの多くが移り住んだのは、上海租界の中でも、中心部からほど遠く、物価も家賃も安い日本軍管轄下の楊樹浦《ヤンジッポ》地区であった。幸いなことに上海にはすでに、大財閥として名をはせたサッスーン家など、中東出身の裕福なセファルディ系ユダヤ人が二〇〇〇名ほどいた。彼らの多くはイギリス国籍を持ち、一八四二年の南京条約締結直後から商人として上海に来て、アヘン貿易や不動産業などで財を築いていた。この先住のユダヤ人が、上海に身寄りのないドイツ・オーストリア系ユダヤ避難民を支援した。なお、上海にはロシア系ユダヤ人も五〇〇〇名ほど居住していたが、彼らもロシア革命後に中国に逃げてきた避難民であり、その境遇は恵まれていなかった。

同時に、アメリカのユダヤ人援助組織「アメリカ・ユダヤ人合同配分委員会（通称・ジョイント）」も上海に代表を派遣した。ここの援助資金を基に現地のユダヤ人コミュニティーが、避難民のために住居や食料を提供した。こうして次第にユダヤ避難民も、レストランやカフェ、商店を開き、安息日にはユダヤ教会のシナゴーグで礼拝し、ユダヤ人学校に通うようになる。租界の北東部の片隅にユダヤ人街を作り、そこはいつしか「リトル・ウィーン」などと呼ばれ、賑わいを見せるようになった。

## 「上海ゲットー」

しかしこの「リトル・ウィーン」の賑わいも、太平洋戦争の開戦までであった。上海租界に進駐した日本軍が、一九四三年に治安対策としてユダヤ人隔離区を作り、ユダヤ避難民は南北に約一キロ、東西に約二キロのおよそ二平方キロメートルの区域に強制的に居住させられ、ここからの移動を制限されるようになる。彼らの経済活動を停滞させたこの隔離区は、ユダヤ人の間で「上海ゲットー」と呼ばれた。

租界の中心部で店や工場を経営していた者はそれを手放し、通勤が困難となった者は仕事を失うことになった。また、太平洋戦争によって「敵国人」となった裕福なセファルディ系ユダヤ人は、国外に逃げるか、日本軍の収容所に入れられた。「ジョイント」も、敵国を利することを懸念し、アメリカ本部からの送金をストップした。もはや彼らは後ろ盾をも失うことになった。

「ゲットー」にはアパートメントが足りず、多くの人が「ハイム」と呼ばれた集団寄宿舎に住んだ。もとは学校などの施設を用いて、講堂のような広い部屋に老若男女一五〇人ほどが収容された。スチール製のダブルベッドがところせましと並べられ、上からつるしたシーツをカーテン代わりにして、部屋をしきった。プライベートの一切ない寄宿舎生活は、祖国で比較的裕福な生活を送ってきた人々にとっては、あまりに耐えがたかった。彼らは日々の食事もままならず、現地の援助組織の「キッチン・ファンド」が提供する一日二回の食事をたよりに、困難な二年間を耐えぬいたのである。

## 二、戦後における国際機関とアメリカ軍

### 終戦、そしてアメリカ軍の出現

一九四五年八月十四日、日本は連合国に無条件降伏を通告し、太平洋戦争が終わった。翌日の玉音放送には、ユダヤ避難民も意味が分からなくとも、聞き入ったという。困難な時代が終わったときの様子を、あるユダヤ避難民は次のように記している。

> 日本が降伏したというニュースが人から人へ伝わった。戦争は終わったのだ。私たちは狂喜乱舞した。私たちは生き残ったのだ。中国人もユダヤ人も誰もが、街に繰り出し、互いに抱き合い、踊り、叫んだ。
>
> （ゲルハルト・ヘプナー）

八月十八日には、早くもアメリカ軍が上海にも進駐し、上海の様相は一変した。至る所でアメリカ軍のジープを目にするようになり、アメリカ兵は上海の街で自由にお金を使った。子どもたちに英語で話しかけ、ガムやチョコなどを配った。ユダヤ人にとって、自分たちの目的地であるアメリカへのあこがれが、次の記述からも見てとれる。

> 軍服を着たアメリカ兵は大きくて、ハンサムで、とてもまばゆかった。上海の人々は畏敬の念を持って、その若々しい肌つやを、まばゆい笑顔を、シミ一つないパリッとした軍服をながめた。彼らは本当に気前が良かった。チョコレートや缶詰、コカ・コーラなどをくれた。中国人の子どもたちは蜂の群れのように、彼らのあとをついていった。
>
> （レナ・クラスノ）

### 「UNRRA《アンラ》」と「ジョイント」

一九四三年に設立された「連合国救済復興機関（UNRRA）」が一九四五年十一月に初めて上海に補給船を送った。この組織は、枢軸諸国に占領された国々の復興促進を目的にしており、具体的には、難民の本国送還と、食糧、衣類、薬などの物資支援を担った。結果として安価なアメリカの製品が中国にあふれるようになったが、あらゆる物不足に喘いでいたユダヤ避難民にとっては救いとなった。とりわけ食料の配給は大きな助けであり、彼らは配分クーポンを受け取ると、喜んで列を作り、缶詰を受け取った。

「ジョイント」も上海での活動を再開させた。一九四五年

末に代表のチャールズ・ジョーダンが上海に派遣されると、「財務」、「物資援助」、「福祉」、「住宅」、「医療」の五部局を設置して、戦後のユダヤ人の生活を精力的に支えることになった。

## 三、戦後の生活状況の変化

### ユダヤ人の就業

こうした国際機関とアメリカ軍の出現は、上海ユダヤ人の生活を一変させたが、彼らをもっとも喜ばせたのが、就業機会を提供したことであった。アメリカ軍は陸軍も海軍も、多数の労働力を必要としていた。埠頭での積み荷の管理係、倉庫の監視番、トラックの運転手、空軍飛行場の燃料補給係などが求められた。とくに英語のできる若者は重宝され、ユダヤ避難民の一五〇〇名ほどがアメリカ軍関係の仕事を得た。

「ジョイント」も同様に、およそ五〇〇名のユダヤ避難民を雇った。雇用自体が避難民の援助にもなったからである。一九四七年の「ジョイント」の次の報告から、その具体的な仕事の内容が分かる。

スタッフのアシスタントとして、五十名のユダヤ避難民がジョイントとUNRRAの物資輸送の部局に雇われた。そのほかジョイントの敷地内では、職人として九名が定期雇用され、四十七名が非定期で働いている。一〇七名がジョイントの資産の警備として、あるいは倉庫やキャンプ、オフィスなどの守衛として働いている。さらに、女性が若干名、破れたシーツやタオルなどの布を繕うため病院に雇われた。

定職を得ることで、停滞していたユダヤ人コミュニティーも再び活性化した。「上海ゲットー」には何も産業がなく、同胞相手に商売をするしかなかったが、収入がなければそれも成り立たなかった。戦後になり、移動の自由を得てはじめて、租界の中心部で仕事をする人もいたし、以前経営していたバーやレストランを再開した人もいた。ここではアメリカ兵などが夜な夜な訪れ、たくさんお金を落としていった。ある避難民は、「アメリカドルを稼ぐということはどんなに素晴らしいことだったか」と吐露している。

### 生活環境の改善

「ジョイント」は、「人間の尊厳を維持するには、最低限の清潔さ、設備、快適さが不可欠である」という理念に立ち、ユダヤ避難民の生活環境の改善に乗り出した。避難民のハイムを徹底的に調査し、大型ごみを撤去し、修理と改良を行い、簡易な組み立て式住居を立てて、一つのハイムの居住者をできる限り減少させた。

医療面での改善にも特別な配慮がなされ、資金の相当額をここに割り当てた。以前からあった避難民の病院を拡張し、敷地内に組み立て式住居を立て、感染症患者と外来患者を分けた。病床も一八六に達した。救急患者は男の職員が二人がかりで台車に載せ、通りを縫って運んでいたが、この実態を目にした沖縄のアメリカ兵が寄付を募り、一九四六年九月に救急車を病院に寄贈した。こうして避難民の健康状態は以前よりも格段に改善した。

青少年のケアも重視された。「ジョイント」はレクリエーション施設の「ジューイッシュ・コミュニティー・センター」（**図1**）を開設し、若者たちはスポーツ、手工芸、ゲーム、講座、宗教サービスなどに親しんだ。教育的配慮から図書館も開設し、併設された閲覧室では、一九四六年十月の時点で、三八六四冊の本が利用可能となった。老人に対しても、余暇を楽しむことのできる施設「ジョイントハウス」を作った。

図1　「ジューイッシュ・コミュニティー・センター」の卓球室（*Shanghai Allmanac* 1946-1947, Shanghai Echo, p42）

## 四、ユダヤ避難民の移住

### 移住にむけて

私たちは、できる限り早く上海を離れる努力をした。この都市を生涯の家と認めないわけではなかったが、間もなく共産党の支配になることが分かっていたからだ。内戦にも巻き込まれたくなかった。だけど私たちはどこへ行くのだろうか。誰もが手紙などをしたため、パレスチナやイギリス、オーストラリア、アメリカ合衆国の知り合いとコンタクトをとり始めた。

（イーブリン・ピケ・ルービン）

このユダヤ人の回想は、当時の状況を如実に伝えている。もともと彼らにとっての上海は、最終的な目的地に向かうまでの「待合室」だった。もちろん上海での今後の生活設計が見込め、そのまま定住を希望する人もいたが、共産党に対する不安と内戦の恐れがあった。また蔣介石は、中国在住の外国人は本国に帰国することが基本方針であることを繰り返し述べていた。

当時の上海のユダヤ人は正確な統計がないが、ドイツ系がおよそ七五〇〇名、オーストリア系が四五〇〇名、ポーランド系が二〇〇〇名、ロシア系が四〇〇〇名ほどだった。「ジョイント」も「UNRRA」も、彼らを早期に国外移住させることを最重要課題としており、「UNRRA」は本国送還を、「ジョイント」は新天地への移住を支援する役割を担った。とくに「ジョイント」は、一九四六年二月に六番目の部局として「移住部門」を作り、移住に関する煩雑な手続きをすべて請け負った。ユダヤ避難民のために、上海のアメリカ領事館などとつねにコンタクトを取り、各国政府と電報や書簡を交わしたのである。こうした全面的なサポートが移住を促すことになったが、移住先は彼らの国籍によって明暗がはっきり分かれた。

## 継続する「移民法」

ユダヤ人の多くは移住先として真っ先にアメリカ合衆国を考えたが、その計画は思うように進まなかった。一九二四年に策定された「移民法」が戦後も継続していたからである。この「移民法」はアメリカへの移住許可者を国籍別に割り当てる制度であり、一八九〇年の国勢調査に基づいて、当時の各外国人居住者の二パーセントを受け入れるものであった。その少ない人数では、上海のユダヤ人がアメリカへの移住申請をしても、何年も待たなくてはならないという状況であった。

しかも当初、中国国民政府は本国送還の対象であった旧敵国人に、ドイツ国籍を持っていたユダヤ避難民も含めた。しかしユダヤ人にとって、「自分たちを迫害し、親類を殺した国は移住先として論外」だった。さすがに上海でも、イギリス社会がメディアを通じて、「まさか中国政府は、ユダヤ人を連合国の敵とみなし、彼らに屈辱を与えるはずはあるまい」と強く非難した。この方針は留保となり、一九四六年七月と一九四七年二月に行われた大規模なドイツ人の本国送還にユダヤ人は含まれなかった。

上海のユダヤ避難民の最初の大規模移住は、一九四六年七月十八日のことであった。一七六名のポーランド系ユダヤ人を乗せたジェネラル・メイグス号がアメリカへ向かったのである。彼らはアメリカから特別に呼び寄せられた、ユダヤ教の宗教指導者のラビとユダヤ神学校イェシバの学生たちで、ニューヨーク、シカゴ、ボストンなどの学校で、二〜四年間を過ごすことになっていた。

図2　オーストリアへの帰還船マリン・ファルコン号（*Shanghai Allmanac* 1946-1947, Shanghai Echo, p20）

一般枠でアメリカに移住するには、まだ時が来るのを待たなくてはならなかったが、この時期、オーストラリアが門戸を開いた。国の産業振興と経済活性化のために移民の力を必要としたことから、一九四六年に移民省を設立して、年間七万人程度の移民を受け入れる方針を決めたのである。上海からも数百名の避難民を受け入れるプログラムを立ち上げた。上海の避難民も、未来が有望で、良い暮らしを期待できる国として、移住先の選択肢の一つに見込んでいた。一九四六年七月二十八日、ジェネラル・ゴードン号に乗船した二八五名のユダヤ避難民が、シドニーに向けて出発した。同様に、十二月二十九日にも、三〇六名のユダヤ避難民が新天地のオーストラリアに向かった。

「UNRRA」の本国送還事業も進んでいた。前述のとおりドイツ系ユダヤ人は本国への帰還を断固拒否したが、オーストリア系ユダヤ人はこのプログラムで、一九四七年一月までに八一〇名が本国へ帰っていった（**図2**）。

## アメリカ移住

もっとも期待されたアメリカ合衆国への移住は停滞していて、「移民法」の改正がたびたび要請された。上海のポーランド系ユダヤ避難民も一九四七年四月に、次の書簡をアメリカの同胞に送っている。

アメリカのドアは依然、閉じられたままです。私たちは、上海のポーランド人がすぐに移住を認められるまで割当が増えることを、ずっと待ち望んでいます。親類であり、友人であり、協力者である、あなたがたにお願いがあります。あなたがたの連邦政府の議員に、この状況を知ってもらいたいのです。……私たちは本国に戻ることはありません。愛する人たちが墓の下で眠っている国には戻れません。昨日の殺人者とは握手することはできません！祖国、家族、未来を奪われた私たちには、あなたたち自由の国の一員になるしか道はないのです。

(Center for Jewish History(NY) 所蔵、Shanghai Collection)

待つこともすでに限界に達していたことが理解される。しかしこの直後、皮肉なことに、ドイツ系ユダヤ人だけがアメリカ合衆国への移住を認められることになる。というのもアメリカの「旧移民」とされるドイツ人は一八九〇年以前の移住者が多かったため、「移民法」が入国を認めるドイツ人枠も比較的多かったからである。上海の避難民の中でも、かつてドイツ国籍を持っていた人たちが入国を認められるようになった。また、ビザの取得には移住国における身元引受人を証明する宣誓供述書が必要とされたが、一九四七年五月に「集団宣誓供述書 corporate affidavit」が上海のユダヤ避難民にも認められた。これは、現在経済的な保証を確約できるアメリカ人の親類がいない避難民に対して、合衆国政府が福祉援助を請け負う制度であり、資金は「ジョイント」から貸し出されることになった。

一九四七年半ばは、上海のドイツ系ユダヤ避難民の大規模なアメリカ移住が相次いだ。六月初旬には、ジェネラル・メイグス号に乗船した五〇〇名のドイツ系ユダヤ避難民がアメリカ合衆国に向かい、一九四七年六月三十日には、ジェネラル・ゴードン号が四五六名を運んだ。結果として、七月だけでおよそ一〇〇〇名の避難民が上海を発ったが、そのうち八五六名がアメリカ、四十九名がオーストラリアに移住した。

しかしこうした状況と比べて、完全に明暗が分かれたのが、オーストリアやポーランド系のユダヤ避難民である。アメリカの「移民法」では、「新移民」に分類されたオーストリア人やポーランド人の枠はごくわずかで、彼らはどれだけ待ってもアメリカへの移住がかなわなかった。業を煮やした人たちがアメリカ行きをあきらめ、「UNRRA」の帰還事業に同意することとなった。財政的なこと、ヨーロッパの親類に再会したいという希望、気候の問題なども、上海を離れる理由になった。一九四七年七月二十五日、七〇〇名のヨーロッパ避難民が、当年最後の帰還船となったマリン・リンクス号に乗船して、ドイツやオーストリアなどに帰っていった。一九四六年十二月に第一陣、一九四七年一月に第二陣の本国送還がすでに実行されており、これでおよそ二〇〇〇名のオーストリア人が本国に帰還したことになった。彼らの悲哀を上海のイギリス紙はこう記している。

彼らは未来を冷静に見据えている。みじめな生活ぶりを予想し、大きな覚悟を決めている……多くができることならアメリカに行きたいと考えていたが、第一次大戦以前にドイツ統治下に入ったポーランドの地域に生まれたため、条件の厳しいポーランド人枠となり、アメリカ移住にはさらに二、三年が必要とされた……祖国に到着したらどう生きていくのか、彼らは何も言えなかった。

一九四八年九月までに六〇〇〇名の上海ユダヤ避難民のアメリカ移住が認められたが、そのほとんどがドイツ系であって、オーストリア系はわずか五〇〇名に過ぎなかった。

## イスラエルの建国

そんな中、上海に取り残された人々に朗報が飛び込んできた。一九四八年五月十四日のイスラエル独立宣言である。上海でも十六日の土曜日に、新国家の建国を盛大に祝うセレモニーがユダヤ人学校で開かれた。イスラエル政府も移住を希望する中国のユダヤ避難民を受け入れる方針をとった。

一九四八年十二月二十四日、イタリア・ジェノヴァ経由でイスラエルを目指す、最初の大規模移民の八九二名が上海を出発した。その乗船名簿を見ればやはり、ロシア系ユダヤ人とポーランド系ユダヤ人が目立っている。一九四九年一月二日にも、八九九名のユダヤ人を乗せたキャッスル・ビアンカ号が、イスラエルへの大規模移住の第二陣として上海を発った。その後も次々と大規模な移住船がイスラエルに向かい、最終的にはおよそ五〇〇〇名がイスラエルに渡ったとされている。

人民解放軍が上海を占領した一九四九年五月には、ドイツ系やオーストリア系の上海のユダヤ避難民一万五〇〇〇人のうち、一万三〇〇〇人は移住を完了し、上海に残っているのは一七〇〇名ほどになった。そのほかにロシア系ユダヤ人も三〇〇〇名ほどが上海に残っていたが、彼らの多くはその後イスラエルに渡っていった。こうして中華人民共和国が成立して数年を経ると、上海にユダヤ人の姿はほとんど見られなくなった。

ユダヤ人の移住先を簡単にまとめると、やはり国籍によってその命運が大きく異なったことが理解される。六〇〇〇名ほどがアメリカ合衆国に移住できたが、そのほとんどがドイツ系であった。祖国に帰還したユダヤ人も二〇〇〇名以上いたが、多くがオーストラリア系であった。その他の移住先はオーストラリアがもっとも多く、カナダ、南米などが続いた。ポーランド系やロシア系はイスラエルに移住した人が多かった。

## おわりに——現代の上海とユダヤ人の面影

上海からユダヤ人の姿が見えなくなって七十年を経たが、虹口《ホンキュウ》区の東北部では現在でも、彼らの面影を垣間見ることができる。かつて「リトル・ウィーン」と呼ばれた舟山路は、レンガ造りの西洋風の建物が当時のままに左右二〇〇メートルほどにわたって並んでいる（**図3**）。今では中国人の住居として窓の下に取り付けられた物干し棒に洗濯物がひらめいているが、かつてはユダヤ人のカフェやレストラン、アイスクリーム店などが軒を連ねていて、その上階はユダヤ人のアパートメントとなっていたところである。

図3　かつてのユダヤ人街（筆者撮影、2017年）

その舟山路を北に歩き、長陽路との十字路を西に曲がるとすぐに、かつてのユダヤ教会、「オエル・モイシェ・シナゴーグ（摩西会堂）」が目に入る。現在は「上海ユダヤ難民紀念館」（**図4**）になっていて、上海ユダヤ人の歴史散策のランドマークとされている。一九二七年に創建された荘厳な歴史建造物であるが、以前は上海ユダヤ人の当時の写真や資料をひっそりと展示していただけであった。それほど知られた場所ではなかったが、外壁などを修復し、庭に建物を復元したのち、二〇〇七年にリニューアルされ、今に至っている。そのほかこの一帯では、「ジョイント」のオフィス跡や、ユダヤ人が映画や演劇を楽しんだブロードウェイ・シアターやイースト・シアターなども当時の建物そのままに現存している。外国人の観光客も目立っており、往時をなつかしむような老人の姿もある。

ここは地下鉄十二号線の提籃橋駅を降り、徒歩五分ほどのところで、南京路など上海の中心地からはほど遠い。しかし近年、中国政府は力を入れて、ここ一帯の歩道や建物の整備

図4　上海ユダヤ難民紀念館（筆者撮影、2017年）

を進めている。それもそのはずで、この紀念館は当時の記念品や写真、文書などの「上海ユダヤ難民の歴史資料」を、ユネスコの「世界の記憶」への登録申請に向けた準備段階である。もちろんこうした復元計画には賛否両論あるが、上海ユダヤ人が残した事績を伝えるという点で、十分な意義を持つ。

二〇一五年に中国で報道された、この「世界の記憶」への申請準備のニュースは日本でも反響があり、「ユダヤ人を保護したのは日本だ」といった意見も見られ、アクチュアルな話題を提供している。たしかに日本は同盟国ナチスと同様のユダヤ人迫害政策はとらなかったし、彼らを上海から締め出すこともなかった。しかし、もっとも困難な時代としてユダヤ避難民が記憶しているのが、「上海ゲットー」の二年間であったことも忘れてはならない。移住への「準備期間」となった戦後に、以前の環境を取り戻し、その後「目的地」のアメリカやイスラエルなど、それぞれが移住していったことは、これまで見てきたところである。

上海のユダヤ人がこうした過去の記憶を振り返ったとき、みな一様に、上海に逃げてきた境遇を幸運であったとしている。そして、自分たちの命をつなぐことを可能としたのは、上海租界という場の存在であったことも認めている。その上海の街に今でも残るユダヤ人の面影は、私たちがユダヤ人と上海との関係性を思案するにおいて、重要なしるべとなっているはずである。

# 上海から京都へ——「高博愛」(Charles Grosbois)の戦後

趙 怡

シャルル・グロボワ(Charles Grosbois、一八九三—一九七二、中国語名は高博愛)は、長年フランス租界の教育文化界の首長として、東西文化の交流に多大な貢献を与えた人物であった。しかし今は上海史研究の専門家すらも彼の名を知るものが少ない。本稿は三十年以上も上海に暮らし、戦後日本に渡ったその数奇な人生を、一次資料に基づき検証しつつ、かつてフランス~上海~京都を巡る文化ネットワークが存在していた事実を浮き彫りにしたい。

## 一、「高博愛」という名を持つフランス人

### フランス租界教育文化界の重鎮

フランス中部のブールジュ市に生まれたグロボワは、古典文学と音楽学両方の学位を得た逸材だった。二十一歳で第一世界大戦に出征し、右腕を失う。一九一九年上海に渡り、租界公董《こうとう》局管轄の中学校に勤務し、翌年校長となる。数々の改革を施し、本来居留民の子弟校に過ぎなかった学校の教育内容と水準を、短期間にフランス本土の教育システムにリンクできるように向上させ、一九二七年にはリセ相当のle Collège Municipal Français(法国公学)(中国語の「法国」はフランスの意味)に昇格させた。敏腕な教育家として、彼が手がけた中仏の教育機構は数十校に上る。左翼的な思想の持ち主でありながら、居留民の間には絶大な人気を得ていた。またアリアンス・フランセーズの中国代表と公董局教育処処長も務め、長年にわたりフランス租界の教育文化界のトップの座

ちょう・い——関西学院大学教授 専門は比較文学・比較文化。主な著書・論文に「一九二〇年代の上海における日中文化人の交流——金子光晴・森三千代の場合を中心に」(川本皓嗣・上垣外憲一編『一九二〇年代東アジアの文化交流』思文閣出版、二〇一〇年)、大橋毅彦・趙怡ほか編『上海租界与蘭心大戯院』(上海人民出版社、二〇一五年)、「研究上海法租界史不可或缺的史料宝庫——《法文上海日報》(*Le Journal de Shanghai*, 1927-1945)」(馬軍・蒋傑編『上海法租界史研究』第二輯、二〇一七年)などがある。

図1　義肢で書くグロボワ（蒋傑氏提供）

にあった（上海档案館所蔵外国籍職員登記簿（1943, U38-1-1457）、Guy Brossollet, *Les Français de Shanghai, 1849-1949*, Belin, 1999など参照）。

音楽学も専攻していただけに、グロボワは音楽造詣も深かった。上海には「極東一」と評された工部局所属の交響楽団があり、ライシャム劇場（蘭心大戯院、九一頁参照）を拠点に日曜コンサートを行っている（榎本泰子『上海オーケストラ物語　西洋人音楽家たちの夢』春秋社、二〇〇六年参照）。それを詳しく報道したのは、租界で発行されたフランス語の新聞“*Le Journal de Shanghai*(法文上海日報、1927-1945)”だった。自ら楽団委員会の委員と新聞の理事も務めたグロボワは、新聞に「上海の音楽」と題する評論欄を設け、日曜コンサートをほぼ毎週欠かさず評している。楽団の演奏を専門的な見地から評するだけでなく、曲目や音楽家についても丁寧に解説し、西洋音楽の啓蒙と伝播に尽力した。また日中両国の音楽にも関心と理解を示し、支持を惜しまなかった（大橋毅彦・趙怡ほか編『上海租界与蘭心大戯院』上海人民出版社、大橋毅彦ほか編『アジア遊学一八三　上海租界の劇場文化』勉誠出版、共に二〇一五年）。さらにロシア居留民の音楽協会の理事も務め、「上海バレエ・リュス」の創立と発展にも大きく貢献した（井口淳子『亡命者たちの上海楽壇：租界の音楽とバレエ』音楽之友社、二〇一九年）。

優れた音楽評論家であっただけでなく、グロボワは優れたバイオリン奏者でもあり、白系ロシア人のピアニストの妻と共演したこともしばしばだった。右手が義肢だったにもかかわらず、だ。筆者は義肢でペンを握っているグロボワの写真を見て驚いたが（**図1**）、バイオリン奏者の友人によると、義肢でバイオリンを弾くことは遥かに難しく、想像を絶する努力を要するという。すなわちグロボワという人物は、優れた教育者、文学者、音楽評論家だった一方、戦場で生死の試練を経験し、ストイックな軍人の顔も持っていた。実際彼はフランス租界の義勇団団長も長年務めたのである。

## 中仏文化交流のキー・パーソン

「租界」として発展を遂げた上海は、半植民地的な色合いが濃く、上海にやってきた西洋人の多くが支配者として君臨していた。十九世紀末に設立されたアリアンス・フランセーズも、もとはフランス政府の植民地支配を扶助する機構であり、フランスの言語と文化を推し進める背後に、「文化の植民支配」の意図も見え隠れしている。しかしグロボワは終始東西文化の相互交流を唱え、上海に渡った当初からそれを実現しようと努めた。

二十世紀初期、中国では西洋文明の輸入を目的とする海外留学がブームとなった。同盟会のリーダーたちである蔡元《さいげん》培《ばい》、李石曾《りせきそ》、汪兆銘（汪精衛）、呉稚暉《ごちき》、褚民誼《ちょみんぎ》らは、民国初年（一九一二）に北京で「留法倹学会」、一九一五年にパリで「華法教育会」をそれぞれ設立し、フランス留学運動を進めた。さらに第一次世界大戦中にフランスへ赴いた中国人労働者を援助するために、李石曾らはパリで「勤工倹学会」も設立した。「五四運動」の後にフランスへの「勤工倹学」（働きながら勉強する）運動が高潮に達し、一九一九年から一年余りで全国各地から約一六〇〇名の学生が上海経由でフランスへ赴いた。その中には後に中国共産党の指導者となる陳毅《ちんき》（中華人民共和国初代上海市長、後に外交部長）、鄧小平、周恩来らもいた。奇しくも当時留学を斡旋する上海「華法教育会」のフランス側の代表を務めたのは、ほかならぬグロボワだった。彼は留学生たちのパスポートの発行や船の切符の手配などに助力しただけでなく、フランス教育界の代表として数々の送別会に出席し、旅立つ留学生たちに情熱あふれるスピーチを送った。国共両党が合作と分裂を繰り返していく歴史のなか、両方の上層部とパイプを持つことは、グロボワの人生に大きな影響を与えただろう。

「勤工倹学」運動が下火になってからは、グロボワはアリアンス・フランセーズを中仏文化交流の場として発展させた（李石曾と褚民誼は理事であった）。その上海支部が一九一二年公董局管轄の学校、つまりグロボワの勤務先に設立されたが、それほど目ぼしい活動はなかった。一九二〇年に校長になったグロボワは、早速校内に中国人向けのフランス語教室を開き、中仏の文化人が交流できる組織の成立も模索し始めた。一九二六年、環龍路（現南昌路）にあったフランス・クラブが現茂名南路に建設された新しい会所（現花園飯店の跡地）に移り、空いた建物にグロボワの学校が移転した（翌年にCollègeに昇格）。フランス公園に面している横長の雄大な校舎（現科学会堂）は、六〇〇人を収容できる講堂と大小の会議室を有している（**図2**）。同じく構内に移ったアリアンス・

図2　法国公学とアリアンス・フランセーズが同居している校舎（*Le Journal de Shanghai*, 1930年7月13日, p20）

フランセーズは、近くにあるフランス・クラブと公董局のホールと共に、フランス居留民の主な社交場となった。

## 「中法聯誼会」の設立

一九三三年、グロボワは中仏両国の文化人と共に、アリアンス・フランセーズの下部組織「中法聯《れん》誼《ぎ》会」（Association Amicale Sino-Française,「聯誼」は親睦の意味）を創立した。彼は自ら組織の目的、入会条件、活動内容を規定する詳細な規程を作りあげ、とりわけ中仏文化の相互交流を重視し、会長と副会長職を中仏の文化人が順番で担当することを決めた。十二月三日、アリアンス・フランセーズの大講堂で創設大会が行われ、中仏両国の政府要人と文化人が一〇〇名あまり出席し、行政院長汪兆銘と鉄道部長曾仲鳴《そちゅうめい》からの祝賀電報も届いた。会員数が二〇〇人に上り、中国人とフランス人それぞれ八名ずつの理事が選出され、その中から王景岐《おうけいき》（元駐ベルギー公使）が会長、グロボワが副会長に指名された（次年度はグロボワが会長を務める）。またグロボワの提案によって、フランス公使への送別会も兼ねて、十五日にフランス・クラブで盛大な「中法聯誼会」成立祝賀会が開かれた。二〇〇人を超えた参加者には、公使と駐上海総領事を含むフランス租界の首脳たちと共に、李石曾《りせきそ》、蔡元培、褚民誼らの政府要人も名を連ねている。翌年の春、「中法聯誼会」はフランス領事館から資金援助を得て、近くにある庭付きの洋館を買い上げ、専用の会所にして活動を一層広げた。

注目したいことに、アリアンス・フランセーズと「中法聯誼会」は、グロボワの人脈もあって、上海の文化人に中仏文化交流のプラットホームを提供しただけでなく、公董局所轄の法国公学や震旦大学、中法工商学院などとも連動し、さらに林風眠《りんふうみん》の西湖国立芸専、劉海粟《りゅうかいぞく》の上海美専、蕭友梅《しょうゆうばい》の国立音専、徐仲年《じょちゅうねん》らの文芸茶話会などの文化機構とも活発に交流を行っている。そこからは数々の講演会、コンサート、演劇、美術展覧会または宴会や茶話会が行われ、その詳細は常に『中報』や『法文上海日報』などのメディアに報じられ、上海文化界の注目を集めている。多種多様な文化ネットワークを通して行われた東西文化の交流と融合は、文学、美術、演劇、映画、音楽などの各領域を通して、上海のモダニズム文化（「海派《かいは》文化」）の誕生と発展に大きく寄与したのである。

しかし絢爛多彩な「海派文化」の発展が、まもなく日本の侵略によって断ち切られる。

## 二、グロボワの戦時と「戦後」

### 戦時下の活動

二度の上海事変による戦禍と日本の支配は、当然フランス人居留民の生活も暗転させた。グロボワの中国友人も、抗日組と協力組に分けられてしまう。徐仲年と林風眠が務め先と共に重慶に移住したが、汪兆銘の腹心である褚民誼は南京政府の行政院副院長兼外交部部長に任命され、駐日大使も務めた。「中法聯誼会」の理事でもあった褚民誼は、のちに「中日文化協会」を提案、発足し、自ら理事長も務めたが、彼が作りあげた協会の規則とその運営において、「中法聯誼会」からの影響が濃厚だったと思われる。かつて経験していた和《わ》気藹々《きあいあい》な中仏間の文化交流を、日本との間にも再現させせようと思ったただろうか。その期待が見事に外れたのは歴史の皮肉としか言いようがないだろう。

太平洋戦争の勃発により共同租界が日本軍に占領され、日本管理下の“*The Shanghai Evening Post and Mercury*（大美晩報）”を除いて、主な英字新聞がほぼ停刊し、『申報』も日本支配下に置かれた。しかし日本とヴィシー政権との良好な関係によってフランス租界は日本側への協力を一部強いられたものの、占領はされなかった。『法文上海日報』も停刊を免れ、西側のメディアとして交戦国以外の視点を提供し続けている。

上海のフランス居留民もヴィシー政権とド・ゴール派の間に揺れ動く。「自由フランス」を組織し、フランスへ義勇軍を送り出す行動に出た人びとも多数現れ、グロボワ自身もリーダーの一人となった。一方、ドイツの侵略に憤慨し、レジスタンスに同情的とはいえ、合法的に組閣されたヴィシー政権に外交官として服従すべき意識も、総領事を始め、公董局の主要メンバーには共通している。彼らはヴィシー政権に従いながら、上海の「自由フランス」には「見て見ぬ振りをしていた」（蒋傑「〝自由法国〟運動在上海（一九四〇―四二）」『史林』二〇一六年五月）。フランス語新聞も日本関連の記事を大幅に増加した一方、中日に対しては努めて中立的な立場を保ち、翼賛言論に充満されていた日中のメディアとは一線を画している。一九四三年七月にフランス租界は汪兆銘政権に返還され、グロボワの公董局教育処処長の職務も終了した。戦後彼はフランス大使館に転任し、文化参事官になった。この時期の活動について、『申報』を通して少し見ることができる。一九四六年十二月二十二日（日）の紙面に、当日南京路の大新デパートにある「五層楼酒家」で抗戦勝利後の第九回「文芸茶話会」が行われ、パリから戻ってきたばかりの「法国大使館文化専員高博愛（Mr. Grosbois）」が、フランス文化界の動向について報告する予告が載せられている。一九四八年五月十六日にも、上海の作家協会と青年館が主催した「当代世界概況」講座に、「法国大使館文化処処長高博愛（Grosbois）」が「当代フランス概況」について講義するという。いずれも中法聯誼会の中心メンバーだった徐仲年が通訳する。徐は中央大学と共に重慶に移ったが、戦後再び南京と上海を行き来しながら戦前よりも増して活動している。しかし戦時中上海と南京に残ったかつての仲間たちは、「漢奸」と断罪される者もいれば、褚民誼のような、処刑された者すらいた。彼らとの関わりは中法聯誼会にも暗い影を落としたが、ド・ゴール派のグロボワはむしろ名声が一層高まったに違いない。五月二十八日の『申報』には、アリアンス・フランセーズが行うコンサートの前に、高博愛が二人の作曲家について紹介するといった記事もあり、音楽評論家としての活動も続いている模様である。

一九四五年八月以降の三年間は、日本では「戦後」になったとしても、中国にとっては再び内戦に突入する「戦時中」だった。多くの知識人は、八年にも及んだ抗戦の勝利に酔いしれ、重慶から戻ってきた蔣介石政府に多大な期待を寄せたが、次第にその失政に失望し始める。この体験は、これまで中国の友人と運命を共にしてきたグロボワも共有した。彼のこうした心情の変化を、フランス語のメディアを通して探ることができる。

## 『法文上海日報』の後続紙

フランス租界が返還された後も、『法文上海日報』が紙面を減らしたり、縮小したりして細々と発行を続けたが、一九四五年三月をもって終刊した（寡聞の限り、現存の紙面は京都大学が所蔵する一九四四年十一月の部分が最後である）。日本敗戦後、『字林西報』などの外字新聞が次々と復刊した一方、『法文上海日報』は復刊することなく、代わりに一九四五年九月十六日に“*Le Courrier de Chine*(中法日報)”が創刊された。紙面のレイアウトは前者と大差ないものの、創刊号が紙一面の両面しかなかった。しかしその売値がなんと一〇〇〇ドルだった。一枚目の中央にド・ゴール将軍の写真を据え、その左に社説「新たなフランスへ」が、右にグロボワによる「中法日報」（二面へ続く）と題する長文が掲載されている。グロボワは『法文上海日報』に対して戦時中ヴィシー政権のプロパガンダの道具に化したと厳しく糾弾し、それが故に同紙が復刊されず、新たに『中法日報』が創刊された経緯を説明している。「中法日報社申請登記表」（一九四六年二月八日）によると、新聞の発行者は中国人の汪代璽《おうだいじ》で、編集長はフランス人の**Le Palud**だった。なお後者は『法文上海日報』の主な執筆者でもあった。社屋はその前身と同じ公館馬路二三号にあり、発行部数は七〇〇部であった（上海档案馆所藏「中法日報巻宗」）。芸術とアジア重視の方針も継承され、グロボワも毎週ではないものの、「上海の音楽」欄を継続している。また戦後の日本に対する関心も高く、特集記事が多く組まれている。

一九四六年三月二十九日の新聞に、グロボワの生い立ちと功績を紹介する長文が掲載され、フランス租界の教育文化、とりわけ東西の文化交流における彼の活動が詳細に記されている。作者はグロボワの音楽に関する素養と貢献も高く評価し、彼が工部局楽団委員会の委員と幾つもの音楽団体の組織者または理事であり、ロシア居留民の音楽活動にも多大な援助を与えたことを述べている。グロボワがフランスだけでなく、全人類の文学芸術も愛しているという賛辞からも、彼の高い人望が伺える（P. G. M. Ch. Grosbois est parti pour la France en congé, *Le Courrier de Chine*, 29 Mars 1946, p4）。

しかし内戦と経済の混乱により『中法日報』の刊行が困難を極め、一九四六年暮れに終刊を強いられた。年を明けたすぐの一月五日に、新聞は紙面をひと回り縮小して"*Courrier de Chine*（中法週報）"として再生した。発行日が日曜日。しかしこれも二十二期しか発行できず、六月一日に再び終刊となった。そして三週間後の六月二十二日（土）に、今度は雑誌"*Bulletin Français Hebdomadaire*（法文週刊）"が新たに創刊された。社屋もこれまで同様（公館馬路はその時期すでに金陵東路と改名）であり、資本金が二億八八〇〇万元という、当時の凄まじいインフレの実態を垣間見させる額だった（上海档案館所蔵档案、G6-12-70）。しかも最初の十五期は数枚の薄い紙に文字がタイピングされた粗末なものだった。十月に入ると財源が確保されただろうか、雑誌の質と枚数が大幅に向上した（翌月三日二十期より発行日が月曜日に）。その後も順調に発行を続け、一九四九年九月二十七日、中華人民共和国が成立する直前に終刊するまで、『中法週刊』は二年三ケ月を通して、計一一七期を発行している。

『法文上海日報』の後続紙について、これまでの研究で『中法日報』に関する多少の言及があったものの、その実態は不明であり、『中法週報』と『法文週刊』（共に上海図書館徐家匯蔵書楼所蔵）に至ってはその存在すらほとんど知られていない。内戦時期のフランス租界の状況を詳細に報道したこれらの史料は極めて貴重であり、早急な調査が必要である。
そしてこれらの後続紙に、グロボワは多く関与したと思われる。『中法日報』には創刊自体に関わったと見て良いだろうし、『中法週報』と『法文週刊』にも時折寄稿している。そこからは、彼が国民政府に対する態度の変化もはっきりと見て取れるのである。

## 二篇の「双十節」社説

一九四七年十月十一日(土)に刊行された『法文週刊』第十七期は、国慶節「双十節」(十月十日)を記念する特集だった。巻頭にグロボワがフランス大使館文化参事官として書いたLe Double Dix(双十節)という長文が掲載されている。作者は「双十節」の由来となる辛亥革命の過程を回顧し、とりわけ秋瑾《しゅうきん》女史らの女性革命家の活動を賞賛している。中国の歴史に関するグロボワの知識が的確であり、孫文の三民主義への理解も十分に示されている。彼は、多くの困難を経験しながらも、自由と民主主義の道を歩んできた国民政府の努力を高く評価している。そして中国革命家の多くはモンテスキューが代表するフランスの思想家からも多くの影響を受けたと指摘したうえで、以下のように述べている。

今日、ここ中国で、我々は同盟会の勝利を祝い、双十節の選定に嬉しく思う。なぜなら、この祝日は自由の象徴であるからだ。その歴史は、先ほど私が素早く回顧した通り、すでに数え切れないほどの苦難を経験したが、今後はきっとより新しい、より美しい世界を迎えることができるだろうと信じているからだ。中国はすでに世界の未来を掌握している大国の中に己の地位を得た。しかもその博大さと叡智、並びに寛容と公正の精神を持ってこの地位を維持することができるだろう。

(Charles Grosbois, Double Dix, *Bulletin Français Hebdomadaire*, le 11 Octobre 1947, p8、筆者訳。以下同)

内戦の真っ最中だったにもかかわらず、グロボワは依然蒋介石の国民政府に対して手放しの賞賛と信頼、そしてエールを送っている。この年の元日に、前年の末に国民大会を通過した中華民国憲法が公布され、二ケ月後の十二月二十五日に実施される予定であり、中華民国は初めて憲政時代に入ろうとしている。『字林西報』も数十枚に及ぶ「双十節」特集を打ち出しており、国民政府がようやく欧米諸国の仲間入りを果たせたという祝賀ムードが、当時の多くのメディアにも漂っている。

翌年の双十節に、グロボワは再びDix Octobre(十月十日)と題する一文を寄せ、前年よりも詳しく辛亥革命の歴史を回顧した。また辛亥革命の経験者だった友人の談話として、革命の最中よりも、準備段階と革命後の成果を保つ段階がより困難だったことを述べている。さらに革命のために命を捧げた徐錫麟《じょしゃくりん》や、秋瑾女史らの事績を、極めて文学的な筆致で描き上げている。そして最後に「今日は、今日は……」と言葉を詰まらせながら発した友人の口を借りて、以下のように文章を結んでいる。

我が中国はかつていつも偉大な国だった。そして未来も偉大な国になるだろう。われわれはただその運命を信じなければならない。信じる、献身する、そして行動するだけだ。

(Charles Grosbois, Dix Octobre, *Bulletin Français Hebdomadaire*, le 11 Octobre 1948, p8)

一年前の期待と情熱に満ち溢れた文章と比べると、明らかにトーンダウンした。辛亥革命の歴史への追憶の裏には、現政権への失望と批判が見え隠れしている。表紙に蔣介石の軍服姿を大きく掲げた今度の特集は、もはや国民政府への挽歌になってしまった。

**新政権への期待**

前述したように、グロボワは上海に来た早々、フランス側の代表としてフランスへ旅たつ留学生たちの世話役を務めたが、留学生の中には周恩来もいた。一九四六年、国民党との談判のため、周恩来が共産党代表団を率いて上海に駐在したが、「周公館」と呼ばれるその事務所は現在の思南路七一と七三号の洋館に入っており、思南路八一号にあったグロボワの自宅とは、実に目と鼻の距離だった。二人の間にはなんらかの交流があったのではないかと思わず想像を馳せる。中国の未来を案じ、国共両党に揺れ動くグロボワの心情は、おそらく多くの外国人居留民の思惑とも共通している。内戦末期に至ると国民政府はその腐敗と失政によって日に日に民意を失い、逆に北京と上海を平和的に解放した共産党の方が、外国人居留民の好感を得た。『法文週刊』にも一夜にして上海の街に現れた解放軍の様子を好奇と好意の筆致で描いた記事が見られる。一九四九年のフランス祭も例年通りに特集号を出しており、フランス居留民たちの暮らしが概ね平穏だったことが伺える。

蔣介石を支持するアメリカと異なって、フランス政府は、中華人民共和国との関係も模索したようである。グロボワも上海に住み続け、新政府に期待を寄せている。一九五二年彼は"*Politique étrangère*(外国政治)"という雑誌に**La Chine en nouvelle démocratie**(新しい民主主義の中国)と題する長文を連載し、中華人民共和国の政治、社会、教育、文化などを全面的に紹介している。西側のメディアを排除したことには批判的だったものの、制度も社会も全てが「新しい」もので、希望があると力説している。

多くの外国居留民が中国を離れたなか、グロボワは上海に残り、新しい中国の建設に関わろうとした。しかしその熱意も虚しく、一九五二年、彼は西側の最後の外交官の一員として、フランス領事館の閉鎖を見届けて、三十年以上も住み続けた上海を去った。しかし彼の行く先は、祖国のフランスでなく、日本の京都だった。

## 三、京都で過ごした日々

### 関西日仏学館館長として

上海から離れたグロボワは、朝鮮半島への訪問とユネスコでの短期勤務を経て、一九五三年十月より六年間にわたり、関西日仏学館の七代目館長を務めた。関西日仏学館（Institut Franco-Japonais du Kansai）は、フランスの詩人大使ポール・クロデール（Paul Claudel, 一八六八—一九五五）の尽力によって、一九二七年京都の九条山に設立された。一九三六年、大阪商工会議所会頭で貴族院議員だった稲畑勝太郎の助力によって、京都市内に移転された（現在のアンスティチュ・フランセ関西）。藤田嗣治画伯も移転祝いに大型油絵を描いて送った（現在も入り口正面の壁に掛かっている）。一九二四年同じくクロデールの尽力によって設立された東京の日仏会館と共に、日仏文化交流の中心だった。学館の動向は当時から上海に伝わり、紹介記事が時折『法文上海日報』にも掲載されている（図3）。また学館と道路を挟んだ京都大学には、一九四二年四月より四四年十一月に至るまでの『法文上海日報』が所蔵されており、京都帝国大学の教官たちもかつてこの新聞を上海から購読したのである。

現在学館の歴史を調査している京都大学立木康介准教授が率いる研究班の協力もあって、いくつかの事実が判明できた。まず上海のアリアンス・フランセーズが所有していた三〇〇〇冊余りの書籍が、戦後学館に移送されたのである。立派な図書館と数万冊の蔵書量を所有していた上海アリアンス・フランセーズは、図書館に納品する全ての書籍に番号を振り、そのリストがフランス語の新聞にも掲載されていた。日仏学館の蔵書には「No.2」と印字されているバルザックの小説も含まれている。戦後これらの書籍の多くが散逸したが、その一部は関西日仏学館と東京の日仏会館に移送された。それにはグロボワの尽力もあったに違いない。長年積み上げてきた資産のほとんどを失ったフランス人が、祖国の文学や歴史関連の書籍を、何よりも大事にしたその行動に、思わず心を打たれた。

上海の豪華な校舎と住宅に比べて、関西日仏学館の建物は質素だった。それでもグロボワは夫人と共に、上海にいた時と同様に、様々な講演会、コンサート、晩餐会を主催し、学館を文化交流のサロンに化した。一九五八年、京都がパリと姉妹都市を締結した際、パリ市の代表として祝賀パーティでスピーチを行ったのもグロボワだった。

Le Journal de Shanghai
ORGANE DES INTÉRÊTS FRANÇAIS EN EXTRÊME-ORIENT
L'Inauguration de l'Institut Franco-Japonais de Kyoto

図3『法文上海日報』に掲載されている関西日仏学館移転の記事（*Le Journal de Shanghai*, 1936年6月14日, p5）

## 日本への思い

京都時期のグロボワについて、フランス文学者で京都大学名誉教授の中川久定（一九三一―二〇一七）は、以下のように回顧している。

> 大学院修士課程の学生であった私は、関西日仏学館で、館長グロボワ先生から週一回、午前中の授業を受けていた。毎回書き取りがあり、厳しく採点されているうちに、最後に残った受講生は私ひとりになった。それから学期の終わるまでの一ケ月間、土曜、日曜を除き毎朝、私だけに三時間の演習が行われた。狭い教室で、辞書『リトレ・エ・ボージャン』だけを与えられ、課題論文を書かされるのである。その題を一つあげるとすれば、「事実（fait）とは何か」であった。翌朝には答案が返されたが、いたるところに真っ赤な斜線が引かれていた。（中略）私はその後、東京日仏学院でフランス政府給費留学生選抜試験を受けようとしていた。その私のために、グロボワ先生が書いてくださった推薦文の中には、次の言葉があった。……中川は、「精神の独創的な形（une forme d'esprit originale）」を備えている青年である。それ故、彼を「特に強く（tout particulièrement）」推薦する、と。私は二十八歳であった。
> （中川久定「わたしの近況（二〇一二年夏）二十八歳から八十一歳まで」http://bunkyoken.kawai-juku.ac.jp/researcher/post_78.html）

ところで中川氏が言及したフランス政府給費留学生選抜試

今週登壇
関西日仏学館長
京都とパリの留学生交換
ぜひ軌道にのせてほしい

図4　京都を離れる前にインタビューを受けたグロボワの記事の切り抜き（掲載紙・日付不明。アンスティチュ・フランセ関西の館長秘書長谷川さと子氏提供）

験を、東京大学名誉教授の平川祐弘氏もかつて受けていた。しかも面接官の一人がグロボワ本人だった。義肢で軍人のように見えたグロボワは、東大の学生には厳しく、京大の学生には甘いという噂が東大生の間に伝わっていて、平川氏もそれを感じたと筆者に語った。自分の教え子に対して厳しさと温かさを併せ持つグロボワの情念は、彼が京都を離れる前に受けたインタビューからも感じられる（**図4**）。グロボワは日本の若者が勤勉だが、勇気がやや足りないと指摘し、今後は専門知識に囚われず、広い視野と素養を持つよう努力すべきだと期待を込めて話した。また日本と京都に対する印象も語った。彼は一九三一年頃、休暇を利用して日本を周遊したが、その時すでに京都と奈良に魅了されたという。京都の街と建築に心酔したグロボワは、こたつと風呂、刺身とそばにも慣れて、京都の市民と一緒に映画館に座る時は、まるで家族と一緒だったような感じさえしたと述べている。

一九五九年フランスに帰国するまで、グロボワは実に四十年もの長い年月を極東の地で過ごしたのである。彼は一九七二年フランスでその生涯を閉じたが、『徒然草』と『方丈記』の翻訳や、浮世絵の春画研究を含む日本文学・文化関係の著作も多数刊行している。

西洋の価値観と文化を一方的に押し付けることをせず、常に東西文化を対等に融合させる心構えを持って異国の人々と接する。これが、グロボワの人となりの特徴だったと言えよう。中国の友人に付けられた「高博愛」(Gao bo'ai) という名は、実に彼の人柄と、上海の人々が持っていた彼への敬愛の情を、最高に物語っているのである。

# 戦後上海に残留する日本人(一九四六〜一九四九)

陳　祖恩(訳:及川淳子)

戦後の上海において国民政府により「留用」された技術者を中心とする日本人居留民の歴史は、「捨て石と貢献」という役割の転換から、戦争と平和に対してさらに多くの反省と思考を人びとに呼び起こすだろう。

## はじめに

一九四五年の日本敗戦後、国民政府の送還政策に基づいて、上海の日本人居留民は九月十三日に虹口《ホンキュウ》の集中居住区に転入した。十二月四日、日本人居留民の第一陣が送還され、一九四六年五月までに送還事業は基本的に終了した。

上海は国際都市として、その大部分がほかの省からの移民や外国からの移民で成り立っている。多くの日本人居留民も、実際のところは上海の移民であり、彼らは上海を自分たちの第二の故郷と考え、上海で末永く仕事や生活をしたいと望んでいたが、日本の敗戦という結末を迎え、彼らの夢は打ち砕かれた。

技術者を中心とする少数の日本人居留民は、国民政府によって「留用」という名目で引き続き上海で生活し、戦後のグレーゾーンにおける特殊な人々となった。彼らの氏名は檔《とう》案《あん》(公式文書)に残されたが、社会から関心を持たれることはなかった。本稿は「捨て石と貢献」という視点に基づき、様々な日本人居留民の職業から、上海における敗戦国の居留民たちの最後の生活状況を再現する。

ちん・そおん——上海社会科学院歴史研究所特聘研究員。専門は中国近現代史、中日関係史。主な著書に『上海日僑社会生活史』(上海辞书出版社、二〇〇九年)、『上海的日本文化地図』(上海锦绣文章出版社、二〇一〇年)、『上海　記憶的散歩』(上海人民出版社、二〇一八年)などがある。
おいかわ・じゅんこ——中央大学文学部准教授。専門は現代中国社会。主な著書に『現代中国の言論空間と政治文化』(御茶の水書房、二〇一二年)、『新全体主義の思想史』(張博樹著、共訳、白水社、二〇一九年)などがある。

## 一、紡績技術者――捨て石と貢献

日本資本の紡績企業は、戦後の上海において接収の重点であった。「資産が豊富で、設備規模は巨大であり、屈指の存在というべきである」と自慢した中国紡織建設公司は、国民政府が日本の資産を接収する過程で誕生したもので、その工場設備の主要な部分は接収された日系資本の紡績企業だった。「抗日戦争の勝利後、政府は傀儡政権の工場を接収し、中国紡織建設公司を設立したが、その組織は巨大で、紡績事業として歴史的にもそれまでないものだった」、「日本の商人が経営した紡績事業は、大いに発達していた」、「優れた機械設備を有していた」と言われていた。しかし、技術者不足が深刻であったため、中国紡織建設公司は、当時、高校の卒業生から人員を選抜し、綿の紡績、ウールの紡績、染色の三科目を設けて、二年間の紡績と染色の専門教育を行い、「半日は授業を受け、半日は実習を行った」。

日本人技術者は、敗戦国の日本人居留民の一員として、時代の流れの中で捨て去られた石ころだったが、豊田紡績工場の経営者であった西川秋次は、部下に対し「戦後の復興をめざす中国にとって最も必要なのは我々日本の技術である。戦後、我々は工場を失ったが、技術はまだ残っている。これはまさに、中国が必要とする技術なのだから、我々は捨て石ではなく、中国の復興と祖国日本の再建のために先駆者となることができるのだ」という訓辞を残していた。西川の言葉は、多くの日本人技術者の思いと一致している。豊田紡織工場技術部長の鈴木金作は、自身の留用決定について、「日本は早くから文化、仏教、徳育、産業などの面で中国から恩恵を受けたのだから、我々は必ず恩返しをするべきだ。終戦後、事業を通して両国の民間で友好関係を結び、共存共栄の道を切り開くために、君はこの大いなる精神に基づいて仕事をすべきだ」と述べた西川の教育から影響を受けたと回顧している。

そこで、西川秋次は日本政府の駐中国代表である堀内干城《たてき》を通じて、行政院院長臨時駐上海事務所主任の彭学沛《ほうがくはい》に対し、上海に在留して豊田式の紡績機械を製造し、中国が紡績機械の自給を実現するよう手伝いたいとの希望を伝えた。日本人技術者の提案は、まさに国民政府の意思にも添うものだった。西川の提案書を受け取った後、行政院長の宋子文《そうしぶん》は自ら表に出て西川と会談を行った。会談に参加した中国側代表には、彭学沛も含まれ、日本側代表には堀内干城および西川の二人の部下である第二工場工場長の伊沢庄太郎と技術部長の鈴木金作も参加した。宋子文は、「書簡を拝読して、貴殿の誠意を理解した。中国の紡織事業の復興に、ぜひとも協力していただかなければならない」と表明した。西川はそれに対して、出来るだけ早く計画を提出する旨を表明し、「戦勝国が敗戦国の国民に対して誠意をもって技術協力を求めるということは、世界の戦争史においてまれに見ることとである」と語った。

会談後、西川と豊田関係の工場の職員は打ち合わせを行い、以下の人員を残留させることに決定した。三好静一郎（専務、常務理事）、鈴木金作（理事、技術部長）、須藤三郎（工場長）、伊沢庄太郎（第二工場長）、稲葉勝三（紡績営業課）、松本銀蔵（織布保全）、井田金一（紡績機械制造）、服部京一（紡績保全）、稲葉賢三（紡績技術）、小林源太郎（紡績機械設計）、神野勲（材料計算、工程管理）、片岡宗太郎（紡績機器製造）、佐二木真作（鋳造）、岡田清一（組み立て）、金子政男（機械）等である。

国営の中国紡織建設公司において、日本人技術者一三〇名が留用され、西川が顧問に就任し、生産部、技術部、業務部、財務部、計画部などの重要なポストはいずれも日本人技術者が担当した。日本人技術者は、原則的には本人の留用申請によって許可された。留用の待遇は、中国人技術者と同等の職務待遇と給与を受けた。職務内容は技術関連の業務に限られ、経理、工場長などの行政職務を与えてはならなかった。日本人技術者には宿舎が提供されたほか、医薬品および子女の教育費用が支給され、留用された技術者が毎月の給与を本国の家族に生活費として為替送金することも同意した。

一九四六年七月、上海留用日本人居留民技術者互助会が成立した。登録者は二六〇〇名余りで、西川が理事長に就任し、九月には「上海残留日本人居留民事務連絡所」と改名した。

国民政府は西川秋次に国民政府の陸軍少将クラスの待遇を与え、通訳を配置し、毎日の出勤時には行政院の専用車で送迎した。西川が住居した施高塔路（スコット路、現在の山陰路）二九号の門には、「この住宅は日本人居留民西川秋次の住宅であり、いかなる者の侵入も許さず、違反者は厳罰に処す」という行政院副院長の布告が張り出されていた。同時期、留用された日本人居留民の中で、西川のほかにも高級住宅に住んでいたのは、堀内干城（狄思威路（デキスエル路）五五八番）、山田純三郎（狄思威路六二四番）の二人だった。狄思威路は現在の溧陽路で、二つの建築はいずれも一九一〇年代に建築されたイギリス式の一戸建て住宅である。

西川は酒や色気に染まることなく、苦行僧のような生活を送った。上海で仕事をしていた期間、気力を鍛えるために、毎朝冷水で入浴し、剛毛のブラシで体を摩擦することを続けた。留用後、彼は毎日会社から各工場を巡回し、優れた製品を製造するために努力するよう全員を激励した。当時の中国は内戦が続き、政治と治安の不安定や財政と経済の悪化に直面していた。人々の生活を脅かす労働問題は日増しに深刻化し、材料の入手が困難になり、生産を妨げ、将来を推測することが難しかった。しかし、留用された日本人技術者は一貫して、黙々と仕事の持ち場を守った。

中国残留日本人技術者の貢献について、当時の日本側の調査報告も相応の評価を行っている。

「技術者たちは、かつて中国にあった紡績工場の後継である中紡公司の運営に協力し、日本の紡績の優秀な技術によって中国の紡績の復興を助け、その発展を推進した。」

「紡績は平和を代表する産業である。日本内地の紡績業は日本経済再興の支柱でもあり、中国紡績の復興は中国経済復興の核心でもある。その意味で、中紡公司が日系の技術者を中国で留用したことは、かつて中国で営まれた紡績工場を有効活用し、同時に中国の経済をさらに前進させることにもなる。この事実は、中国での紡績業の強大な投資を評価すると同時に、その付加価値の意義を表している。」

（大蔵省管理局『日本人の海外活動に関する歴史的調査』通巻第二十七冊中南支編（一九四七年）第一分冊、二九六―二九七頁）

## 二、留用者――様々な職業

一九四六年四月十七日、『民国日報』は「全上海で十万人の日本人居留民の送還が完了した」という記事を掲載した。それによれば、

全上海の十万人の日本人居留民について、昨日、送還事業が完了した。呉淞路の一帯では、赤い縁取りの白い腕章をした日本人居留民の怪しげな姿はすでに消え去ろうとしている。それゆえに、いわゆる「日本人居留民集中居住区」というような言い方は、すでに歴史上の名称になった。昨日までに、相前後して送還された日本人居留民は合計十万二四〇四名、現在も上海に残っているのは、日本語の『改造日報』の職員と各機関で徴用された若干の技術者、「中日通婚問題」で解決が間に合わなかった男女少数の日本人居留民のみである。

日本人居留民で留用された人々は技術者が中心で、留用された職場は**表1**のとおりで一〇〇ケ所余りだった。職業分野は**表2**の通りで、数多くの技術的な専門業務に及んだ。様々な職種の日本人技術者が留用されたことは、戦後の上海があらゆるところで復興が待たれる状態であったことを反映していた。中国サルベージ公司を例に挙げれば、当時二十五名を

留用し、船員、ディーゼル・エンジン、サルベージ、電気、機械、潜水など数多くの技術職が含まれていた。一九四八年十二月三日、上海寧波航路の「江亜輪」が呉淞口の外洋で重大な海難事故を起こした際、報道によれば日本の潜水員がサルベージ作業に参加した。「今日のサルベージ班は九つで、新たに日本水鬼（日本のカッパ）二班に依頼し、合計四班が潜水した」。事件後間もなくしてすぐに現場に到着した「日本水鬼」は、中国サルベージ公司に留用された日本人の潜水夫に違いない。

技術者のほかにも、国民政府行政院および宣伝出版、調査機関で留用された日本人居留民もおり、主に対日文化事業のさらなる発展に務めた。注目に値するのは亜東問題研究会で、留用人数は最多の二十八名に及んだ。亜東協会は、国民党中央宣伝部が「中日が平和条約を締結する準備工作を研究し、半官半民で中日両国の民間関係の橋渡しをする」ことを目的に上海で設立され、亜東問題研究会は「亜東協会」の調査機関である。この会の中国側メンバーは「日本通」で、留用された日本側メンバーは「中国通」だった。例えば、影山巍はかつて東亜同文書院の教授を務めた中国語の専門家で、『詳註現代上海語』（文求堂、一九三六年）、『實用速成上海語』（文求堂、一

表1　日本人居留者が留用された職場

| | |
|---|---|
| 中国紡織建設公司 | 海軍造械廠 |
| 中国蚕絲公司 | 海軍電工廠 |
| 行政院 | 聯勤総司令部上海被服総廠 |
| 資源委員会 | 第五兵站上海醸造廠 |
| 交通部 | 海軍上海ラジオ |
| 鉄路医院 | 第十九集団軍軍犬訓練所 |
| 上海電信局 | 聯勤総司令部一〇一後方医院 |
| 上海国際ラジオ | 上海警察局騎巡隊 |
| 上海公用局 | 中央党部統計局 |
| 税関 | 上海供銷社 |
| 中央信托局 | 中国サルベージ公司 |
| 光滬医院 | 国際知識社 |
| 亜東問題研究会 | 前線日報 |
| 中華水産公司 | 経済新聞報 |
| 農林部 | 国防部図書室 |
| 中国国民党中華海員特別党部 | 中韓文化協会出版委員会 |

表2　日本人居留者が留用された職業分野

| | | | |
|---|---|---|---|
| 紡績 | 薬剤 | 潜水 | 制筆 |
| 建築 | 化学 | 制茶 | 製紙 |
| 電気 | 農業 | 皮革 | 埠頭管理 |
| 無線電 | 管理 | 写真 | 海上輸送 |
| 機械 | 編集 | ボタン製造 | 郵便配達 |
| 鉄道 | 布教 | 印刷 | ディーゼル・エンジン修理 |
| 船舶 | 料理 | 漁業 | 自動車修理 |
| 貿易 | 醸造 | 保険 | |
| 医師 | 軍犬訓練 | 設計 | |

九三七年）等の著作があり、「中国年末年始の風俗」についての研究も行っていた。上海での留用に伴い、妻と六人の子女が留まった。長男の影山澈は当時十七歳で、戦後に「上海日僑中学生の終戦日記」などの回想記を著した。

塚本助太郎は三井物産株式会社の北京商業実習生学校第三期生で、中国の共通語を流暢に話すだけでなく、地方の方言も話すことができた。北京留学時は、著名な京劇の研究家である辻《つじ》聴《ちょう》花《か》に師事し、京劇を学んだこともあった。長年にわたり上海豊田紡績工場の営業部で仕事をしたが、中日文化交流で活躍した人物でもあった。一九二三年に上海で京劇研究会の発起人を務めて組織し、一九二四年九月には雑誌『中国劇研究』を創刊した。

内山完造は「著名な文化」人として留用され、義豊里一六六号で暮らした。戦後、内山書店の二万冊余りの図書は、すべて敵の財産として国民政府に接収されたが、彼は上海に骨を埋める覚悟で日本人居留民が残した書物を買い取り続け、「一閑書屋」という名前で古書店を開いた。図らずも、一九四七年十二月六日、国民政府は「国民党政府転覆団」という罪名で通告し、彼を強制的に帰国させた。

山田純三郎は東亜同文書院を卒業し、「外国の志士で中国の共和のために犠牲となった最初の一人」であった山田良政の弟として、上海の仮住まいに数十年も暮らした後、前後して『江南晩報』、日本語で発行された『上海毎日新聞』を担当し、上海『江南正報』の社長に就任した。一九三一年六月、国民政府の外交顧問に就任した。一九四五年に日本が敗戦した後は、日本人居留民は虹口などの居住地に集中させられたが、山田純三郎は日本人居留民（日僑）管理処処長の王光漢が署名した「日本人居留民（日僑）の山田純三郎は、かつて国父の革命に追随した人物で、学業とその行いは純粋で正しく、自由な通行を許されるべきであり、集中的な規制の制限を受けないことをここに証明する」と記した特別優待証を獲得した。

林俊夫は東京朝日新聞の東アジア部の記者を務め、中日戦争の時期は「抗日戦争下の中国の近況」、「中国人の思想」などの調査を行った。

留用された日本人居留民の中には、技術者や学者のほかに、「下女」の姿も見られた。一九四七年の留用名簿を調べると、「軍友サロン」と「中央文化運動委員会文芸憩いの場」には、それぞれ「調理（調理師）」という存在があった。一九四七年三月三日、『新民晩報』紙の「日本式の食堂　神秘の街の光景」と題した報道に、日本の「下女」が見られる。また、同紙の同年十二月二十一日には、「上海には八つの日本料理店があるが、酒や料理で有名なのではなく、人を引きつけてご贔屓にするのは、八人の下女がいるからだ。多くの人が言うように、『西洋の家に住み、日本人女性を嫁にもらい、中華料理を食べる』というのがおそらく世に希な三つのことと考えられている。家と料理はひとまず置くとして、日本人女性を妻にするとなれば、彼女たちは服従のために損をしてもなお苦しみや辛さも耐え忍び、至るところで夫を思いやるだけなのだ」と記されている。

「下女」によるサービスがある日本式のサロンは、呉淞路と塘沽路の境にあった。

「日本人の下女が入って来てひざまづいても、くれぐれも驚いてはならない。彼女は自分の礼儀作法によって、あなたの歯と胃袋を助けるのであり、それは彼女の仕事であって、あなたに何かを哀願しているのではないから、誤解してはならない。彼女たちが話すのは日本語だが、彼女たちは一般的な上海語も話すことができ、さらには英語も少しできる。」

「日本の下女に頼んで、彼女たちの恋歌を歌ってもらうこともできる。激情あふれる『満州娘』や反戦情緒ある『蘇州夜曲』などだ。」

「あなたが望むなら、蓄音機の音を大きくしても、日本の下女は構わない。足袋を履いただけの足であなたに従ってダンスのステップを踏み、ワルツも踊る。ダンスホールで、素足で『音楽の散歩』をしたことがある人がいるだろうか。こうした一味違った日本式の西洋ダンスは、音楽のダンスをより身近に触れさせてくれる。」

「日本の下女は従順で、彼女たちはまるで何の感情もないようだ。まるで彼女たちが知っていることのすべては従順であるかのようで、彼女たちは働き、歌い、ダンスをして、あなたの世話をするが、そのすべては彼女たちの従順さを完成させるためにすぎない。」

（「聴歌跳舞沙龍燕集、東洋風味国粋猶存」『新民晩報』一九四八年三月三十一日）

留用された日本人居留民の中には、中国江南地方の女性と結婚した人も少なくなかった。江南の一般的な女性の名前は、「金娣」、「小英」、「秀英」、「桂英」など容易に見分けられるもので、彼らの子女も上海の習慣で、「阿囡」、「小妹」、「阿毛」などと呼ばれた。留用名簿の中で驚きとともに発見したことは、機械と土木の技術で中国化学企業公司に留用された高橋源二氏は、筆者の少年時代の隣人で、彼の妻の雪花は杭州出身の端正な江南女性で、その子どもの名前は雄、その時は高という姓を名乗っていた。一九四九年以後も上海に留まって仕事を続け、また一男一女をもうけて、おそらく一九七二年以降に帰国した。

## 三、義豊里——最後の生活風景

上海に残留した日本人は、紡績技術者は上海の東と西の二ケ所に分かれ、東の主な居住区は、楊樹浦路と平涼路で、西の主な居住区は江寧路、安遠路だった。そのほかは、主に義豊里、東興里、瑞康里を代表とする呉淞路地区に居住した。人口が最も集中していた義豊里は、日本人居留民が最後に暮らした上海での生活風景を代表していた。一九四七年九月、『新民晩報』の記者は、「上海に残留する日本人——義豊里の神秘な沈黙、敗退した敵が進むべき道について計画を練る」と題した記事で、次のように報じている。

「現在、残っているのは工場で働いている五、六〇〇人の技術者だけで、彼らの家族や子どもを合わせても一五〇〇名にも満たない。現在、ここでは一〇〇〇人余りの人々がいくつかの狭い弄堂の中にひしめき、世間に知られることもなく苦難の日々を過ごしている。その一〇〇〇人余りは呉淞路の義豊里に集中しており、一〇〇〇人余りの人々は自ずと小さな社会を形成し、中国人の生活とはまったく隔離され、自分たちの飲食店、裁縫店や共同組合があり、子どもたちの学習は自分たちで設立した学校があり、彼らの最高組織が『上海日本人居留民互助会』である。」

上海の「残留日本人居留民互助会」は、山田純三郎が会長に就任した。そのほかに、滬東、滬西、義豊里には支部が置かれ、滬東支部の会長は牧野泰一郎、滬西支部の会長は西田秀三郎、義豊里支部の会長は長岡辰次が務めた。『新民晩報』の記者は次のように書いている。

「彼らの生活は苦しいが、彼らの精神は奮い立っている。以前、記者は彼らの互助会の会合を見学したことがあるが、出席する人はみな時間通りに到着し、服装も清潔かつ質素で、長机を四角に並べて全員がきちんと座り、静かに耳をかたむけ、会場の厳かな雰囲気は国務会議で国家の一大事について協議しているかのようだった。会に出席した人の厳粛な表情は、議員たちの様子と優劣付けがたい。実は、彼らが議論していたのは、一〇〇〇人余りの日常に関する細々としたことや、『生活必需品の類』に過ぎなかったのである。」

在留日本人居留民の師弟に引き続き教育を受けさせるために、義豊里では「残留日本人居留民師弟補習室」が設立された。学生は小中学生の男女で、クラス担任は英語の高田久寿先生が務め、国語、数学、物理、中国語の教師はそれぞれ留用された技術者などの専門以外の教師が担当した。例えば、簗瀬義一（教育、美術）、安井三郎（会計、音楽）、田食伝郎（化学、電気）、河田節雄（教育）、森原文雄（教育）、坂井満（教育）、大浦滋（教育）、守安春枝（教育）、森田美惠子などである。

補習室は外部の生徒を募集しなかったため、内山完造はこれに「童話会」という見栄えのしない名前をつけた。

「初等科（下の階一部屋）は国民学校の生徒で、中等科（上の階の一部屋）は上海の中学、商業、工業、第一、第二高等女学校の学生で、二つの科はどちらも学年を超えた男女共学だった。当時、童話会に参加していた学生の人数は二つの科であわせて百数十名いた。中等科の科目は、英語、国漢文（国語と漢文）、中国語、数学、物理、生物、化学、歴史、経済、音楽、書道、裁縫があった。学生であれ教師であれ、戦時中の生活環境がどのような状況でも、あるいはいったいいつになったら帰国できるのか分からなくても、どこに住んでいたとしても、それぞれがどれほど複雑な状況にあったとしても、敗戦国の同じ日本の国民として、偶然にもここで出会い、共に発憤して学び、共に学習の喜びを分かち合うことで、私は心にあたたかい感情が沸き起こるのを感じた。」（宮城雅夫「戦後上海教育放浪記」『上海日本中学校会報』第十七号、二一五頁）

と記された回想記がある。

そのほか、中山貴志子夫人は日曜学校を創設し、徴用された日本人居留民に向けたアマチュア合唱団もあった。

「合唱団の指導と指揮は、元銀行員の安井三郎で、選んで歌われたのは、「ふるさと」、「荒城の月」、「椰子の実」、「埴生の宿」、「流浪の民」、「ヒバリ」、「美しく青きドナウ」、「菩提樹」、「ハレルヤ」、「ウィーンの森の物語」等の名曲だった。帰国後に鑑賞した「ビルマの竪琴」や「南の島に雪が降る」などの日本映画では、作品の中で「ふるさと」、「荒城の月」、「誰か故郷を想わざる」、「埴生の宿」などの合唱曲を耳にした。敗戦後、同胞たちが互いに連絡できなくても、南方あるいはシベリアの収容所で祖国を思いながら同じ歌を歌っていたと知って、思わず感無量となり、熱い涙が目の前を曇らせた。同時に理解したのは、祖国からどれほど遠く離れていようとも、日本の民族には特有の郷愁と歌があり、心の中のあたたかい感情を我々は共有している。現代の言葉で表現するならば、それはつまり自己同一性の再発見である。」

「学生たちと美しい声の先生が一緒に歌い、情熱的に指揮棒を振って、額の汗を拭くことさえしない先生の姿は、今にいたるもなお私の頭から消し去ることのできない感動的な一幕である。」（同上）

とも記されている。

中国人記者の目にも、義豊里の日本人居留民師弟補習班は、感動的なものだった。

「そこは、二つの狭い住居を改装したもので、何の装飾もなく、非常に粗末ともいえる。唯一の特徴は清潔であるということで、ピアノの音が時折漏れ聞こえてきた。七、八歳から十歳くらいの子ども達が背筋をまっすぐに伸ばし、目を丸くしながら、小さな学習机に座って先生が授業をするのを聞いている。先生は教鞭を握りしめ、黒板の日本地図を指しながら、元気はつらつと『ここが東京、ここが横須賀』と子どもたちに教えている。授業が終わると、子ども達は蜂の巣を突いたように飛び出し、小さな庭で相撲を取ったり、騒いだり、壁に上って日本の歌を歌う子どもまでいた。日本人の老人が何人か門の前を通りかかると、子どもたちは彼らに向かって恭《うやうや》しくお辞儀をする。老人たちは両手で子どもたちの頭を撫でていたが、日本語でぶつぶつと何を言っているのかは分からなかった。」

「毎週日曜日には、教師たちは子どもたちを連れて遠足に行き、子どもたちの頬が日焼けして真っ赤になるまで過ごし、夕方近くになってようやく彼らを連れて帰って来るのだが、小さな鞄を背負い、水筒を下げて、柔らかいツバのついた小さな白い帽子をかぶった子どもの兵隊たちが大通りを歩いて行くのは、人々に何を思い起こさせるだろうか。」

（「残留在上海的日本人——義豊里一片神秘的沈黙、敗退的敵人在計画去路」『新民晩報』一九四七年九月一日）

義豊里には簡易食堂があったが、騒がしい声はしなかった。

「義豊里の弄堂の入り口を入ると、最初に目に入るのが布を壁にかけてしつらえた日本の軽食店で、その飾り付けは極めて簡素だが、きれいに片付いていて、いつも三人くらいの日本人がそこでゆったりと酒を飲み、小さな声で話をしていた。女中二人が静かに杯や小皿を片付け、テーブルと椅子を掃除し、大きな笑い声が外に漏れることは滅多になかった。」（同上）

日本人居留民の衛生や治療に便宜を図るため、光滬医院が設立され、内科、外科、眼科、産科、小児科が武進路二〇三号に設けられた。皮膚花柳病科、歯科、物理療法科は義豊里一号に設置された。各科にはいずれも病棟があった。義豊里の近くには、ほかにも京滬医院（塘沽路六五号）が設立され、日本人の医療関係者が留用されていた。

義豊里などの呉淞路の住宅地には、上海に残留した日本人居留民の生活風景が広がり、清潔な弄堂は人に与える印象を一新させ、深く閉ざされた窓からは何の音も聞こえなかった。学校の子どもたちの声のほかには、ただ沈黙があるだけだった。夜、日本人の男女が幼子を連れて三々五々通りを散歩している姿を偶然見かけることがあったが、彼らが話したり笑ったりすることは少なく、とても小さな声で話すだけだった。しかし、日本人居留民の沈黙は、中国人記者に彼らの別の力を感じさせた。

「沈黙はこの一〇〇〇〇人余りの生活に貫徹しているが、この神秘な沈黙の中にいったい何が隠されているのか。誰もそれを知らない。」

「本来ならば、敗戦国の国民は、戦勝国の土地で、どのようにしても屈辱を耐え忍ばなければならず、自信なく卑しい生活を送るものだ。しかし、記者が目にしたのは、あのような恐ろしいほどの頑《かたく》なな沈黙だけで、敗退した英雄が彼らの進むべき道について計画を練っているかのようであり、馬寅初《ばいんしょ》先生が経済に関するある座談会で述べたように、日本政府はマッカーサーの統治下で、越王勾践の『臥薪嘗胆』のように、いつでも『巻き返し』をすべく準備しているかのようだ。」

（前掲「残留在上海的日本人」）

## おわりに

留用された日本人居留民は、戦後はもはやこの都市の移民ではなく、彼らは敗戦国で最後まで上海に残った人びとで、将来どこにいるかなど分からなかった。

敗戦国の庶民の運命は間違いなく悲惨なものだが、彼らは戦争の捨て石などではなく、技術を持つことに感謝し、恩に報いる人びとだった。そのため、上海では戦勝国からの優遇を受け、上海では戦後の経済復興の手助けが急いで必要だったため、彼らに協力と貢献の舞台が提供された。三年というわずかな時間、仕事と沈黙という単純な生活は、彼らの上海における最後の記憶となった。

戦後の上海は、新たな戦争と政治の動揺の時期にあり、社会のグレーゾーンにおいて、彼らはあたかも忘れられた人びとのようだ。帰国後の長い歳月の中で、彼らが発した声は多くはない。しかし、彼らは社会から見捨てられたわけではなかった。上海における残留日本人居留民の歴史は、捨て石と貢献という役割の転換から、戦争と平和に対して人びとがさらに多くの反省と思考を重ねていくものとなるはずである。

**参考文献**


中国陸軍総司令部編『中国戦区中国陸軍総司令部処理日本投降文件滙編』(一九四六年)

『中国紡織建設公司』(行政院新聞局印刷発行、一九四八年)

『西川秋次の思い出』(私家版、一九六四年)

上海檔案館「上海市警察局政治処擬制一九四七年上海留用日僑名単」巻宗号Q131-6-478

『新民晩報』、『大公報』

# 共産党政権下、上海で「留用」された人びと

堀井弘一郎

ほりい・こういちろう――日本大学非常勤講師。専門は日中関係史。主な著書・論文に『汪兆銘政権と新国民運動――動員される民衆』（創土社、二〇一一年）、『「満州」から集団連行された日本人技術者たち――天水「留用」千日の記録』（創土社、二〇一五年）、『アジア遊学二〇五　戦時上海グレーゾーン』（共編著、勉誠出版、二〇一七年）などがある。

戦後の上海に「留用」された人びとは、国共内戦期を経た中華人民共和国建国後、どのような運命を辿ったのか。彼らの技術者としての矜恃と、それゆえの「二つの焦燥」に光をあてる。第二部所収の陳祖恩論文「戦後上海に残留する日本人（一九四六～一九四九）」の後日談にあたる。

## 一、戦後上海に残留した人びと

一九四五年八月十五日を待たず、上海ではその三日ほど前から「日本敗戦」のニュースが流れ、街は歓喜につつまれた。中華民国旗が家々に掲げられ、爆竹が鳴った。やがて日本人居留民は住居・財産を捨てて祖国日本に引揚げていく。避難民も含めて上海にいた約十万人の日本人は同年十二月頃から引揚げを始め、翌年の四月までには基本的に終了した（「前期集団引揚げ」）。だがそれとは違う選択を強いられたり、あるいは自ら選びとったりして引揚げが数年から十年以上遅れた一群の人びとがいた。「留用者」と呼ばれた人びとである。「留用」とは「留め用いる」ことであり、経済の復興のために建前としては中国側からの要請に応えるという形で終戦後も中国の企業、役所、病院などに引き続き留めおかれて、従前の業務を担った技術者や医療関係者らである。中には中国への贖罪意識から、経済破綻した日本で暮らすことへの不安から、あるいは共産党へのシンパシーから自ら望んで留まった者もいた。上海に残された日本人の大半は約二六〇〇人の留用者らであり、家族を含めると約五〇〇〇人にのぼった。

表　1952年10月現在の上海留用者数（単位：人）

| 留用機関 | 人数 |
|---|---|
| 中国紡織建設公司 | 99 |
| 工場関係 | 17 |
| 商　社 | 9 |
| 学　校 | 4 |
| 病　院 | 4 |
| 機関（雑） | 8 |
| 計 | 141 |

（外務省アジア局第五課「通信資料　第24号　上海市残留概況」、外交史料館資料）

日本の資本による紡績関連企業（在華紡）での留用が特に多かった。上海豊田紡織廠取締役などを歴任した西川秋次らは一九四六年一月、中国側の方針の下で在華紡を接収して国営の中国紡織建設公司を立ち上げ、そこには技術者ら一二〇人が留用を望んで残留した。全国的には一九四七年時点で、六万人以上の留用者とその家族がいたとされる。国民政府は彼らに対して、中国人技術者並の住居・給与などで処遇した。

だが国共内戦の趨勢が決しつつあった一九四八年、上海にも共産党軍が迫ってくると引揚げを望む者が多くなり、この年の十二月、上海残留者の大部分が引揚げた。それでも中国側は紡績関係技術者に対して強く残留を求め、この時点で三八〇世帯約八〇〇名が残留した。しかし、翌一九四九年二月には主に紡績関係高級技術者とその家族一〇七人が引揚げた。四月末には、残留者は家族も含めて計五三〇名と、外務省は把握していた（外務省「通信資料　第二十四号」一九五二年）。

## 二、共産党政権下の「留用」者

一九四九年十月に中華人民共和国が建国された後も留用は続き、一九五二年三月時点で上海における留用機関は工場、商社、学校、病院など四十一ヶ所に及んだ。商工業の職場は商社や紡績工場関連のほかに、ゴム、窯業、映画、自動車、銀行、ホテルなど多岐にわたった（「同第十六号」一九五二年）。外務省はこの年の十月頃の上海残留者は約四五〇人、そのうち留用者は約四割と推定し、「留用者の衣食住は安定しているが、大部分のものは帰国を熱望している」と見ていた（「同第二十四号」）。現地からの通信によって確認されたとする留用機関別の留用者数は**表**のとおりであった。中国紡織建設公司を中心に少なくとも一四一人の留用者が確認できるとされた。

それから間もない十二月、北京放送は中国に約三万人の日本人残留者がおり、その帰国を支援するという中国政府の方針を伝えた。それがきっかけとなり日本赤十字社などの民間三団体と中国紅十字会との間で帰国交渉がまとまり、一九五三年三月から七月だけで全国で一万九〇〇〇人余りが、上海からも四七〇人ほどが帰国した（外務省「一九五三年度中共地域集団引揚者数」『中共地区邦人引揚関係　引揚概況』）。以後一九五八年までこの「後期集団引揚げ」が続いた。一九五三年で既に戦後八年が過ぎていた。当初は志願して留まった者でさえ抑えがたい望郷の思いがつのっていったが、ほかにも彼らが「帰国を熱望」した背景には「二つの焦燥」があった。

## 三、焦燥その一——技術の耐用年数

一九五〇年十月、国会の「海外同胞引揚問題に関する特別委員会」で、満州国の元官吏で同年四月に帰国した松井茂雄参考人がこう証言した。「中共政府の方におきましては、当時（建国前後）日本の技術者を相当使ったのでありますが……それは都市を持たなかった当時の中共の状態でありまして、現在のように多数技術者等を得た以上は、これまで使っておる日本人はあまり欲していないのであります」と。上海からの引揚者の一人もこう語っている。「上海地区の留用者は華東紡織公司の技術者達が大部分で、既にその技術は中国人により受け継がれているので現在はその必要性が減じている」と（「通信資料　第二十四号」）。在華紡に関していえば、すでに一九四六年に中国紡織建設公司が技術訓練班を開設して、日中の技術者の協力で綿紡績業の人材育成を図ったが、その訓練班も一九五〇年頃に終了し多くの中国人紡績技術者が生まれた。まもなく訓練班の卒業生一六〇人が紡績技術指導の第一線に立った。こうして日中の技術協力によって豊田の技術をもとにした自動織機や精紡機などが製造、装備されるようになり、一九五〇年代半ばまでに基本的に国産化されていく。

こうした技術移転が進む一方、一九五〇年代初めは汚職や官僚主義などに反対する三反五反運動という政治的嵐が各職場に吹き荒れた。紡績関係のある留用者から日本に届いた便りはこう綴る。「我々日本人技術者も技術者として安閑としている事は出来ません。やがて思想的にも改善され又改善して行かねばならなくなってくるでしょう。……政治的に加ってくる圧迫感、日々の生活に現れてくる重圧感により我々の存在は困難となり堪え難いものになって来ています」（「通信資料半月報　第十七号」一九五二年）。

技術の耐用年数の問題は、ほかの分野や地域においても同様であった。甘粛省天水で鉄道技術者として留用された武内清一は一九五三年頃の状況についてこう語る。上海交通大学を卒業した青年がやって来て高度な技術指導をするようになったのを見て、「時代は急速に新しい方向に流れているのをはじめて意識した。もう日本人技術者の時代は終わりに近づいていると。……技術の切り売りをしているが、新しいものを身につけない限りいずれ売り尽くす時が来るのではないか、その時私たちは単なる肉体労働の提供者になってしまうと思っていた」と（武内の回想記、天水会編『天水会報二〇一二』）。技術者としての矜持とは裏腹に、自らが「単なる肉体労働者」となる焦燥が募っていった。

## 四、焦燥その二——子弟の教育

留用者らにとって、もう一つの焦燥は子弟の教育についてであった。一九四八年五月、沢登副領事は芦田外相に残留邦人の状況について報告書を出した。そこには、「前途悲観の状態」や「生活難」に加えて「子弟の教育に不自由な事」のために、「在華三十年という様な老上海（上海に長く暮らす人）が涙をのんで帰国する理由がある」、「子弟の教育については心ある人々が最も心痛める所である。日僑連絡処の経営で小学校を経営しているといっても名のみで、寺子屋式の二部教授であり、教科書も満足にない状態では教育も殆んど不可能である。せめて教科書だけでも送って戴きたいと言うのが現地からの切なる声である」と留用者らの切実な声が反映されていた（加藤聖文『海外引揚関係史料集成（国外編）』ゆまに書房、二〇〇二年）。子どもが小学生のうちは家庭教育で何とかなっても、中学生になるともうそれも難しい。共和国建国後の上海においても日本人子弟を対象に中等教育を施す機関は皆無という状態は変わらず、子をもつ親たちの焦燥は深まった。

そうした不安や不満の声は共産党政府にも伝わり、一九五二年春、まだ多く留用されていた主として鉄道関係者の子弟のために、河南省鄭州《ていしゅう》に中学校が開設されたのもそうした焦燥感を緩和する手立ての一つであった（中国鉄道学会教育委員会編『中国鉄路教育史一九四九—二〇〇〇』西南交通大学、二〇〇七年）。上海にはそうした中学校が開設されることはなく留用者らの不安は高まった。しかし結局、翌年春から全国的に残留日本人の帰還が始まることで、最後まで残っていた上海留用者らもほとんどが引揚げていった。

**参考文献**


富澤芳亜「在華紡の遺産——戦後における中国紡織機器製造公司の設立と西川秋次」（森時彦編『在華紡と中国社会』京都大学学術出版会、二〇〇五年）
鹿錫俊「戦後国民政府による日本人技術者「留用」の一考察——中国側文書に依拠して」（斎藤道彦編著『日中関係史の諸問題』中央大学出版部、二〇〇九年）
大澤武司「新中国から祖国へ——日本人留用者と日本人戦犯の帰還」（加藤聖文・田畑光永・松重充浩編『挑戦する満洲研究——地域・民族・時間』東方書店、二〇一五年）
久保亨「一九四〇—五〇年代の中国経済と日中関係」（波多野澄雄・久保亨・中村元哉編『日中終戦と戦後アジアへの展望』慶應義塾大学出版会、二〇一七年）
馬軍「戦後国民政府留用日籍技術人員政策的演変及在上海地区的実践」（『史林』二〇一一年六月号）

【II 〈越境〉の軌跡】

# 戦後上海の朝鮮人

武井義和

戦後、一九四六年に国民政府により「韓僑処理弁法大綱」「処理韓人入籍弁法」がそれぞれ制定、公布され、戦犯容疑や不法行為がある者を除き、朝鮮人の在留や中国籍への帰化が容認されるようになった。一方、中華人民共和国成立後も上海に残留した朝鮮人は、北朝鮮国籍または無国籍になるなど、法的身分の変化も生じた。

## はじめに

一九四五年八月に日本が敗戦を迎えた時、上海には数万人の日本人居留民が存在していたが、そのなかには朝鮮人や台湾人も含まれていた。彼らは日本の植民地である朝鮮半島や台湾の出身者であったため、「日本人」として日本人コミュニティに混在していた。

日本の敗戦はこうした植民地出身者が日本の支配から解放されることを意味したが、戦後の上海における彼らを取り巻く状況はどのようなものだったのだろうか。この点について、朝鮮人を対象として見ていくことにする。

## 一、大韓民国臨時政府および傘下団体の動向

最初に、日中戦争中に重慶に存在した朝鮮独立運動組織である大韓民国臨時政府の動きを確認しておきたい。同政府は一九四五年十月に韓僑宣撫団（華北宣撫団、華中宣撫団、華南宣撫団より構成）を結成する。これは、日本軍の占領から解

たけい・よしかず――学校法人たちばな学園専任教員。専門は近代の日中関係史・日朝関係史。主な論文に「戦前上海における朝鮮人の国籍問題」（『中国研究月報』第六十巻一号、二〇〇六年）、「一九二〇年代における朝鮮人「実業家」――玉成彬、玉観彬を事例として」（『愛知大学国際問題研究所紀要』第一三四号、二〇〇九年）、「針対一九三〇年代到一九四〇年代初期在上海朝鮮人団体的考察」（『社会文化与近代中国社会転型』中国社会科学出版社、二〇一六年）などがある。

放された地区における朝鮮人居留民の情況を調査することを目的とした組織で、中国国民政府の協力の下に活動を行い、随時地方当局と互いに協力し合うことを目指したものであった。翌十一月末に大韓民国臨時政府の金九《キムグ》主席一行が上海を経由して朝鮮半島へ帰還したが、その直前の十一月一日に同政府は朴純を団長、李青天や閔石麟《ミンソクリン》などを代表とする駐華代表団を結成する。その主な目的は朝鮮人居留民の善後に関して中国側と協議することにあった。韓僑宣撫団は駐華代表団の下部組織に位置付けられることとなったが、上海地域の朝鮮人を扱ったのは韓僑宣撫団の一つである華南宣撫団だった。しかし、上海は朝鮮人が集住し業務が非常に多いという理由により、華南宣撫団の下部組織として金学奎《キムハッキュ》を団長とする上海分団が十二月七日に新たに設けられ、朝鮮人関連業務を担うこととなった（なお、韓僑宣撫団は大部分の朝鮮人が引き揚げた一九四六年七月に解散）。

## 二、中国側による朝鮮人敵視から在留許可方針への転換

　これらの組織の活動の一つに、朝鮮人の保護要請を中国当局に行ったことが挙げられる。上海では日本敗戦後から、朝鮮人が居住する家屋が中国人に不法占拠され、朝鮮人が追い出されるなどの事態が続出したため、一九四六年二月に華南宣撫団上海分団は銭大均上海市長に対し、保護を要請している。もっとも、朝鮮人排斥の動きは上海に限ったことではなく、中国各地で起きており、同年三月には朴純駐華代表団団長が呉鉄城中国国民党中央秘書長に書簡を送付し、朝鮮人良民の生命財産を保護するよう待遇改善を要求するほどであった。

　こうした背景には、中国人の敵視があった。例えば、一九四六年十月に刊行された『上海市年鑑』（中華書局）では、上海朝鮮人を日本人やドイツ人とともに「敵僑」と表現されており、当時の中国人が日中戦争期の敵国民であった日本人と同一視していた様子が浮かび上がる。

　しかし、次第に中国側は良民と判断した朝鮮人や正業に就く朝鮮人に対して、在留を許可する方針へと転換していく。一九四六年六月二十日に国民政府外交部により制定された「韓僑処理弁法大綱」は、戦犯容疑または不法行為がある朝鮮人は法に照らして処罰するか朝鮮半島へ送還することと合わせて、主に以下の点を示している。一つ目は、行いが善良で正当な職業があり、または駐華代表団や宣撫団などで職務に就く朝鮮人が中国での居留を願う場合は、継続して居留することを許可し、該当する地方当局が居留証を発行するが、

必要ある時には確実な保証人を探させること、二つ目は、前記の規定に含まれる朝鮮人は「一般外僑管理弁法」に照合して処理し、財産を十分に保護すること、などである。

同年七月三十一日、「韓僑処理弁法大綱」が国民政府外交部より上海市政府に送付されたが、あわせて送付された公文書では、居留民証は地方警察機関の処理に帰することが強調された。八月三日、上海市政府は上海市警察局へ外交部からの公文書を転送し、それにしたがい処理するよう訓令を発している。

なお、居留民証の発給方法について、八月二日に朴純駐華代表団団長が上海市警察局に送付した公文書の中で、駐華代表団の関与が明言されている。その内容は、駐華代表団と国民政府外交部の協議の結果、中国居留を希望する全ての朝鮮人は駐華代表団が印刷配布する申請書に記入して申請しなければならないこと、そして、同団が詳細に調査して善良な居留民であることや、正当な職業に就く者であることが確かであれば、証明を与え申請書に押印した後で直ちに地方警察局へ送り、地方警察局で考察に基づき居留民証が発行される、という趣旨である。

これ以降、居留証申請書が駐華代表団から国民政府外交部駐滬《こ》（上海の別称）弁事処を経由して上海市警察局へ発送されるようになる。主なものを取り上げれば、一九四六年十一月二日に二九八部、一九四七年一月二十一日に二十一部、二月一日に三部、二月十二日に三十部が発送されたことが確認できる。

## 三、中国籍への帰化を選択する朝鮮人

居留民証を取得する方法のほかに、中国籍に帰化して戦後の上海で生きる道を選択しようとした朝鮮人の存在も確認できる。中国籍への帰化申請は一九四五年十一月に初めて登場したが、戦争直後の時期であったため、中国側は許可しなかった。前掲の『上海市年鑑』にある「拒絶敵僑帰化」の項目で、「敵に付随した朝鮮人は悪人を助けて悪事をなし、我が国の人間の怨み骨髄に徹す。まさに交際するのが恥ずかしい」と記されていることからも、朝鮮人は帰化の対象外と見なされていたことが分かる。

このような方針が緩和されていくのは、一九四六年十月に国民政府内政部が「処理韓人入籍弁法」を公布してからである。この法令で、朝鮮人女性で中国人の妻となっている者は中国国籍法の規定に照らして、中国籍を取得する申請をせねばならないこと（第三条）、外国人の中国への帰化申請に対する中国国籍法の規程は以前どおり朝鮮人に適用するが、戦犯

嫌疑またはその他の不法行為がない者に限る（第四条）などと定められた。

「処理韓人入籍弁法」は翌十一月に内政部より上海市政府に送付された。それ以降は上海市政府が上海市警察局に帰化申請者の身元や経歴の調査を指示している。そのケーススタディとして、帰化申請を行った奉命石《ポンミョンソク》という人物を取り上げて見ていきたい。

奉命石は一九〇三年に朝鮮北部の平壌で誕生し、一九二〇年代半ばに日本大学を卒業、朝鮮で教育界に身を置いた後に実業界に転じたという経歴の持ち主である。旧満洲での活動を経て一九三七年に上海へ渡来、日中戦争中に資本金四十万円の三河興業株式会社を経営するようになる。

一方、彼は鶏林会《ケリムフェ》の幹部も務めた。鶏林会とは、一九三五年に誕生した上海居留朝鮮人会が、一九四一年四月一日に日本人居留民団である上海居留民団への統合という形で発展解消した後、朝鮮人の親睦組織として誕生した鶏林倶楽部に始まる。一九四三年当時、鶏林会は上海で唯一の朝鮮人団体であったが、顧問に上海居留民団長、大使館警務部第二課長、上海総領事館行政部長、上海総領事館警察部長、朝鮮総督府派遣事務官が就任しており、日本人官民が大きく関与していた。役員を務める朝鮮人は四十六人であり、奉命石は日本名「江島命石」として理事長の地位にあった。

戦後の一九四六年十二月に奉命石は中国国籍法に基づいて帰化を申請している。当時、彼は建新興業股份《グーフェン》（株式会社のこと）の技術者を務めており、一億元の資産を有していた。日本敗戦後に三河興業株式会社を清算して新たに就職し、また戦時中に蓄積した資本は戦後にもかなり継承されたものと推察される。

申請を受けた上海市政府は上海市警察局に、「処理韓人入籍弁法」第四条に該当するか否か調査を命じている。同警察局は上海市長呉国禎に対し、奉命石は日本軍の上海占領期に鶏林会常務理事長を務め、日本との親善を行ったこと、日本軍に情報を供給し献金したこと、また上海居留民団議員や三河興業株式会社社長および徳昌煙草工廠株主などの職にあったことなどについて、一九四七年一月三十一日付けで調査結果を報告している。

管見の限り、これ以降の奉に関する記録は見当たらないため、申請の可否は不明であるが、日中戦争期の行動を強く意識して調査が行われていた様子がうかがえる。

## 四、引き揚げ状況と上海残留者の法的身分

最後に、引き揚げについても触れておきたい。日本敗戦後、

宣昌、長沙、漢口、九江、重慶、さらには河南省や安徽省などの華中地域にいた朝鮮人は、国民政府軍の命令により上海へ移動させられた。上海に集まってきた人数は一九四五年末までに一万三〇〇〇人から一万四〇〇〇人以上に達したが、大半は資力に乏しく難民と化した状態であった。

一九四六年に入り、朝鮮半島への引き揚げが開始される。上海からは、同年三月から六月までの間に二万七四六人が引き揚げた。一九四五年末までに各地から上海に集中した数と相違があるが、一九四六年に入ってからも上海へ移動した人々がいたためと推察される。こうした動きに伴い、上海に居住していた朝鮮人も多くが引き揚げ、日本敗戦直後には六〇〇〇人ほどいたとされる人口が、一九四六年十二月には一九八八人に減少した。その後も一九四八年末まで小規模ながら断続的に引き揚げが続き、中華人民共和国成立直後の一九四九年十一年には、五〇三人を数えるのみとなった。

中華人民共和国成立後、上海朝鮮人は北朝鮮国籍（北朝鮮公民）に編入されていき、大韓民国国籍を希望する者は無国籍者の扱いになったといわれる。この点は、旧満洲にいた朝鮮人が朝鮮族として、中華人民共和国を構成する民族の一つに再編成されていくのとは対照的である。同じ朝鮮人でありながら、中国国内の居住地域によってなぜこのような法的地位の差異が生じていったのかを考えることも、興味深い研究テーマの一つである。

**附記**　本稿は平成二十二年度科学研究費（奨励研究）による「第二次世界大戦後の上海在留朝鮮人の国籍に関する基礎的研究」の研究成果の一部を使用している。

◎コラム◎

# 海と言語を跨いだ朱實《しゅじつ》老師——建国前日の天津上陸

井上邦久

いのうえ・くにひさ——天理大学非常勤講師、「華人研」代表。専門は川口居留地研究、瞿秋白研究。「上海たより」「北京たより」など連作コラムをwww.jk-asia.netの中の「ブログ——国際」に定期掲載中。

　第二次大戦直後の北東アジアの海では様々な移動があった。上海を後にしたユダヤ人、失意の引揚者、四・三事件後の済州島を逃れ、一九四九年六月五日須磨海岸に密入国した金時鐘。多くの移動の軌跡が交差する中に、台湾を脱出して大陸を目指した若き日の朱實《しゅじつ》老師がいる。上海短歌会で同席して以来、ご自宅への訪問や置酒歓談を続けさせて頂いている。その間の聴き取りと限られた資料によって知った朱實老師の足跡を辿り、そのお人柄の一端を伝えたい。

　朱實老師は台湾彰化の人。一九二六年九月三十日生れのご本人自ら「大正十五年生れです」と茶目っ気を含めて口にする。台中一中同窓の張彦勲・許清世と日本語同人詩刊『ふちぐさ』を発行し、結社「銀鈴会」を創った。一九三七年からの台湾メディアの中国語自粛と、一九四六年の日本語禁止という台湾における苛酷な言語政策の渦中に生きた「言語を跨ぐ世代」（陳芳明・下村作次郎ら訳『台湾新文学史』東方書店、二〇一五年（原著　陳芳明『台湾新文学史』聯經出版、二〇一一年））として活動し、大戦後初期の台湾文学の源流の一つとなった。

　一九四五年台湾師範大学教育学部に進学。武器庫襲撃にも加わったという二・二八事件を潜り抜け、「麦浪歌詠隊」での音楽活動や拡大再出発した「銀鈴会」活動の主要メンバーとなった。一九四九年四月六日、国共内戦での劣勢が明らかとなった国民政府は、陳誠台湾省主席の指揮により台湾師範大学と台湾大学の学生二〇〇余名を逮捕監禁した（四・六事件）。この時、彰化から台北駅に戻った朱實老師は待ち受けた仲間の急報で地下に潜ることとなった。上記の『台湾新文学史』には「このときの大規模な逮捕では「銀鈴会」の重要メンバーである朱實と埔金も難を免れなかった。この二人の学生作家は共産党分子と見なされ」と記述され、「銀鈴会」は活動を停止したとある。

岐阜経済大学の論集三十四巻一号に掲載された『朱實教授　略歴・著作目録』には、

一九四九年七月　台湾師範大学教育学部卒業

一九五〇年六月　中国対外友好協会上海市分会　日本課長（〜一九六八年五月）

とある。四・六事件後、当局の追及を逃れて何処に潜伏していたか詳らかではない。九人兄弟の長男を引き留める父親を振り切って基隆港から英国船で脱出。一九四九年九月三十日天津に上陸した。奇しくも誕生日に重なり、「我、新生を勝ち得たり」と叫んだと熱く語る。それはあたかも北京天安門広場で中華人民共和国の建国式典が行われる前日のことであった。

天津上陸後、華北軍政大学への入学を指示された。それは台湾解放要員としての準備期間であり、謝雪紅（彰化出身。台湾共産党を組織。二・二八武力闘争に敗れ大陸へ脱出）に随ったとのこと。翌一九五〇年五月十八日に軍政大学を卒業。略歴の「六月上海市で就職」という記述が事実であるとしても、時代背景も含めた確認作業が必要であろう。ここでは同じ六月に朝鮮戦争が勃発した影響を推測するに留める。

朱實老師は、俳句・短歌・漢俳の創作に当たっては「瞿麦《くばく》」という筆名を多用される。初期中国共産党の指導者であり、『魯迅雑感選集』（良友図書公司、一九三三年）を編纂した文学者でもある瞿秋白《くしゅうはく》を好んで「瞿」を選び、台湾時代の「麦浪歌詠隊」から「麦」を取って「瞿麦」としたと教わった。老師の中にある政治性と文学性・芸術性を象徴的に表現した筆名だと感じている。

文化大革命時代の上海で「国民党スパイ」という名指し批判を受けた体験、党中央に要請されて日本映画の中国語訳をした秘話、そして日中国交正常化交渉の下工作については、上海で鼎談を重ねた河崎眞澄産経新聞前上海支局長の署名記事として公になっている。また司馬遼太郎『街道をゆく25　中国・閩《ビン》のみち』（朝日文庫、一九八九年）の冒頭部分にも「呼吸をするように日本語を話す」瞿麦さんとして登場し、二人の心の交流が活写されている。

渡辺新一は「日中定型小詩の可能性――いわゆる「漢俳《かんぱい》」をめぐって」（中央大学人文科学研究所編『研究叢書36　現代中国文化の軌跡』中央大学出版部、二〇一五年）において、朱實（瞿麦）を「漢俳の実作と紹介に多大な貢献がある」と記述している。また台湾の戒厳令が解かれ帰郷が叶った一九九〇年代の俳句「掃苔や幾星霜の祈り込め」（『台湾文学館通訊』掲載）は基隆港での一別から半世紀を経て父の墓に参った時の絶唱である。

上海浦西の老師宅で定型詩を唱和した折に、俳句と漢俳のどちらが先に浮かびますか、と訊ねたところ「同時に生まれる」と即答された。それはまさに「言語を跨いで」生き抜いてきた文学者ならではの言葉であろう。そして「海を跨いで」中華人民共和国の建国より一日早く革命現場に参画した政治闘士としての眼差しは離休幹部となった今も鋭い。

「四海皆兄弟　東西南北一般親　難忘老郷情」

「はらからは四方に散らばり相偲ぶ」

（瞿麦《風雅漢俳》二〇一六年第三号「秋思」より）

2015年　朱實老師と筆者（右）。朱老師宅にて。

◇インタビュー◇

# 中国に最先端のオフィスビルを造る

吉村明郎（聞き手：堀井弘一郎）

――自己紹介を兼ねて、ご自身の中国との関わりをお伺いします。

一九七二年に中央大学経済学部を卒業し、同年森ビル株式会社に入社しました。四十二年間勤務しましたが、結果、半分の二十一年間を中国事業に携わったことになります。森ビルは一九九三年から中国事業を始めましたが、私はその当初から関わり、大連森茂《センマオ》大厦《ビル》、上海森茂《センマオ》国際大厦《ビル》（現・恒生銀行大厦《ビル》）、上海環球金融中心の初代総経理として法人設立や開発、建設、運営にあたりました。現在もいくつかの日中企業に関与し、定期的に中国に出張し中国との交流を続けています。

――森ビルが中国、とりわけ上海に進出した目的、動機はどこにあったのですか？

一九九三年、森稔社長（当時）と一緒に東南アジア諸国（インドネシア、ベトナム、ミャンマー、中国など）を見て回りました。これからはアジアの時代だと思ったからです。ただ「やっぱり中国かな」というのが我々の結論でした。それは昭和三十年代の高度成長期の日本が持っていたポテンシャルが、中国にはあると感じたからでした。

同時期の一九九三年、第十一森ビルに大連市対外経済貿易事務所が入居しましたが、その折、薄熙来《ボーシーライ》市長が森ビルに来訪され、森稔社長に大連進出の要請がありました。大連市の要請を受け入れ、早速大連に飛びました。現地で進出してい

よしむら・あきお――元上海環球金融中心総経理、NPO法人日中映画祭実行委員会理事。一九七二年中央大学経済学部卒業。同年、森ビル株式会社入社。発注業務、都市開発、商業開発、観光開発などを経て一九九三年、森ビルの中国事業スタートに関わる。「大連森茂大厦」「上海森茂国際大厦（現・恒生銀行大厦）」「上海環球金融中心」の初代総経理として法人設立・開発・建設・運営にあたる。

る日系企業を訪問して回りましたが、オフィスビルらしいオフィスビルもなく、例外なくホテル住まいをしていた大連日系企業からは、「森ビルさんが日本式のオフィスビルを作ってくれたら入居するから、すぐ作って欲しい」と言われました。結局、大連森茂大厦は翌一九九四年にすぐ着工し、二年後の一九九六年に竣工しました。

　上海については、一九九三年に元市長の汪道灌《ワンダオハン》先生から趙啓正《チャオチーチョン》副市長（浦東《ほとう》新区管理委員会主任）を紹介され、浦東新区開発について検討されたらいかがか、との提言されたのがきっかけです。森稔社長と趙啓正主任とは大変気が合い、浦東新区の陸家嘴《りっかし》地区（現在高層ビルが林立しているエリア）を国際金融センターにしよう、ということで意気投合しました。浦東新区開発が国家プロジェクトとして制定されたのは、一九九〇年でしたが、その後遅々として開発は進まず、漸く一九九二年の鄧小平の南巡講話で動き出そうとした正にその時でしたから、森ビルの進出は大歓迎されました。

図1　上海環球金融中心

　当時上海といえば黄浦江《こうほこう》の西「浦西《ほせい》」（旧市街）を指し、黄浦江の東「浦東」は造船所などの工場や、労働者向けの住宅など古い町並みで、租界の面影が残る煌《きら》びやかな浦西とは比べ物にならず、「浦東なんて行ったことがない」というのが当時の上海人の矜持でした（笑）。ただ一方、浦西の都市インフラ（道路・電気・ガスなど）は老朽化しており、大雨時の道路冠水や、停電やガス容量などの問題もありました。浦東開発は都市インフラから新しい規格で作り変えるという都市計画構想でしたから、デベロッパーからみれば「浦東の将来に賭けてみるか」という心境でした。現在の浦東の発展ぶりを見ると、夢のようですね。

――大連や上海のビル建設やその運営で感じた日本との差異はどのような点で

しょうか？　また、お仕事の面で苦労されたことはどんなことでしょうか？

建物の構造から言えば、中国は高層ビルでも基本的にＲＣ造（鉄筋コンクリート造）が主流でした。小間仕切りが主体で、大空間が必要なかったのと、まだまだ鋼材は希少で高価だったからです。大連森茂大厦は、日本基準で更に最先端のオフィスビルを目指しましたから、自由度の高い大空間構造と二・七メートルの有効天井高を実現するため、ＳＲＣ造（鉄骨鉄筋コンクリート造）を採用しました。大連森茂大厦は日本のゼネコン（大林組）にお願いしましたが、先ず彼らが始めたのは鉄骨工事のためのとび職の育成でしたね（笑）。

森ビルは、当時の中国にあっても最高水準のビルを作ることにこだわりました。わかりやすい話をしますと、大連森茂大厦（一九九四年〜九六年）は、日本の森ビルを含めウォシュレットを標準装備した最初のビルです。建築的にも設備的にも最先端のビルは、二十年以上経った今も大連のランドマークとなっています。

上海森茂国際大厦（一九九五年〜九八年）も、日本ゼネコンであるフジタと大林組のＪＶ（ジョイントベンチャー）で施工しました。このビルで特徴的なのは、やはり空調システムに四管式冷温水供給を採用したことでしょう。二系統式の四管式は夏でも冬でも常時、冷水と温水を館内に供給するシステムなので、きめの細かい温度管理が可能となります。冬でも西日があたれば暑いですし、コンピュータにとって温度管理は必須ですから。

しかし何と言っても一番苦労したのは、上海環球金融中心（一九九七年〜九八年／二〇〇四年〜〇八年）の建設だったでしょう。最初の杭工事は清水建設に発注したものの、再始動した二〇〇四年の段階ではＷＴＯ加盟（二〇〇一年）後であったため、ワンプロジェクト営業申請制度は資質制度に切り替わっており、中国の建設会社に工事を発注せざるを得なくなりました。そこで我々は、中国№１の中国建築工程総公司をノミネートし、また上海で工事をするという状況に鑑み上海№１の上海建工集団をノミネートし、ＪＶ企業体を組みました。

そもそも、中国にはゼネコンという概念は存在しません。工種ごとに施工業者があり、設計事務所があり、監理公司があり、施主がいるという構図ですから、全体を取りまとめるゼネコン的な仕事は結局、施主の仕事です。森ビルが最初にしたことは、一〇〇名の技術者を社内外から集めてＣＭ（コンストラクション・マネジメント）部門を作ることでした。施主のＣＭ部隊や設計部隊、発注部隊が中心となって、設計管理、施工監理、工程管理、安全管理、品質管理、予算管理などを実施していく。これは森ビルとしても前例のない難事業でした。大雪などの自然災害もあり、これは工事にかかわった人全員が筆舌に尽くしがたい苦労を味わったことと思いますが、それだけに二〇〇八年十月二十五日のグランドオープンを迎えた時の歓びは、何ものにも代えがたいものでした。

――多くの上海人と接してこられたご体験から上海人気質については、どのように感じておられますか？　それと関連して、昔の上海（老上海）と現代の上海との違いについてはどうように感じておられますか？

上海人の、というより中国人の一般的な気質は、良く言えば大らか、悪く言えば大雑把です（笑）。地続きの大陸での暮らしの中では、自己主張をはっきりして目立たないと生きていけない。日本は島国でムラ社会ですから、やはり協調と調和が大事です。でも、中国ではそれでは生きていけません。声も大きくなります。そんな中国の中で、上海人は利発過ぎるので他郷の人たちから嫌われている、とも聞きます。だから、上海人に対する最大の褒め言葉は、「えっ、あなた、とても上海人には見えませんよ」だそうです（笑）。

上海には今でも長屋（里弄住宅）があり、昔の日本のような、お隣同士融通し合って暮らしている文化もあります。そういう意味では日本人と変わらない人情味がありますね。今の上海人の行動様式は日本人と似ていますね。日本に来るインバウンド数は、三一二〇万人（二〇一八年／ＪＮＴＯ）ですが、その内、中国からの観光客は八三八万人（二七パーセント）でトップです。日本の文化や安全で清潔な社会環境に好感を持っている人は多いと思います。

――現在、及び中長期的な中国の経済状況については、どのようにお考えになっておられますか？

中国経済の見通しについて、相当後退していると言われます。私自身は中国でビジネスに長く関わってきましたが、悲観的な思いを抱いたことは一度もありません。さすがに昨年（二〇一八年）暮れ頃から今年（二〇一九年）初めにかけて、中国の実業界の人たちから景気減速について話を聞くこともあります。それでも中国は六～六・五パーセントの成長率をもっている国です。今後、大規模減税や公共インフラ投資拡大などの経済政策を打ってくるでしょうし、経済は人口の多い方がやはり最後は勝つと思います。

一方、不動産（使用権）価格は流石に上がり過ぎて、採算値を超えているのも事実ですが、これも何らかの形で調整されていくでしょう。昔は、不動産売買は随意契約でしたが、公明性を出すために入札制度に変えたことが、今日の地価高騰を招いてしまったのは皮肉な話ですね。

――歴史から学ぶとすれば、上海の歴史のどういう点に注目したらよいでしょうか？

上海はやはり租界文化をもつ都市で、租界独特の風俗や文化があります。国際的な付き合いに慣れており、長けています。世界に対して物怖じしない考え方や生き様があります。この姿勢は日本が手本にしてもいい点ではないでしょうか。**図2**を見てください。これは一九四二年秋、上海で行われた大戦の合同戦死者慰霊祭の際の写真です。日本人居住区にあった虹口《ホンキュウ》天主堂で撮られたもので、日・中（汪兆銘政権）・英・米・仏・独・蘭各国の軍人、要人らで、国籍や宗教の違いを超えて集まっています。真珠湾攻撃（一九四一年十二月）翌年のことであり、上海がこの時まで相互不可侵の中立都市であったことを物語っています。帝国酸素の目黒三郎支店長が、同僚で蔣介石政府の参謀長の弟、朱氏と図って企画実行した慰霊祭ですが、古くから租界を拠点として広く世界と繋がる国際都市、上海を象徴する写真といえるでしょう。

　それから、ユダヤ人がドイツで迫害されている時に、二万人以上のユダヤ人を避難先として受け入れたのも上海です。そもそも上海の一八六〇年代、租界創立当初から上海経済を牛耳っていたのはサッスーン財閥などユダヤ人でしたからね。

――日本の若い人々に、上海の魅力を語っていただけませんか？

　サントリーの創業者鳥井信治郎ではないですが、「やってみなはれ」という気質が上海にはある。

　朱鎔基《チューロンチー》首相（当時）がフランスに行った際、リニアモーターカーの導入契約をして戻り、早速浦東空港から上海市内への鉄道敷設をしました。二〇〇二年のことです。日本は未だ実験線の段階でしたから「大胆なことをするなぁ」と思ったものです。中国人は先ずやってみて、不具合があれば修正すればいいと考えます。経済特区制度もそうですよね。そのチャレンジ精神は日本人の私からみれば羨ましい部分もありますね。それに上海は開発のスピードが速い。当時の森稔社長は、それを「上海スピード」或いは「ドッグ・イヤー」と表現しました。「我々も落ち落ちしていられないぞ」という意味を込めて、ですね。

　二〇一八年の「言論ＮＰＯ」の調査によると、日本に「良い」印象を持つ中国人の割合が四二・二パーセントとなり、二〇〇五年の調査開始以来の最高になったそうです。逆に、中国に「良くない」印象を持つ日本人の割合は八六・三パーセントで、高止まりが続いているそうです。日本の若い人には、実際に中国に上海に行って見て欲しいです。たとえ空気に触れるだけでも違う。是非自分の眼で確かめて欲しいと思います。

――本日は大変貴重なお話を本当にありがとうございました。

二〇一九年三月七日　於／勉誠出版

図2　1942年（昭和17年）秋於上海虹口天主堂／日、仏、英、独、蘭軍人及び神道、仏教、キリスト教の合同戦死者慰霊祭（写真提供：目黒暁三氏）

【III〈記憶〉の再編】

# 堀田善衞と敗戦期上海日本文化人の「中国」表現
## ——日記・雑誌・作品

陳　童君

ちん・どうくん——中山大学外国語学院准教授、専門は日本近代文学。主な著書・論文に『堀田善衞の敗戦後文学論——「中国」表象と戦後日本』（鼎書房、二〇一七年）、「南京大虐殺事件の戦後日本文学表現史論——東京裁判からのアプローチ」（『中国研究月報』、二〇一八年十二月号）などがある。

本稿は作家堀田善衞を中心に、敗戦期上海の現地日本文化人が中国をどのように表現していたかを考察したものである。そのために、本稿はまず堀田善衞の上海時代の文筆活動を日記、雑誌、作品などの各種の関連資料で検討し、それから、同時期の上海で生活していた林俊夫と武田泰淳の著述と比較しながら、敗戦期の現地日本文化人が中国に対する一体化意識と他者意識の特質を解析してみた。

## 一、東京と上海のあいだ

### 『大陸新報』の戦況報道

一九四五年三月二十四日、当時二十七歳の無名の文学青年だった堀田善衞は、日本国際文化振興会の海外派遣者として同会の上海資料室に赴任している。彼が上海の地を踏んだ当日、現地発行の日文紙『大陸新報』の一面には「正規空母五隻など十一隻撃沈　百八十機撃墜」という大見出しの記事が掲載されている。この記事は三月十八日から九州南方海面に現れた米海軍機動部隊に対する日本軍のいわゆる「特別攻撃機」の成果を報じているが、その内容は実は当日の『朝日新聞』東京朝刊に掲載されている一面記事「荒鷲十一艦を撃沈　五空母二戦艦三巡艦等」とほぼ一致している。『大陸新報』が朝日新聞社の傘下にあった外地国策新聞紙であることはすでに山本武利の労作『朝日新聞の中国侵略』（文藝春秋社、二〇一一年）で詳論されている。その点から考えると、『朝日新聞』の戦況報道が同時に『大陸新報』に掲載されていることはさほど不思議ではないが、興味深いのは、同じ内容の戦況報道に対して、両紙が発表した当日の「社説」はそれぞれ多分に異なる問題意識を見せている、という事実である。

『朝日新聞』の社説「この戦果に振ひ起て」は米軍に猛撃を与えた特攻隊の戦果を讃える一方、「敵はすでにわが本土の玄関口硫黄島を押し破り、不敵にも直接わが本土を窺つて眈々たるものがある」とし、「皇国は現在、歴史上に曾てない国難に際会してゐる」と警鐘を鳴らしている。こうした本土決戦に対する危機感は「国民的自尊心を失ふ勿れ」と題された『大陸新報』の社説にも共有されているが、一方で、国内向けの本土新聞と違い、『大陸新報』は現地上海の読者のまなざしをより強く意識しており、社説のなかで「我々外地にある邦人の特に留意すべき事柄」を取り上げて次のように述べている。

**上海日本人の「義務」**

中国の一般民衆は現地邦人を通じてのみ日本を理解する。然るに現地邦人が戦局の一進一退に喜憂し、或は悲報の至る毎に意気消沈するやうでは遂に隣邦民衆の協力や信頼を確保することは覚束ない。内に烈々たる必勝の信念を蔵する毅然たる態度を在留邦人の一人々々が持ち得て始めて中国の民衆に大東亜戦争最終の勝利を納得せしめることが出来る。我々は現地にあるものとして大東亜戦争の歴史的意義を中国人の間に徹底せしめ、道義に基く我々の戦争目的が必ずや最後の勝利を占めるに相違ないことを身を以て彼等に説得せねばならぬ義務を負つてゐる。

日本の敗色が濃厚にみえてきたために、上海で生活している日本人居留民の多くは「戦局の一進一退に喜憂し、或は悲報の至る毎に意気消沈」しているという。こうした居留民たちの倉皇の姿が現地の中国人たちの目に止まっているため、「隣邦民衆の協力や信頼を確保することは覚束ない」ものになってしまっていると批判される。その一方、上海の日本人居留民の全員は「大東亜戦争の歴史的意義」の説明者として位置づけられ、中国人たちに「道義に基く我々の戦争目的」と、「必勝の信念を蔵する毅然たる態度」を伝えることを「義務」として要請されている。実は同じ日の『朝日新聞』の社説には中国についての記述が一切なく、日中戦争の問題は完全に社説の内容から外されている。それと対照的に、『大陸新報』の社説は「中国の一般民衆は現地邦人を通じてのみ日本を理解する」ものだとし、日本人居留民と現地中国人との自他関係を最も重要なテーマとして論じている。すなわち本土と違い、外地である上海在住の日本人たちは母国の戦局を懸念する一方、現地中国人の動向にも神経を尖らせざるを得ない状況に置かれている。このように中国人のまなざしと直接に対峙する緊張感の有無は、戦争末期における上海と東京の言論空間の根本的差異を規定するものといえよう。問題は、東京から上海に渡った堀田はそうした中国人のまなざしにどのように立ち向かっていたのか、である。

## 二、『臨診録』と堀田善衞の初期中国体験

### 自筆資料『臨診録』

神奈川近代文学館の「堀田善衞文庫」に堀田が上海時代に用いた自筆資料が保存されている。その中に、表紙に「臨診録」と印字された一冊の新書版サイズの手帳がある（以下、『臨診録』と表記）。『臨診録』には「大東亜省貿易局調査官平本氏招待座談会、重松宅」、「日倶長江会、重慶内情、日倶木曜会」、「錦江八号室、橋本二人送別会」などのような片言隻語のメモが数多く記されており、当時は堀田の活動日程のメモ帳として用いられていたことが推定される。また、『臨診録』に記されたほぼ最初の日程メモは「生増突撃大会」という記述であり、これに関して『大陸新報』四五年三月二十七日の広報欄に「二十七日　生産増強本部協議会（正午から日倶）」という告示が見られるので、堀田が上海に着いて間もなく『臨診録』を使い始めたことが想像される。『臨診録』は断片的な記述が多いため、当時の堀田の動向を的確に把握するに十分ではないが、前述の日程メモのほか、この資料に記されている次のような一連の心理表現はとくに注目に値する。

（一）南京城壁上の、トーチカ内の落書き。君のため何か惜しまん若桜　散つて甲斐ある命なりせば。下手糞な落書。

（二）身に遠いと思つている。しかし我には何事でも、いつのまにか、その現場に入つてゆくのである。

（三）日一日と中国人から離れること。中国人大衆の中で日本語を話すことが得意でもあり不安でもある。

（四）沖縄失陥。彼らは何か事の起るのを待つてゐる。飛行機――美国か日本か？　痛苦煩悩、隠身埋名。

（五）無内容の自信を集団的安居、楽業の中に形式化してゐること、日本文学にない点、つまり集団的安居楽業の文学であるから、孤高の精神、さびしさ、悲壮さがないことが説明できる。

### 敗戦期の心理表現

以上の（一）～（五）は『臨診録』に散在している主な心理表現の記述である。まず、堀田の自筆年譜（『新文学全

集 堀田善衞集』河出書房、一九五二年）によると、彼は一九四五年五月に南京に旅行していたので、右の（一）は当時の旅行中に書かれたメモと推定される。ここに記された「南京城壁上の、トーチカ内の落書き」とは、一九四一年に特別攻撃隊の小隊長として真珠湾攻撃に参加した古野繁實少佐の辞世の句である。戦死した古野は「軍神」として祭り上げられたために、「君のため何か惜しまん若桜 散つて甲斐ある命なりせば」という彼の辞世の句は『九軍神正伝特別攻撃隊』（朝日新聞社編、一九四二年）や『九軍神の御霊に捧ぐ少国民作品集』（日本少国民文化協会編、一九四三年）などの戦時下のプロパガンダ作品に「特攻精神」のシンボルとしてしばしば登場していた。そうした戦意高揚の小道具を「下手糞な落書き」と一蹴した堀田は戦局の進展を冷静に見守っていると見受けられる。ところで記述の（二）と（三）に見られるように、初めて中国大陸に渡った彼は「我には何事でも、いつのまにか、その現場に入つてゆく」と冒険心を示す一方、他方で「中国人大衆の中で日本語を話すことが得意でもあり不安でもある」とし、「日一日と中国人から離れること」を危惧している。

その次の記述（四）は「沖縄失陥」から始まっているので、沖縄戦の末期に書かれたものと推察される。周知のように、アジア・太平洋戦争の最後の激戦である沖縄戦は一九四五年三月二十六日に始まり、六月二十三日に日本軍の牛島満司令官の自決をもって終了したものである。一方で、上海の『大陸新報』は早くも六月十八日に沖縄陥落の見通しを日本居留民たちに伝えており、同日の紙面で「沖縄戦局の推移からみても上海の大空襲といふものは当然予想される」と警告している。「彼らは何か事の起るのを待つてゐる。飛行機——美国か日本か？」という記述（四）の文言は、敗戦に臨む現地日本人の不安を代弁しているかにみえるが、同じところに「痛苦煩悩、隠身埋名」という中国語表現も用いられているのを考えると、記述（三）のなかで「中国人大衆の中で日本語を話すことが得意でもあり不安でもある」としている堀田は、異言語としての中国語の他者性を絶えず意識しながらも、そうした異邦人の言葉を自身の表現手段として確保しようとも試みているのである。

## 日本人本位の表現志向

一方、記述（五）はこれとは逆に、中国に対する堀田の日本人本位の視座を窺わせる。ここで堀田は「無内容の自信を集団的安居、楽業の中に形式化してゐること」を中国文学の特色として挙げ、マイナスな評価を与えている。その理由について彼は「日本文学にない点」、「孤高の精神、さびしさ、悲壮さがないことが説明できる」と断じ、中国文学と日本文学との違いを強調することによって両者のあいだに優劣関係を作ろうとしている。実は上海に渡る直前まで、堀田は「西行——旅」と題された評論の草稿を手がけていた。この草稿のなかで堀田は平安末期の歌僧西行を乱世文学者の典型として論じる一方、「我々日本人の歴史感覚の根底には、たとへ如何なる末期感の存する時にでも、一つの動かざる無窮感が在る」とし、日本の民族精神が「死によつてはじめて自然と歴史に生きるといふこの運命」にあると説いている。記述(五)の中国文学論は明らかに「西行——旅」に表れた彼の日本民族精神論を尺度にして展開されたものである。また後述するように、そうした日本人本位の表現志向は上海滞在中の堀田の著述に底流するものの一つとなっていたのである。

## 三、『上海日記』と敗戦体験

### 『中華日報』の「和平号外」

二〇〇七年夏、故堀田善衞宅で遺族により堀田自筆の上海時代の日記が発見された。これは後に紅野謙介の編集で翻刻され、二〇〇八年に『堀田善衞上海日記——滬上天下一九四五』というタイトルで集英社から刊行された(以下、『上海日記』と略記)。『上海日記』の記述によると、堀田善衞が日本の敗戦を知ったのは一九四五年八月十一日のことである。この日の午後、堀田は友人の会田綱雄が勤めていた上海中央書報社(虬江路九七〇号)を訪ね、そこで中国人詩人の路易士から一枚の「和平号外」を渡された。この号外に目を通した堀田は日本政府がすでにポツダム宣言を受諾したことを知り、「日本人の僕らはみな暗い表情になつた、と同時に何とも云へぬ苦いものがこみ上げて来、眼のやり場に困つた」という(前掲日記)。堀田が当時読んでいた「和平号外」は『中華日報』という現地の中国語新聞が発行したものである。現在中国国家図書館に所蔵されている「和平号外」の紙面の右下に「下午二時」という書き込みが見られるので、堀田がこれを目にしたのも当日の同じ頃であろうと想像される。この「和平号外」の紙面には「日接受波次坦三国宣言 世界全面和平実現」という大見出しがつけられており、重慶時間の十日夜八時に、日本政府がポツダム宣言受諾の意思を中国側に通知したことが報じられている。

### 中国への〈無知〉

一方で、『上海日記』によると、「和平号外」を読み終わった堀田はその後、上海の中心地である南京路に出かけていった。日本降伏の情報がすでに広まっていたために、南京路で「方々では爆竹がぼんぼん鳴り出し」「通りかかる西洋人に手をあげて挨拶してゐる支那人もゐる」という。こうした上海の街の激変ぶりを見ながら、堀田は南京路からバンドの方向に移動し、やがては江西路の新世紀月刊社に勤めている友人の林俊夫を訪ねていく。朝日新聞の上海特派員だった林俊夫は「和平号外」のショックを受けて意気消沈しているが、それに対して堀田は「外へ出て見よう、見ようとしきりにうながし」、街に出かけることを勧める。そして同日の日記の終わりを、堀田は「僕は支那について大して見識も先入観もなにもないから、学ぶのは今日この時、そして未来のために、学識よりも経験よりも何よりも一番大切なものを見得るのは今日だ」と結んでいる。このように、日本の敗戦が判明した当日の体験を記している堀田の筆は、最後に彼自身の「支那について大して見識も先入観もなにもない」という〈無知〉の強調で終わっている。しかしながら、こうした中国に対する〈無知〉の意識は彼の行動意欲を萎縮させるのではなく、逆に「学識よりも経験よりも何よりも一番大切なものを見得るのは今日だ」という中国観察の志向を強める結果になっている。実際、八月十一日の敗戦体験を機に、上海での堀田の行動はあたかも推進力を得たように急速に活発化することになったのである。

## 「告中国文化人書」

まず八月十三日に、堀田は「告中国文化人書」という中国語パンフレットの刊行を企画し、現地の報道統制機関である上海弘報部（静安寺路日本陸軍分館）に赴き「紙の手続きをしてもらひ、翻訳料百万弗位都合するための紹介状の件をも準備して貰」った（前掲日記）。のちの堀田の回想によると、「告中国文化人書」は敗戦の「この瞬間日本人が何を考えているかということを正直に書いたパンフレット」であり、「それをアメリカ系の印刷所へ持っていって一〇〇万部刷り、中国じゅうにばら撒くつもり」だったという（堀田善衞・開高健「対談　上海時代」『海』一九七六年十二月号）。この出版計画はのちに抗日派印刷工の反対で挫折してしまったが、その二ヶ月後、上海の接収を担当する中国第三方面軍が創刊した日本語新聞『改造日報』に堀田は評論「希望について」（十月六日～八日）を連載し、さらに一週間後の十月十七日には「中国側の機関へ入つて働いてみようか」（前掲日記）と考えるようになる。そして翌月の十一月十二日に上海日僑管理処主催の日本文化人座談会に出席した堀田は、間もなく国民政府に日本人留用者として招聘され、一九四五年の十二月二十一日に「中宣対日委員会から証明書を貰ひ、更に保事から証明書をもらつて出勤する」（前掲日記）ことになったのである。

## 四、「対日文工会」と雑誌『新生』

### 留用と雑誌『新生』

当時、堀田が日本人留用者として就職していたのは中国国民党中央宣伝部対日文化工作委員会（以下、「対日文工会」と略記）という文化機関である。同時期の『改造日報』の記事によると、「対日文工会」は元々「抗戦中対日文化宣伝に活躍した」中国国民政府の宣伝機関であったが、終戦後、上海虹口区昆山路一二八号にあった「株式会社重松薬房」と「万有製薬株式会社」の社屋を接収して同会の事務所とし、一九四五年十二月八日から「上海において在留日本居留民及び徒手官兵に対し文化宣伝工作を展開する事になつた」という。

堀田の留用先である「対日文工会」について不明な点が多いが、同会の事業内容を知るためのもう一つの重要な資料は雑誌『新生』である。『新生』は「対日文工会」が「日本をして新生の途徑を進ましめようとする念願」（「創刊の言葉」）をもって発行した旬刊の日本語総合雑誌であり、現在のところ、現物が確認できたのは、一九四六年三月一日発行の第一号から同年六月十五日発行の第六号までの計六冊分である（中国国家図書館とアメリカ議会図書館所蔵）。このなかで、三月十一日発行の第二号には「本会工作の近状」という記事が掲載されており、「対日文工会」の一九四六年一月から三月までの動向が紹介されている。その内容によると、「対日文工会」は四六年一月四日に「日僑児童教育扶助金募集を目的とする文化座、協同劇団、カヂノ座三劇団公演の主催及び指導」、同月二十五日に「江島丸遭難日僑救済資金募集、新協劇団公演の主催及び指導」、二月一日に「日僑学童の旧観念を一掃し、民主日本の建設のため明朗、且つ健全なる情操を養はしむる目的の下に童謡を募集」、二月十一日に「徒手官兵教育費募集の爲民主劇団第一回公演を戦俘管理所と共同主催指導」、三月一日に「旬刊雑誌『新生』創刊」、三月四日に「中央広播電台XORAより中国大陸にある日僑並びに徒手官兵、更に日本内地向け放送を開始す」るなど、現地日本人向けの文化活動を多方面にわたって開催していた。これらの事業内容を見ると、「対日文工会」は敗戦後の上海日本人居留民および日本軍俘虜の文化リテラシーをトータルに統制する機関として機能していたことが窺われる。

一方で、堀田の『上海日記』一九四五年十二月十三日付の条に「中央宣伝部対日文化工作委員会で出す日文雑誌『新生』に原稿を（「風立ちぬ」十五枚）書き、ついでに編輯を手伝ふことになつた」という記述がある。「対日文工会」への留用と前後して、堀田は雑誌『新生』の編集に参加したことがわかる。また、一九四六年六月二十九日付の日記に「岡山、森山、加藤の三人が帰つた。Sと二人で車で虬江碼頭《きゆうこう》まで送りかたがた『新生』の五号六号を持つてゆく」という記述がある。この日、「対日文工会」の日本人同僚の帰国を見送った堀田は二冊の『新生』を贈り物として渡したようだが、その中の一冊である『新生』第五号（四六年五月十五日発行）に堀田が「伏木海之」というペンネームで執筆したエッセイ「中国のポスター」が掲載されている。

## 「中国のポスター」と「希望について」

堀田はこの作品の中で、敗戦直後に彼自身が上海の街で収集してきた中国語の宣伝ポスターを紹介し、現地メディアの対日輿論と戦後中国人の日本認識の内実を批評している。堀田によると、現地中国人の「抗戦勝利の時のポスタア」には「慶祝勝利、自力更生、擁護民主主義、提高民衆意識」などの祖国再建のスローガンがあったものの、「敗戦国民たる日本人に対するドギツイ誹謗は殆ど見られなかつた」という。しかしながら、それらのポスターに表れているのは「中国人自身の日本に対する表面的な感想」にすぎず、戦後上海の中国語新聞には「厳戒日本的新侵略」や「透視日本的地下層」などの厳しい対日批判の記事も数多く掲載されている。それらの記事の中に「見当違ひな所説もある」が、その内容を見ると、中国人の日本への不信感が「骨の髄に徹してゐるもの」であり、それを「除去したり出来ると思つたら、大間違ひだ」と堀田は警鐘を鳴らしている。

日本の敗戦が知られた当初、堀田が『改造日報』に「希望について」と題された評論を発表したことは前にも紹介した。この評論の中で、堀田は祖国の敗戦後の運命に対する現地上海の日本人居留民の冷淡ぶりを手厳しく批判し、日本民族の再生の希望を中国に求めることの重要性を強調しながら「目先が真暗であつてこそはじめて希望といふものは存在し得るのだ」と力説している。このように日本人本位の視座が貫かれている点に「希望について」の叙法の特色が見られるが、それと対蹠的に、「中国のポスター」で堀田は、「今日中国の諸論調は、新聞自由の下にあつて、多彩を極めてゐるが、全部が全部一致してゐることは、対日本論である」とし、中国人の日本認識を共有することを試みている。また、「希望について」に「上海」という言葉は実は一回も出ておらず、堀田は上海の日本人居留民を相手に敗戦の意味を熱心に論じているものの、戦後上海それ自体の運命に対してほとんど無関心である。それに対して、「中国のポスター」は「街を歩いてゐると、時々ドキリとするやうな広告を見ることがある」、「街の真中に真ツ赤大文字で狂賎！　犠牲血本！　などと書いてある」という都市案内に近い叙法が用いられており、戦後上海の様相を紹介することに作品の眼目が置かれているのである。

## 五、林俊夫からの逆照射

### 「国民党と国民政府と中華民国」

敗戦後、堀田善衞とともに「対日文工会」に就職した日本文化人に先ほどあげた林俊夫がいる。元朝日新聞上海特派員である林俊夫は戦中に上海の日本人論壇で中国オブザーバーとして活躍し、戦後も『改造日報』や『新生』などの現地新聞雑誌に彼の中国論を積極的に発表していた。たとえば前述の『新生』第五号には林が執筆した評論「国民党と国民政府と中華民国」も掲載されている。この評論で林俊夫はまず、「国民政府は、国民党の独占する行政機関ではない」と論断し、そのうえ、「『党』即ち『国家』の形式は、民主主義国としての中華民国にあり得ようはずがない」という彼の中国認識を詳述している。

林によると、国民政府が「国民党を中心とする政治組織であ」り、「国民党の総裁である蒋介石先生が、国民政府の主席であることも真実である」が、しかし「多数の中華民族の支持を受けた国民党の関係者が、民意代表機関としての全国代表委員会に絶対的な勢力を占めるのは必然である」ので、それを早急に「一党独裁であるが如く評するのは、余りにも表面的な観察といはねばならない」という。一方で、林は「国民党に次ぐ党派ともいふべき共産党との間に、露骨に論戦が繰り返へされてゐる」ことを国民政府の直面している難題として取り上げ、「人民の絶対多数が支持する国民党といへども、単に共産党員の提案であるからといつて、盲目的に排撃することは、民意に副ふ政治とはいへない」と注意する。さらに彼は「中華民国は抗戦勝利の現在、再び抗戦前後のやうな、国家、民族的な重大危機に立つてゐる」と不安を示し、「若しも国民政府が、中華民国の発展を希望し国民党を信頼し支持する中華民国人民の幸福を思ふならば、今こそ、積極的な努力を惜しんではならない」と力説しているのである。

### 上海日本人社会への距離感

こうした林の中国論が発表された一ケ月後の一九四六年六月に、蒋介石の率いる国民党軍は共産党軍に対する全面的進攻を開始し、やがて三年間も続く国共内戦の幕が正式に開くことになった。林の論説はいわば国共内戦に対する中国人たちの危機感を代弁しているのである。このように中国人のまなざしを共有しようとする林俊夫の志向性は前述の「中国の

「ポスター」に見られた堀田のそれと似ているが、ところが一方で、二人の作品の表現志向は上海の日本人社会に対する距離意識の有無において大きな違いも見られる。

「中国のポスター」で堀田は戦後中国の対日輿論を実例をもって解説しているが、一方でそうした彼の論述の主語はほとんど「我々」という上海日本人の全員を指す複数形の自称代名詞を用いており、書き手自身の現地日本人社会への所属意識を顕在化させている。このように「我々」を主語に現地日本人社会の代弁者の立場から論説を展開していくという「中国のポスター」の叙法は、前に紹介した「希望について」の日本人本位の叙法と同類のものである。この意味で「対日文工会」に就職してからの堀田は中国人のまなざしを共有しようとしながらも、同時に日本人本位の表現志向を終始持ち続けていたといえる。

一方で、「国民党と国民政府と中華民国」で、林俊夫は国民政府の相談役を演じるかのように中華民国の政治状況と目前の課題を詳細に分析しているが、それらの戦後中国の政治動向が現地の日本人たちにどのような影響を及ぼすかについては一文字も触れられず、書き手の視座があくまでも中国側に置かれている。また、林の評論は、「国民党」、「国民政府」、「中華民国」といった三つの言葉を主語として展開されている論述が主であり、書き手自身の日本人としての身分を明白に示している内容が見られず、作品で「日本人」という言葉が使われたのも一箇所のみである。そもそも掲載誌の『新生』は「対日文工会」編集の日本語雑誌である以上、主な読者が現地の日本人だったはずである。しかしながら、林俊夫の作品はあたかも中国人読者のみを読み手として想定しているかのように構成されており、日本人読者に対する書き手の視線が極めて冷淡である。このように上海の日本人読者に距離を置き、逆に中国人読者に寄り添おうとしている林俊夫の執筆態度は、実は堀田のもう一人の中国研究者の友人である武田泰淳にも共通するものであった。

## 六、武田泰淳と堀田善衞

### 「郭沫若のことなど」

よく知られるように、中国文学研究者の武田泰淳は戦時下の一九四四年に上海へ赴き、現地の中日文化協会東方文化編訳館の主任を敗戦まで務めていた。そして戦中に上海日本人文壇の旗手の一人として活躍した彼は、一九四五年十月五日に『改造日報』の創刊号に「郭沫若《かくまつじゃく》のことなど」という評論を発表し、戦後文筆活動の第一声をあげている。

「郭沫若のことなど」は表題通りに郭沫若の人物評であり、

「私達が中国文学研究会始めた頃、郭沫若は市川に住んでゐた」という交友関係への回想と、郭沫若の文学人生についての批評が主な内容となっている。この作品の特色の一つは論述の多くが「私達」を主語として展開されている点にある。武田は「中国文学研究会」を代表する形で郭沫若への親近感と敬愛を繰り返し強調し、日本の中国文学研究者である「私達」と、中国文壇の大御所である「郭沫若」とのあいだに一つの知的共同体を構築することによって、「中日両国文芸の近しさ」を訴えている。前述の『新生』と同様、「郭沫若のことなど」の掲載紙である『改造日報』も上海の日本語メディアであり、当然その読者も主に現地の日本人たちであった。にもかかわらず、武田の作品に現地日本人に言及した内容が一切なく、上海の日本人社会は「私達」と「郭沫若」との共同体から完全に疎外されている。

「日本文学之命運」

このように中国への連帯意識を示しながら現地上海の日本人社会に距離を保とうとしている武田の執筆態度は、『遠東観察者』に発表された彼の中国語評論「日本文学之命運」のなかに一層はっきりと見てとれる。『遠東観察者』は改造日報社の後援を得て一九四六年四月に上海で創刊された中国語のアジア問題研究雑誌である。創刊号では「日本人論日本」という特集が企画され、「日本国内及在華日人特稿」という日本人執筆者によった四本の評論が掲載されている。その中で、青木恵一郎の「関於絶対制的一個覚書」、森戸辰男の「向民主主義前進」および中村静治の「日本経済再建之道」はいずれも訳載の形で紹介されているが、武田泰淳の「日本文学之命運」のみが著者自身の中国語によって書かれている。ところで、武田のこの中国語作品は語彙も文法も不自然なところが多く、中国語として意味が通じにくい表現も随所にある。内容は主に中野重治の日中戦争期から敗戦直後までの文学営為についての批評だが、不自然な言葉遣いが多いため論旨は明瞭ではない。この作品を見る限り、当時の武田の中国語表現力が必ずしも高くないことが窺われる。それでも翻訳の力を借りようとしなかったことは、武田の中国語使用者としての自己規定の強さと、中国人読者に直接に話しかけようとした彼の熱意を表しているといえよう。

元々武田泰淳も林俊夫も長年にわたって中国を研究しており、中国人読者に対して知的共同体の意識を持っているのは不思議ではない。しかしながら、敗戦直後における彼らの文筆活動は多分に中国一辺倒で、現地日本人離れの執筆態度を取っていたために、同時期の彼らの「中国」表現は他者と対峙する緊張感を失い、精彩を欠くものになってしまった。一方で、戦争末期に上海に赴いた堀田は、当初、中国をほとんど何も知らないと自認していたが、敗戦後の国民政府への留用を機に、堀田は中国人のまなざしを所有することを積極的に求める一方、上海日本人社会への所属意識と日本人本位の表現志向を隠さず、これが結果的に彼の「中国」表現に重層性と対話性を与えることになったのである。

## 中国研究者の悲喜劇

堀田善衞は上海時代から自分が「中国問題の専門家ではない」(『上海日記』)と繰り返し強調していた。彼の戦後一連の上海物語も武田泰淳に「中国や中国人をさほど知らないくせに、知っていると自分でも想いこみ読者にも想いこませる」と揶揄され、門外漢の「中国」表現として見なされていた(「堀田善衞」『文藝』一九五五年十二月号)。一方で、一九四六年十二月二十八日に日本に引き揚げるまで、堀田善衞は合計五本の作品を現地上海の日本語メディアに発表した。前掲「希望について」と「中国のポスター」を除き、ほかには一九四五年八月号の『新大陸』に発表した「上海・南京」、一九四六年三月号の『新生』に発表した「文学の立場」および同年六月号の『改造評論』に発表した「反省と希望」がある。これらの上海時代の著述はいずれも評論スタイルの作品であり、のちに数多くの上海物語を執筆した小説家としての堀田善衞はまだここに誕生していない。だが、『祖国喪失』(一九四八〜五〇)、『歯車』(一九五一)、『漢奸』(一九五一)、『断層』(一九五二)、『歴史』(一九五二〜五三)などの小説で中国に対する日本文化人の一体化意識と他者意識のせめぎ合いを描いた堀田の戦後文学の表現志向は、それらの上海時代の作品にすでに明白に表れている。この意味で、中国での敗戦体験は中国研究者の武田泰淳と林俊夫に表現力の停滞をもたらしてしまったが、門外漢の堀田善衞にとってその体験はかえって彼の戦後文筆活動の活性剤として機能していたのである。こうした奇妙な倒錯のなかに近代日本の中国研究者たちの悲喜劇を見たのはおそらく私一人ではあるまいが、この点についてはまた別稿で詳論したいと思う。

**附記** 本稿はNSSFC基金「美国占領時期日本文学雑誌的中国表述研究」(17CWW005)による研究成果の一部分である。また自筆資料の調査にあたり、堀田百合子氏と神奈川近代文学館にご協力を賜った。この場を借りて謝意を表したい。

【III 〈記憶〉の再編】

# 堀田善衞をめぐる敗戦前後の上海人脈

丁 世理

上海体験は戦後の堀田善衞にとって、大きな意味を持つと思われる。しかし、今日に至るまで、その実体は謎に包まれるままである。本稿では、上海時代における堀田の交際関係に焦点を当てて、彼をめぐる上海と重慶の日本人を確認したうえ、戦後とは必ずしも一致しない彼の対中認識を、上海現地で発表した文章の中から読み解く。

## 一、門屋博、児玉誉士夫について

堀田善衞は一九四五年三月末に国際文化振興会に派遣されて、上海の資料室に赴任した。しかし、おかしなことに、上海に着いた後、食事は現地海軍武官府の世話になっていたそうである。そして、勤め先の上海資料室は、南京路にある元イギリス人所有のケリー・アンド・ウォルシュ書店（Kelly & Walsh Ltd. 中国名・別發書店）ビル三階にあるが、敗戦までの堀田の居住地はそこから遠く離れた滬西《こせい》地区に属する愚園路七四九弄だった。

汪兆銘（汪精衛）政権の要人の別荘が集中している愚園路一帯に、同政権のテロ工作機関極司非爾路《ジェスフィールド》七六号も居を構えていた。同機関の創始者の一人丁默邨《ていもくそん》（後汪政権社会福利部長）の顧問として戦時上海で活動していた元日本共産党最高幹部の一人だった門屋博に、堀田は関係していたと思われる。開高健との対談「上海時代」（『海』一九七六年十二月）で、堀田は、武田泰淳に連れられて、門屋のところでご飯を食べさせてもらったという趣旨の証言をしている。そして、小

てい・せり——四川外国語大学講師。日本大学大学院文学研究科修了。専門は日本近現代文学。主な論文に「堀田善衞の戦時体験——政治への漸近、運動の痕跡」（『語文』第一六一輯、二〇一八年）、「上海以前の堀田善衞——国際文化振興会とその周辺」（『國語と國文學』第一一四四号、二〇一九年）などがある。

説『歴史』（新潮社、一九五三年）で、門屋をモデルにしている左林《ツォリン》という元特務機関の親玉を表象している。戦後中国側の資源委員会に徴用されながら、同委員会の役人と結託して、日中間の密輸貿易を手がける左林との関連で、明らかにロッキード事件で逮捕・起訴された児玉誉士夫をモデルにしたRという人物も登場している。

児玉の回想録『われ、かく戦えり』（広済堂、一九七五年）によれば、近衛文麿の末弟に当たる水谷川忠麿は一九四五年に、重慶側の対日諜報機関国際問題研究所が上海に派遣した諜報員に接触して、対中和平工作を模索していた。戦後堀田の妻になる中山れいは当時児玉が軍需物資を調達するため、上海で設立した児玉機関の系列にある水谷（文一）機関に勤めていた。堀田は竹内好などとの対談『日中の原点から』（河出書房新社、一九七二年）において、上海で対中和平工作を推し進めていた水谷川を水谷と間違えて話している。

さらに、戦時中三回開催されていた大東亜文学者大会において、毎回汪政権側の代表に名を連ねていた草野心平と、堀田は南京で知り合い、戦後も交友を続けていた。草野は中国に渡る前、『帝都日日新聞』に文化部長として勤務していた。その時の編集局長は門屋だった。そして、汪政権政府機関の顧問になった門屋と同じく、草野は敗戦まで汪政権中央宣伝部長林柏生《りんはくせい》の顧問を務めていた。

## 二、吉田東祐、呉玥について

戦時上海の堀田をめぐる複雑な人間関係のネットワークは和平工作の水谷川や特務工作の門屋・児玉・水谷などにとどまっていない。彼の「上海日記」では、一九四五年八月十三日から十六日にかけて「中国文化人ニ告グルノ書」を在上海の日本文化人に執筆依頼していたことが記されている。戦後引揚げ待ちしている上海の日本人居留民向けに発行された日本語新聞『改造日報』を見た限りでは、執筆予定者のメンバーの多くは、戦後国民党政府の対日宣伝に協力するようになった。中でも、注目すべきなのは、吉田東祐《とうすけ》（本名・鹿島宗二郎）である。「上海日記」に二回登場している以外、戦後の堀田の回想類のなかで一切現れない吉田は、しかし堀田が戦後最初に書いた小説『祖国喪失』（文藝春秋新社、一九五二年）において、立花少佐のもとで中国共産党との接触をはかる宮下のモデルになっていると考えられる。立花少佐は「中国文化人ニ告グルノ書」の一件で堀田に協力した軍報道部の岡田隆平をモデルにしていることは、「上海日記」と岡田舜平『二つの戦犯裁判』（光人社、二〇〇八年）を照合すれば、わかるはずである。そして、吉田が論説顧問を四年間していた上海の中国語紙『申報』に、国際文化振興会に勤務していた時の堀田の友人呉玥《ごげつ》は一九四五年五月から敗戦まで編集長を務めていた。それまで、留学生として日本にいた呉玥は、いわゆる繆斌《みょうひん》工作にかかわっていた。堀田の上海渡航は、ちょうど繆斌が和平交渉のため、東京に滞在していた期間中の出来事である。しかも、同乗者は、繆斌工作を積極的に推進した緒方竹虎が主筆として勤務していた朝日新聞社の上海総局長と同次長の二人だった。そして、堀田に、戦後対日文化工作委員会に徴用されるきっかけをもたらした須田禎一も朝日新聞社が上海へ派遣した記者である。

戦時上海における以上のような堀田の人脈・行動から見て、彼が戦中を通じて日中諜報戦の最前線である上海をめぐる和平工作・特務工作の渦中に身を投じていたのではないかと推測できる。こうした背景のもとで、『祖国喪失』や『歴史』など、戦時上海に関係する「上海もの」が創作されたと思える。

## 三、榛葉《しんば》修《おさむ》について

では、戦後上海における堀田の「留用」はどうだったのか。これは彼の「上海日記」や『上海にて』（筑摩書房、一九五九年）などを通じておおよそのことが窺い知れる。ただ、ここで強調したいのは、やはり和平工作や特務工作の延長線上で、堀田の被徴用体験をとらえることである。まず、彼を徴用した対日文化工作委員会の役人は、戦時中から児玉機関や旧日本軍将校に通じていた。戦後国民党政府の駐日代表団を介して、両者のつながりは日中間の密貿易として復活することになった（『真相』第三九号、一九五〇年三月）。そして、戦時中から国民党政府の対日宣伝に協力していた元日本軍捕虜たちが重慶から上海にある対日文化工作委員会に合流していた。現在北京にある中国国家図書館に所蔵されている対日文化工作委員会発行の日本語雑誌『新生』第二号（一九四六年三月十一日）に掲載されている「本会工作の近況」にそれがはっきりと読み取れる。これらの元日本軍捕虜は、対日文化工作委員会の前身母体の一つに当たる国際問題研究所の責任者王芃生《おうほうせい》が登用した青山和夫（本名・黒田善次）の盛り立てた日本民主革命同志会なる組織の所属である。彼等の筆頭は榛《しん》葉《ば》修《おさむ》という人物である。「上海日記」で度々登場する榛葉は、『上海にて』の「様々な日本人」において、浜松の近辺で小作争議を組織したことのある文学青年と紹介されている。実際、榛葉は天皇制打倒を訴える評論を一九四五年十一月五日付の『中央日報』（重慶版）、同月七日付の『改造日報』に発表している。現在神奈川近代文学館に所蔵の堀田善衛文庫に、戦時上海で執筆された榛葉の詩稿が入っている。一方、対日文化工作委員会に徴用された日本人の中で、中国共産党が政権をとった一九四九年以降、なおも中国に抑留されていた人もいた。新聞記者だった緒方俊郎である。堀田善衞文庫に、一九五四年にようやく日本に引揚げ、産業経済新聞社に入社した緒方から堀田宛の書簡がある。一方、対日文化工作員会でなく、改造日報社に徴用された阿部正捷という画家は、中華人民共和国に踏みとどまり、上海博物館に就職していた（『上海にて』の「町あるき」）。堀田善衞文庫に、『上海にて』を執筆の過程で中国事情を問い合わせた堀田の書簡に対する阿部の返信が収蔵されている。

## 四、「留用」時代の中国認識

堀田の引揚げ後にも細々保たれている以上のような「留用」時代の人脈は、彼の被徴用体験を側面からなぞる可能性を与えるものだと思える。しかしその全容・実体はほとんど表に出ることなく歴史の闇に葬られていたのである。とはいえ、『新生』第五号（一九四六年五月十五日）に「伏木海之」との変名で発表された堀田の評論「中国のポスター」を通して、少なくとも「留用」時代における堀田の中国認識の一端をのぞき見ることができる。例えば、このような一節がある。

今日中国の諸論調は、新聞自由の下にあって、多彩を極めてゐるが、全部が全部一致してゐることは、対日本論である。（中略）我々は中国人心の髄の髄まで撤《ママ》してゐる何物かについて、将来とも充分顧慮省察するところがなければならぬ。「中日親善」などといふ口頭禅で、骨の髄に徹してゐるものを除去したり出来ると思ったら、大間違ひだ。

敗戦国民としての被徴用者にもかかわらず、堀田はあえて中国側の日本に対する不信・警戒を指摘した。こういう鋭い認識は、『上海にて』の「現代における両国のあり方の、基本的な差異は、（中略）双方の国民の内心の構造の違いから来るものは、もっとも本質的」や「同文同種などという虚妄のスローガンに迷わされてはならない。中国は外国なのであり、中国人民は、外国人なのだ」につながっていくものである。さらに言えば、日中国交回復後の日中関係における国民感情の問題を予見したようなものでもある。

かくして、戦時・戦後上海に張り巡らされていた複雑な政治関係・人間関係に身を置いていた堀田は、一九四六年十二月末に、引揚船に乗り、上海とまったく異質な戦後日本社会に帰った後、今度はアジア・アフリカ作家会議での活躍を通して、日中間の政治的断交のもと、新中国とかかわりを持っていくようになった。

〔III 〈記憶〉の再編〕

# 上海ノスタルジーのゆらぎ
## ――武田泰淳『上海の蛍』における回想の方法

藤原崇雅

一九八〇年前後は、上海回顧の言説が多く流通した。日中戦争当時、そこで暮らした居留民は老年となり、当時の記憶を残そうとしたのだ。それら回想録を紹介したうえで、同時期に回想録と同様の形式を採って発表された武田泰淳の長篇『上海の蛍』が過去を表象することそれ自体を問題化する、批評的小説であることを明らかにした。

ふじわら・たかまさ――弓削商船高等専門学校助教。専門は日本近代文学。主な論文に「中国文人の〈隠退Passivity〉――兪平伯に対する武田泰淳の評価とその変遷」（『阪神近代文学研究』第十九号、二〇一八年）、「「十三妹」にされた何玉鳳――武田泰淳『中国忍者伝 十三妹』における転倒した白話」（『同志社国文学』第八十九号、二〇一八年）、「政治化された内臓――武田泰淳「非革命者」と中国境内日僑集中管理弁法」（『外地』日本語文学研究会編『「外地」日本語文学研究論集』第一号、二〇一九年）などがある。

### 一、懐かしい場所としての上海

日本人にとって上海は、懐かしい場所として記憶されていた。髙綱博文「上海日本人引揚者のノスタルジー」（『「国際都市」上海のなかの日本人』研文出版、二〇〇九年）は、「「わが故郷・上海」というノスタルジー言説は、一九七八年の日中平和友好条約調印以降、引揚者たちの上海への再訪が可能になって誕生したもの」と述べる。髙綱によれば、上海をめぐるノスタルジーが言説としてまとまりを持つようになったのは、一九七〇年代末頃から一九八〇年代にかけてであった。その担い手は髙綱いわく「上海引揚者の子供たち」、日中戦争の敗戦を受けて引き揚げてきた人びとの特に子世代である。彼らは幼少時を過ごしたことから、上海を「幸福な子供時代・家族の物語」を通じて、回想する傾向がある。しかし、髙綱が「戦争に伴う不幸な記憶は忘却された上で新たに感情記憶が再構築されたもの」とも述べるように、子世代の回想は引揚者が日本人として背負っていた立場性を、意図的ではないにせよ忘れることによって、過去を理想化してしまうこ

表1　引揚者親世代の回想録

| |
|---|
| 大久保太三郎ほか編『遥かなる上海』（日銀上海会、1972年） |
| 広瀬元一『上海回想　青春残像』（栄光出版社、1973年） |
| 江南造船所史刊行会編『江南造船所　歴史と思い出』（同造船所史刊行会、1973年） |
| 鹿地亘『上海戦役のなか』（東邦出版社、1974年） |
| 鹿島宗二郎『中国の人とこころ　中国回想旅行』（古今書院、1974年） |
| 松本重治『上海時代　ジャーナリストの回想』上中下巻（中央公論社、1974～75年） |
| 田尻愛義『田尻愛義回想録　半生を賭けた中国外交の記録』（原書房、1977年） |
| 平山一郎『私の上海　青春篇』（山脈出版の会、1977年） |
| 岡崎嘉平太『私の記録飛雪、春の到るを迎う』（東方書店、1979年） |
| 上海満鉄回想録編集委員会編『長江の流れと共に　上海満鉄回想録』（同委員会委員長三輪武発行、1980年） |
| 池田利雄『江南の追憶　上海居留民団立小学校教師の手記』（きた出版、1980年） |
| 福室泰三『上海日記　終戦前後の生保物語』（私家版、1983年） |
| 岩井英一『回想の上海』（同著出版委員会、1983年） |

とがある。

## 二、引揚者親世代の回想録

これを踏まえ本稿で注目したいのは、子世代が回想を公にし始めた一九八〇年前後における、その親世代の言説である。自身が壮年時代を過ごした外地の記憶を、存命中に書き留めておこうとする人々は多かったようで、回想録の類が多く出版された（**表1**）。

図1　三菱商事上海支店に勤務した広瀬元一による回想録（1973年刊）

一部を紹介しておこう。平山一郎『私の上海　青春篇』は、東亜同文書院生として上海に学んだ筆者の青春の記録である。書院生の学習経験が記される点で貴重であるし、内山書店にバーナード・ショウがいるのを目撃したという驚くべき思い出も開陳されている。広瀬元一『上海回想　青春残像』（**図1**）では、著者の恋愛体験の回顧に加えて、沈没した引揚げ船江ノ島丸に乗船していた面々が寄稿しており貴重である。鹿地亘『上海戦役のなか』は、上海戦役下での経験を物語調で記した記録である。エピグラフには「記憶は長い時を隔てて、いくども確かめられるべきである」とあり、詳細に報告される経験が、記憶の再構成であることに自己言及している点で見るべき著作だろう。

親世代の回想の性質は多岐に渡るため、共通点を述べることは困難かもしれない。しかし、これらの著作にもまた、子世代の上海回想によくつきまとう、過去を理想化する機制が見てとれる。元上海満鉄第一資料科職員の野竿粛一郎「吾が満鉄青春時代の回顧」(上海満鉄回想録編集委員会編『長江の流れと共に　上海満鉄回想録』同委員会委員長三輪武発行、一九八〇年)は社員時代、「撞球を楽しみ、大酒を呑み歩るき、帰寮は十二時すぎ」の遊び暮した生活を振り返る。また、上海日銀の行員だった吉川知慧丸「中央儲備銀行時代」(大久保太三郎ほか編『遥かなる上海』日銀上海会、一九七二年)は、「上海第一のアパートメント、グロブナーハウスの英米人が追放せられて、割当があ」り、「贅沢三昧の生活」を送ったとする。さらに近郊の江南への旅が振り返られることもあり、南京第一国民学校教員であった渡辺力「金陵の秋」(前掲『上海回想青春残像』)は、上海発急行の車窓から眺めた「豊かに稔った沃野江南の田園風景」を回顧している。上海は居留民にとって恵まれた生活を享受できた土地として記憶されたのである。

## 三、上海生活の下部構造

一九七六年に六十代で死去した武田泰淳は、壮年期を上海で過ごした点で、前節においてとり上げた書き手らと同世代に属するが、彼が中央公論社の『海』第八十二、八十四〜八十九号(一九七六年)に連載した『上海の蛍』は、中日文化協会上海分会へ作家が赴任した経験が書かれた、晩年の私小説にして遺作である。本文が「昭和十九年と二十年とでは、夏は、どちらが暑かったのだろうか」(「上海の蛍」初出本文より引用。以下、章題のみ示す)という振り返りから始められるように、本作は回想を語りの枠組として採用した小説である。この小説を読んで気づくのは、親世代の回想に散見される経済的な豊かさや風景を愛でる余裕が、搾取のうえに成立していた事実である。

主人公は語り手自身でもある武田先生《ウーディシイサン》だが、彼はここまで引用してきた言説の書き手と似て、豊かな生活を送る。彼が過ごす住宅は「鍵の数は多すぎて、どれを使ったらいいのか」「まごつく」(「廃園」)ほどに巨大である。しかし、主人公は「黄色い顔をした野蛮人が攻めてこなければ、彼らは自分の苦心して建てた住宅に、いつまでも住んでいられたのだろう」(「廃園」)と回顧し、接収によって自身の住宅環境が整備されたことを内省する。また、かつて創造社に属したことで知られる人物T氏の「日本は、やらずぶったくりだよ」(「歌」)ということばも、巧みに回想に繰り込まれている。さらに、南京における大東亜文学者大会の開催にあたって、文学者らと江南地域を鉄道で旅した主人公は、「目にはわからない地勢の変化を利用して、彼はようやく生き延びてきたのだ」(「雑種」)と、丘陵の影に従軍時代の火野葦平を想像することを忘れない。この作品は、歴史の動向と一個人の生活を接続する思慮深さに満ちており、日本人の享受した豊かさの下部構造を顕在化する内容をもっている。

## 四、上海ノスタルジーのゆらぎ

そのうえ、大橋健三郎「「世界」と「世界」について」(『群像』第三十二巻第三号、一九七七年)が、「過去の上海の時間と空間の世界に作家自身が凄じいばかりに深く潜入」したと評価するように、『上海の蛍』は過去の時間空間を独特の形式を通じて構成している。

例えば、第一生命社員の福室泰三「上海生活」(『上海日記終戦前後の生保物語』私家版、一九八三年)が過去を振り返る際、トピックを七つに分けているように、通常回想は膨大な情報量としてある以前の時間が、整理を経てから提示される。『上海の蛍』も、基本的にはそうなっている。第一章「上海の蛍」では到着から文化協会への赴任に、第二章「汗をかく壁」では協会で行われた情勢の議論に、それぞれ話題を絞って回想が行われている。しかし、こうした整理は読み進むにつれ次第に曖昧になっていく。同じ章のなかでも複数のトピックが扱われるようになっていき、最終章「歌」に至っては「年中無休の事務所が、ひっそりとした午後、Yさんは私に語った」、「或る日、見慣れた紙幣を私の目の前に差し出して、彼女は言う」、「よく晴れた或る日、田村俊子の急死を知らせる電話が事務所にかかった」と、それぞれに関連性の薄い離れた時期の出来事が羅列される。こうした断片的な語り方は逆説的に、通常の回想がトピックの選択を経ているという見落としがちな事実に気づかせてくれる。『上海の蛍』は回想という形式を採用しつつも、それを一見回想録としては失敗のようにして示すことで、言説を成立させる過去構成のメカニズムを顕在化する小説だと言える。

これまで作品は、過去を克明に書き留めた記録として読まれることが多かったが、加えて過去を言説化する際の機制を問題化した批評としても評価されるべきだろう。ノスタルジーの影にちらばる記憶の断片は、過去がつねにゆらぎつつある出来事であることを再発見させてくれる。

【III 〈記憶〉の再編】

# 二つの祖国――生島治郎の上海ものをめぐって

戸塚麻子

日本におけるハードボイルド小説のパイオニアとされる生島治郎は、上海で生まれ、十二歳で日本に引揚げた。生島の上海ものには、彼の上海体験と引揚体験がさまざまな形で反映されているが、特に、二つの国に引き裂かれ、強さとやさしさをあわせ持つ人物造形に表れている。二つの長篇小説『黄土の奔流』と『乱の王女』を取り上げて検討する。

## はじめに

### ハードボイルド作家、誕生

「タフじゃなくては生きていけない。やさしくなくては、生きている資格はない」

とつか・あさこ――常葉大学教育学部教授。専門は日本近現代文学。主な著書・論文に『戦後派作家　梅崎春生』（論創社、二〇〇九年）、「『大陸新報』連載小説にみるグレーゾーン――小田嶽夫「黄鳥」を中心に」（髙綱博文・石川照子・竹松良明・大橋毅彦編『戦時上海のメディア――文化的ポリティクスの視座から』研文出版、二〇一六年）、「『燕京文学』解題」「『北支那』解題」（戦前期中国関係雑誌細目集覧刊行会編『戦前期中国関係雑誌細目集覧』三人社、二〇一八年）などがある。

レイモンド・チャンドラーが生み出したかの有名な探偵、フィリップ・マーロウの名台詞をこう訳したのは生島治郎（一九三三―二〇〇三）であった。生島は最初の単行本、『傷痕の街』（講談社、一九六四年）の「あとがき」のなかで、この言葉を引用しつつ、次のように語っている。

ハードボイルド小説と云えば、非情と荒っぽさが売りもののようだが、（中略）こういうやさしさがふいと顔をのぞかせることがある。

ただ、タフで非情なモラルを身につけていなければ、生きていけない立場に追いつめられた主人公たちは、そのやさしさを心の奥底にしまいこんで、容易に表に出さないだけなのだ。彼らは傷だらけの心に、かたい鎧を着せ、無表情に街を横切ってゆく――

生島は、日本におけるハードボイルド・ミステリの草分け的存在として知られている。一九五六年に早川書房に入社し、田村隆一編集長のもと、原書でミステリを大量に読み、下訳も行った。『EQMM』(『エラリー・クイーンズ・ミステリ・マガジン』)の創刊(一九五六年)に関わり、一九六〇年からは編集長となる。

『EQMM』はその名のとおり、ミステリ作家エラリー・クイーンがアメリカで創刊した雑誌だが、日本版は独自に再編集を行った。本国版のなかから優れた作品を選んで掲載するのである。他方で、早川書房の月給が安く生活が苦しいため、他誌に文章を書いて原稿料をもらう。そうした厳しい修業時代が、のちの小説家・生島治郎を育て上げていった。

いろいろなタイプのミステリを読むうち、日本にハードボイルド小説を書く人物がいないことを嘆き、だったら自分が書くしかない、と作家デビュー。『傷痕の街』の誕生である。続けて『死者だけが血を流す』(講談社、一九六五年)、『黄土の奔流』(光文社、一九六五年)と書き継ぎ、『追いつめる』(光文社、一九六七年)で直木賞を受賞。ハードボイルド小説や冒険小説、SF、ショートショート、私小説やエッセイ等、多くの作品を世に送った。

## 上海体験と引揚体験

だが、生島がハードボイルド小説を書こうと思いたったのは、単に日本にその書き手がいなかったから、ではないだろう。就職難で困っていたところ知人の紹介でたまたま早川書房に入社し、原書を大量に読むなかでハードボイルド小説を知ったという、偶然のみによるものでもない。生島は上海で生まれて十二歳で日本に引揚げているが、自伝的小説『星になれるか』(講談社文庫、一九九七年)のなかで、引揚とその後の過酷な体験が、ハードボイルド小説を書くきっかけになったかもしれないと語っている。そしてまた、外地であり、国際都市でもある上海で生まれ育ったという経験も、大きく関係しているのではないだろうか。

生島の上海もののなかには、しばしば二つの祖国に引き裂かれる人物が登場する。彼らは一つの国に同化できないアウトサイダーとしての疎外感を抱きつつ、他人に依存せず自分のルールを貫くことに誇りを持っている。そして何より、国家というもの、特に日本に対し、外側から眺めるまなざしを所有しているところに特徴がある。

本稿では、生島の上海を描いた二つの長篇小説、最初期の『黄土の奔流』、後期の『乱の王女――1932愛と哀しみの魔都・上海』(集英社、一九九一年)の二つをとりあげて紹介したい。ちなみに、これらの小説はいわゆる「ハードボイルド小説」ではなく、「冒険小説」である。しかし、主人公（後者はその相棒も）はハードボイルド的な人物として造形されている。では、それはいかなるものか、作品に即しながらみていきたい。

## 一、『黄土の奔流』

### 老上海としての父・小泉辛吾

『黄土の奔流』は、上海から重慶までを船でさかのぼる冒険譚であり、上海のみを舞台としてるわけではない。しかし、生島がはじめて上海や中国を舞台にした長篇であること、上海の比重が高く、およそ五分の三を占めていることから、この作品を取り上げる。なお、この小説で生島ははじめて直木賞候補に選ばれた。

『黄土の奔流』は、生島の父が実際に体験した冒険をもとに創り上げたものである。父は小泉辛吾といい、アメリカ系企業の上海電力公司で働いていた。ちなみに、生島の本名は小泉太郎である。生島は『黄土の奔流』の「著者のことば」のなかで次のように語っている。

　わたしの父は十八歳の時、日本が中国侵略に乗り出す以前、単身上海に渡り、自身の身ひとつをたよりに、生活を切り開いていった。こうした日本人たちは、後から日中戦争勃発後、利権目当てに中国へやってきた連中とは違うのだといって、「老上海人」と自称していた。『黄土の奔流』の主人公・紅真吾は、そういう日本人――日本と中国の両方に祖国を感じ、同時に、両方の祖国をも喪失してしまった「老上海人」の若き日の姿をモデルとした。

（『黄土の奔流』光文社、表紙袖、傍点戸塚、以後同）

父の名「辛吾」の漢字をかえて「真吾」とし、「日本と中国の両方に祖国を感じ」る人物を主人公として据えたのである。

### ハードボイルド・タッチの冒険小説

では、『黄土の奔流』のあらすじをみていきたい。

一九二三年八月二十三日の上海。上海に移住して十五年、紅真吾は三十二歳の誕生日に経営していた貿易会社を倒産させてしまう。最後の晩餐にと訪れた高級料理店「紅楼夢」で、日本の大資本の貿易商社支店長・沢井を助けたことから、高級豚毛の買いつけの旅に出ることになる。葉村宗明をふくめ十人のメンバーとともに、土匪《どひ》や軍閥が待ち受ける揚子江を重慶までさかのぼる。幾多の難関をくぐりぬけながら、仲間は次々と死んでいく。最後に真吾と葉村の二人は、「同じ重さの黄金以上の値打ちがある」といわれる最高級の「純白毛」を船に積み、河を下っていくが、途中で二人は争いになり船が転覆する。真吾は迷わず葉村の命を助けることを選び、豚毛をすべて河の中に流してしまう。

生島は、前掲の『星になれるか』（以下『星』）のなかで、父が豚毛を買いつけるために揚子江をさかのぼった話を、手に汗握るスリルを感じながら聞いたこと、この話をもとにすれば、「大人でも読めるような冒険小説」を書けると思ったことを記している。さらに、この時念頭に置いていた作家はギャビン・ライアルだったと語っており、その特徴を「ハードボイルド・タッチの冒険小説」であると述べている。このことから、生島自身「ハードボイルド・タッチ」を意識していたことがうかがえる。なお、この時点で生島が読んでいた可能性が高い一九六一年刊の"*The Wrong Side of the Sky*"（日本語訳は、松谷健二訳『ちがった空』ハヤカワ・ミステリ文庫、一九七六年）の主人公は、「やさしさ」があまり感じられないのに対し、紅真吾はロマンチストで「やさしさ」を持つ人物として描かれている。

**半分中国人で半分日本人**

それでは、主人公、紅真吾の人物造形について、より詳しくみていこう。真吾は、背が高く筋肉質で、射撃の名手である。紅幇《ホンパン》の女性頭目である林朱芳《リンシュファアン》に「日本人《リーベンレン》にしてはいい男じゃないか」と言わせている。精神的に打撃を受けることはあるものの、それに堪えて敵や困難に立ち向かい続けるタフなマインドの持ち主でもある。つまり、肉体的にも精神的にも、過酷な状況に耐えつつ戦い続けることができる。例えば、同じく引揚者である大藪春彦の『野獣死すべし』（講談社）の主人公は、精神的なダメージを受けることのない超人的な人物である。それに対し、真吾やフィリップ・マーロウは「やさしさ」や弱さを持っている点で大きく異なる。もっともそれは抑制されているうえに、内的独白という形で描かれる（マーロウの場合は一人称）。つまり、読者には明かされるが作中人物たちは容易に気づくことはない。さらに、自分の決めたルールや美学を守り抜く、強情な人物でもある。以上の点で、真吾はハードボイルド的な人物だといえるだろう。

だが、真吾はそれに加えて以下のような特性をもっている。自らを「半分中国人で半分日本人の国籍不明者」だと考え、上海語・北京語を中国人並みに遣いこなすことができる人物である。また、英語も堪能である。言語において真吾は超人だといってよい。では、なぜこのような設定がなされたのだろうか。

**中国語能力**

エンターテインメントにおいては（純文学的作品であっても）、異なる言語を使用する者同士の会話を描く場合、言葉の違いにほとんど触れなかったり、簡単に描かれて済まされることが少なくない。なぜなら、どのような言葉で話しているか、どの程度流暢であるか、ゼスチャーや筆談を交えているか否か等をその都度描写するのは煩雑であるし、物語がそのたびに中断するからである。その意味では、真吾を中国人並みに中国語が堪能であることにすれば、物語をスムーズに進めることができ誠に都合がよい。しかし、真吾の中国語能力の設定は、それとは別の理由によるものではないだろうか。その証拠に、真吾は旅の途中で軍閥や土匪等に出遭うが、そのたびに中国語がうますぎることを指摘され、怪しまれる。つまり、真吾の中国語能力は物語の流れを中断するものですらある。

ちなみに、父・小泉辛吾は「英語と中国語に堪能」だった（『星』）という。真吾は十七歳で父とともに上海に移住したことになっているが、辛吾は十八歳で大陸に渡った。さまざまな職業を渡り歩いたが、当時の上海ではまだ日本人が少なかったこともあり、上海語の習得が必須であった。日本敗戦後は、「家族さえ日本に引き揚げていなかったら、上海に居残ったかもしれないと語ったほど上海を愛していた」（『星』）。モデルの父と同様、上海を愛し、上海で生きることを選び取る人物として、中国語能力は必要な設定だったと考えられる。

だが、それだけでなく、別の理由もあるのではないだろうか。

この真吾の中国語能力は中国人との信頼関係を築いたり、交渉する力として発揮される。反対に、中国人と疑われたり得体の知れない人物として警戒されたり、といったマイナスの効果を招くこともある。つまり、話の筋自体に関わるのである。一方で物語の進行を中断させもするが、物語をふくらませていくものでもある。

そして、それだけではない。真吾自身も中国語能力を重要なものとみているのである。真吾は重慶までの同行者を選ぶとき、その審査基準として、射撃の腕と同時に中国語会話の実力を重視する。なぜなら中国語が「中国生活への慣れ」の指標と考えるからだ。そして、「中国生活への慣れ」こそが、苦しい船旅に耐え抜ける強靭さを保証すると真吾は思う。つまり、中国語能力は、中国に根差した生活ができていることのひとつの証しであり、さらにはそれが冒険に耐えられる「強さ」につながっていると考えられているのである。こうした発想は、外地で育った体験からくるものであるだろう。ちなみに、いままで「中国語」としてまとめて述べてきたが（それこそ論の流れが中断されるので）、作中では上海語であるか北京官話であるか、訛りがあるか等が描写されていることも付け加えておきたい。

このように中国語能力は、物語の筋に関わるものでもあり、また「強さ」の前提でもある。言語はこの小説の隠されたモチーフといってもよいかもしれない。ちなみに、『黄土の奔流』はヤングジャンプ・コミックスから漫画化されているが、「中国語がうますぎる」と土匪に怪しまれ、中国人と疑われる場面は残されているものの、どんな言葉を使っているかという描写はほぼ省略されている（生島治郎・原作、黒崎一人・作画『黄土の奔流』集英社、一九九二年）。

## 中国への愛と中国からの拒絶

『黄土の奔流』では、いたるところに作者の中国観や中国人観（または上海観・上海人観）が表れている。そして、中国人を蔑視したり、日本流を押し通す日本人の姿がくり返し描かれては、真吾によって批判される（ちなみにこうした日本・日本人批判も漫画版では省略されている）。その中の一つをあげてみよう。真吾は日本とイギリスの中国に対する植民地政策を批判しつつ、以下のように考える。

> この、外国人にはひどく寛大に見える国の裏側には、権力に対する底知れぬ民衆の知恵が動いているのだ。彼等は一見、権力者に迎合しているように見えるが、決して心から服従しているわけではない。長い圧迫の歴史が彼らに種々の仮面をつけさせているだけだ。その仮面にだまされた時権力者は手痛いしっぺ返しをくうに違いない。所詮、中国には中国人しか住めないのではないか。

中国は一見おとなしく外国に従っているかに見えるが、それは「底知れぬ民衆の知恵」からそうふるまっているだけだ。日本人もイギリス人もそのうち中国から追い出されるだろうと真吾は思う。そして、中国は中国人のものであり、やがて彼らが立ち上がり、外国人を追い出すことを期待する。しかし、自分も「外国人」である以上、例外ではありえない。「生みの親のところからとび出してきたものの、育ての親のところでも家族同様に扱ってはもらえないのだ」。

このように、「危険で猥雑で埃っぽく喧騒に満ちた」上海を愛し、「おれはもう半分中国人みたいなもの」と思っても、中国・上海はしばしば真吾を拒絶するものとして立ち現れてくるのである。

## 敵対と友情

真吾に同行する人物に葉村宗明がいる。葉村は女のような美しい顔を持ちながら、右半分の額から頬にかけてひどい火傷の跡を持つ。つまり、右半分と左半分で異なる顔を持っている。葉村は真吾にはじめて出会ったとき、自分は日本人だと語るが、やがて父が中国人で母が日本人であることが明かされていく。二人は初対面の時から、お互いに強く惹きつけられるものを感じる。気を許せない、信用できないと思いつつ、ともに闘うなかで、「ほとんど敵対にさえ似た」「友情」を覚え、最後には心が結びついた真の友情へと変わっていくのである。最初は日本人と名乗っていた葉村宗明《むねあき》が、さまざまな事件を経ながら自らを中国人・葉宗明《ズォンミン》としてアイデンティファイしていく過程と、真吾の中国への想いと、二人の友情の深まりが絡み合いながら物語は進行していく。葉村と真吾はともに二つの国に引き裂かれた人間ということができる。ちなみに、葉村の下の名前の「宗明」は、生島の小学校時代の親友であり、中国人の父と日本人の母を持つ孫宗明氏から借りたものであろう。

　このように、生島自身の体験の反映も、随所に見ることができる。また、上海の街、特に虹口《ホンキュウ》の施高塔路や新公園（現・魯迅公園）近辺は、生島の街の記憶がそのまま使われている（『星』）。そして、上海の街の匂い、人の匂いが再現されている。だが、より重要なのは、中心人物の真吾と葉村を二つの祖国に引き裂かれる人物として描いている点であり、生島の上海体験はここにこそ表れていると思われるのである。次章では、生島のエッセイと自伝小説を引きつつ、その上海体験についてみていきたい。

## 二、上海の記憶と引揚体験

### 国際都市・上海

　生島は十二歳まで上海・施高塔路《スコット》（現・山陰路）六五号で育った。父は十八歳で兄を頼って上海に渡る。さまざまな職業を転々とした後、結婚を機にアメリカ系企業の上海電力公司に勤め、幹部となったという。

　これは想像であるが、父・小泉辛吾氏は、日本人社会に窮屈さや居心地の悪さを感じていたのではないだろうか。だから日本企業ではなく、アメリカ系企業に勤めたのではないか。そしてこのことが、生島の上海体験を独特なものにしている。父には中国人・英米人の友人が多く、家族ぐるみの付き合いもあった。また、中国人の父と日本人の母を持つ親友もいた。まだ子供だったとはいえ、いや子供だったからこそ、先入観なしで異なる国や言語を持つ人間と交流することができたのではないか。そして、それは国際都市・上海ならではの体験といえるだろう。

### 引揚体験

　英米人や中国人の友人を持つ父は、日本の敗戦が近いという情報を得て、一九四五年二月に自分を除く家族全員を日本に帰国させる。生島は長崎の中学校へいったん入学し、五月

図1　生島治郎が住んでいた家（左から2番目の建物）。施高塔路（現・山蔭路）65号。当時は小泉一家6人で3階まですべて使用していた。（撮影・神谷昌史）

頃に金沢へと転校した。この間の過酷な体験がのちの生島の小説に影響を与えていく。引揚船からはじまった猛烈な飢餓と、極限的状況下で露呈するあさましい日本人の姿を目の当たりにするのである。生島は自伝的エッセイ『片翼だけの青春』（集英社、一九八五年、以下『片翼』）の中で次のように語っている。「これが日本人なのか？（中略）世界でもっともいたわり深くやさしい心を持っていると教師たちが教えてくれたあの日本人なのか？」

長崎から金沢へと移住するが、孤独と飢餓は増すばかりだった。自分のことで精一杯の日本人に、外地帰りのよそ者の少年を受け入れる余裕はなかった。

上海にあった小泉家には電気冷蔵庫があり、ウエスタン式の水洗トイレが備えつけられていた。また上海には豊富に食べ物があり、食べ盛りの少年は飢えを知らずに育った。その生活が一転し、「文明の地から、文化果つるところへ島流しになったような気分」（『片翼』）を味わうことになる。

　たしかに、金沢は美しい街である。
　だが、その美しさはよそよそしく冷たかった。上海の街のような強烈な体臭がなかった。
　一日も早く上海に帰りたい――私の望郷の念はつのるばかりだった。本当の祖国は日本なのに、私はこの国がきわめて居心地の悪い異国としか思えなかった。（『片翼』）

そして、少年はついに以下のように思うにいたる。

　「（戦争に負けなければいいんだ）」「（そうしたら上海に帰れるのに……）」。（『片翼』）

学校をさぼり、読書と上海地図を描くことに没頭していく。上海地図は次第に範囲を広げ、詳細なものになっていった。こうして上海の記憶を更新し続けたことが、『黄土の奔流』等、上海もの街の描写に生かされていくことになる。

### 上海再訪

上海への「望郷の念」は、一九七八年になりようやく実現する。日中平和友好条約が締結され、日中文化友好団の一員として中国を訪れることができたのである。

> （やっと、生まれ故郷に帰ってきた）
> しかし、数分すると涙は押し流された。帰ってはきたものの、ここはもう自分の故郷ではなくなったという現実が身のまわりに厳然としてあった。
> 越路の心の中でなにかがふっ切れた。（中略）ここは他人の土地であり、自分の土地ではない。（中略）かつての上海に対するなつかしさ、現代の中国に対する関心は消えることはないだろうけれど、自分は日本に帰らなければならぬと思った。（『星』）

だが、生島は日本に帰ることはできたのだろうか。次章では、上海再訪後の小説を検討してみたい。

## 三、『乱の王女』

### 闘争と友情

上海再訪以後も生島は上海を舞台とした小説をいくつも書いている。ここでは『乱の王女――1932愛と哀しみの魔都・上海』を取り上げたい。タイトルは、「男装の麗人」として知られる清朝の王女、川島芳子を指す。だが、実は主人公は芳子ではなく、中国人の父と日本人の母を持つ少年、竜宗好である。竜と仲間の少年たち、そして相棒となる日本人・花大人《ホワターレン》（日本名・花田佐介）たちの友情、そして日本軍との戦いが話の中心である。つまり、タイトルのみならず、サブタイトルも内容とズレがある。

物語は一九三一年三月から一九三二年二月、満洲事変開始前から第一次上海事変の末期にいたるまでの上海を舞台としている。主人公竜宗好は十九歳になったばかり、金沢の四校を退学し、十三歳まで育った上海に帰国する。中国人の父と日本人の母を持つ竜は、中国人として生きることを決意し、父の遺産を元手に昔の仲間を組織して「白竜党義勇軍」をつくり、日本軍と戦う。そこに相棒として日本人・花大人が参謀として加わる。竜たちは日本軍に捕らわれた中国人捕虜を解放する等、いくつかの戦闘で勝利するものの、多くの仲間を失い、ついに竜と花大人も重傷を負う。収容された病院を日本側に知られ、死刑を待つばかりというところで物語は終わる。そのなかに、竜と川島芳子との恋愛が絡んでいく。

『黄土の奔流』とは逆に、主人公は中国人の父と日本人の母を持ち、相棒の方が日本人である。花大人は真吾と同様、

図2　『乱の王女』で主な戦場となる旧「日本人租界」。左奥に陸戦隊本部、中央よりやや右に小さく内山書店（図3）がみえる。スタジアムの右に新公園（現・魯迅公園）。（撮影・戸塚、2015年8月）

中国語を話し、交渉術に長けている。日本軍に批判的な意識を持ち、やがて中国の側につくことを決意し、竜たちの仲間に加わるのである。

**子供から大人へ**

『乱の王女』は、帯に「ハード・アクション」とあるように、肉体や武器による闘争が次々と描かれる。主人公はいかに攻撃され傷ついてもそれに耐え、自ら決めたルールを貫き通す、ハードボイルド的人物である。竜は日本軍はもとより好意を抱く芳子を退け、また国民党や共産党の指揮下にも入らず、独立した軍隊「白竜党義勇軍」として国民党と共闘する。

ところで、この小説は、他の上海ものと異なり、主人公が少年であるところに特徴がある。設定の理由として、少年を中心に据えることにより、生島の子供時代の記憶を投影しやすいということが考えられる。もちろん、時代設定は生島の生まれる前ではある。しかし、竜は十三歳で生まれ故郷の上海を離れて金沢に移住しており、一歳異なるものの生島と似たような経路をたどっている。もしかすると、これはありえたかもしれない自分の夢、少年のうちに上海に戻るという願望を投影したものかもしれない。ちなみに、竜が住む邸宅は生島の家と同じ施高塔路にあり（ただし、竜家は一軒家の豪邸）、父が残した金杖（金の小さな塊）をもとに武器を購入し軍隊をつくる。生島の父も財産を金杖にかえて備蓄していたが、引揚時に持ち帰れず、応接室の下の防空壕に埋めてきたという（『片翼』）。金杖も含め、ありえたかもしれない夢を、小説という形で再現したのではないか。

主人公を十九歳としたもう一つの理由は、少年から大人へというボーダーにいる人物として設定したかったためと考えられる。竜は物語の序盤ではじめて煙草を吸うが、大人になっていくことを象徴するアイテムとして煙草が用いられている。子供から大人への移行は、物語の最後に芳子と関係を結ぶところで完結する。この作品は二つの祖国、子供と大人、そして芳子については男と女の境界を生きる人間の物語だといえるだろう。

竜は芳子にいう。「ぼくらは半分日本人で半分中国人だ。そして、どちらの国にも愛着と反発を感じている。どちらにも属し切れない哀しさを持っている。祖国のないコスモポリタンであり、根無し草だ」。そして、竜の相棒となる花大人もまた同様である。このように、上海再訪後も生島は二つの祖国に引き裂かれる人物を描き続けたといえるのである。

図3　旧内山書店。当時生島は何度か「大人の本」を買いに行ったという。『乱の王女』では店主の内山完造が登場し、機転をきかせて竜の危機を救う。（撮影・神谷昌史）

## 日本批判の変容

『乱の王女』では、『黄土の奔流』やその他の上海もの同様、中国・中国人観、そして日本・日本人観が描かれる。しかし、再訪後にはやや変化が見て取れる。以下は、上海事変のきっかけとされる、日本人僧侶労働者襲撃事件に続く場面である。日本人僧侶を襲った中国人労働者に報復すべく、彼らが働く三友実業社に日本人が乗り込む。その情報を得た竜たちは中国人労働者を救うために三友実業社に駆けつけ、日本人を撃退する、そのあとの場面である。工場の職長である中国人・林は以下のように語る。「わたしにも何人かの日本人の友人がいるし、それで片言の日本語も覚えたわけですが、彼らは個人的につきあうと、けっこうやさしかったり、気のいいところがあったりするのに、集団となると、別の生きものになってしまう。特に国の大義名分を振りかざすと、狂ったとしか思えない行動をします」。

このような考え方は、生島の上海ものでくり返し描かれてきた。だが、この場面では、竜はうなずきつつも、「ま、それはあながち、日本人ばかりでもない。中国人にもありますよ」と続ける。こうした見方は、上海再訪以前の生島作品には見ることができない。それまでは、日本人の愛国心は嫌悪の対象として描かれ、特に「集団」となったときの日本人の狂信的行動は強く批判されてきた。もちろん、『乱の王女』でも日本人の愛国心は否定的に描かれており、右の引用の直前でも竜は襲撃者の日本刀を銃で撃って折る。他国へ土足で踏み込んで恥じない日本人の愛国心をへし折るということを象徴的に描いた場面といえるだろう。しかし、ここでは、中国人も集団になると狂信的な行動を取りうるのだという考えが示されている。上海人（中国人）を理想化し、日本人を一方的に批判するという従来の生島作品で繰り返されてきた構造に揺れが生じているといえるのである。

## おわりに

以上みてきたように、生島は上海を舞台とした小説のなかに、自らの上海体験を素材として投入した。また、父の経験や、戦後になり調べたことなどをもとに小説創作を行った。しかし、素材の面ではなく、もっと根本的なところに生島の上海体験、もしくは引揚体験が反映されていると考えられる。それは、主人公のハードボイルド的人物設定、強さとやさしさをあわせ持つ人物造形である。そして、強さとやさしさは、二つの国に引き裂かれる人間像と結びついて描かれる。中国・中国人観（上海・上海人観）や日本・日本人観が随所で描かれ、上海への愛とともに、日本人批判が展開される。しかし、上海再訪以降は、それを基本的に踏襲しつつも、日本も中国も同じなのではないかという考え方が、（すべての作品においてではないが、）示されるようになるのである。

今回とりあげた二つの作品では、日本人と中国人の両親から生まれた人物、葉村と竜が中心人物として活躍する。しかし、彼等の相棒の紅真吾と花大人、そして清朝の王女川島芳子も、二つの祖国に引き裂かれた人間である。こうみてくると、生島は血のつながりを絶対的なものとみなしていないのではないかという疑問もわく。これは、『黄土の奔流』で真吾が、自分の大陸的性格は、中国に来てから後天的に培われたものと考え、「半分中国人」と思う場面にも表れている。こうした問題については稿を改めることとして擱筆したい。

**附記**　本稿は、科学研究費補助金（基盤研究（C））「日本占領下華北における日本語文学の様相に関する基礎的・発展的研究」（研究代表者・戸塚麻子）の成果の一部である。

［Ⅲ 〈記憶〉の再編］

# 村上春樹が描く上海――『トニー滝谷』における父子の傷

山﨑眞紀子

やまさき・まきこ――日本大学スポーツ科学部教授。専門は日本近現代文学。主な著書・論文に『田村俊子の世界――作品と言説空間の変容』（彩流社、二〇〇五年）、『村上春樹と女性、北海道…。』（彩流社、二〇一三年）、『アジア遊学二〇五 戦時上海グレーゾーン』（共著、勉誠出版、二〇一七年）、『女性記者・竹中繁のつないだ近代中国と日本――一九二六～二七年の中国旅行日記を中心に』（共著、研文出版、二〇一八年）、「村上春樹とイタリア――『遠い太鼓』ローマ編探訪記」（『MURAKAMI REVIEW』0号、二〇一八年WEB版）などがある。

中華料理が食べられないという村上春樹。そのルーツは父親の日中戦争による体験談を聞いたことにあった。『トニー滝谷』では、あたかも能天気に戦時下の上海を潜り抜け、生還したかのように描かれているが、トニーの父親は、なまの感情を封印することで生き延びてきたのであり、その方法は息子であるトニーに継承されていたのである。

## 一、村上春樹と中華料理

村上春樹の小説には、サンドイッチやパスタを、ときに和食を手早く作る男性主人公がしばしば登場する。しかし、中華料理はない。だが、「中華鍋」で料理する男性は『ねじまき鳥クロニクル　第一部　泥棒かささぎ編』（新潮社、一九九四年）に登場する。

トオルが牛肉と玉ねぎ、ピーマン、もやしを中華鍋で炒め始めると、妻・クミコは牛肉とピーマンを一緒に炒めるときの匂いが我慢できないという。六年間の結婚生活で全く気付かなかった妻の偏食に、「あなたは私と一緒に暮らしていても、本当は私のことなんかほとんど気に留めてもいなかったんじゃないの？」と険悪な喧嘩に発展し、炒め物はごみ箱に捨てられてしまう。中華鍋料理はディスコミュニケーションを露呈させるのだ。「匂い」は非言語領域であり、記憶と結びついて感情に定着し、快・不快を呼び起こす。この夫婦喧嘩は、二人が出会う前に経験した、言葉にできない領域の重要な問題を抱えた扉を開く契機となる。

実は村上春樹自身、中華料理が食べられないという。オランダ出身のジャーナリスト、イアン・ブルマによる『イアン・ブルマの日本探訪』（石井信平訳、TBSブリタニカ、一九九八年）には、村上の父親が大学在学中に応召され中国へ渡り、その時の経験を村上が聴き、「それが原因で未だに中華料理が食べられないのかもしれない」、「父にとっても心の傷であるに違いない。だから僕にとっても心の傷なのだ」、「僕の血の中には彼の経験が入り込んでいると思う。そういう遺伝があり得ると僕は信じている」との発言が所収されている。

父親の死後、二〇〇九年二月にエルサレム賞受賞スピーチで、毎朝、父が朝食の前に日中戦争で亡くなった人のために祈禱を捧げていた背中を見つめているうちに、周りに漂っている死の影を感じたことを村上は話した。中国は重要なファクターとして機能している。

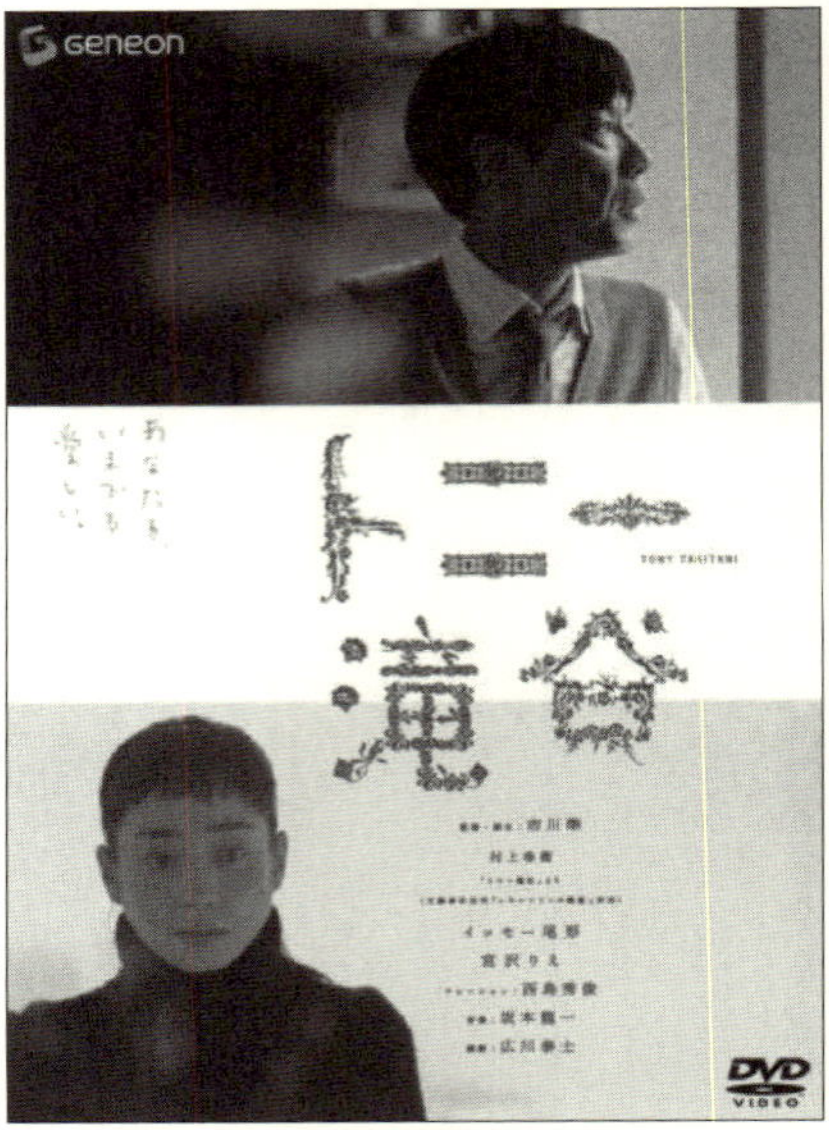

図1　『トニー滝谷』DVDジャケット

## 二、継承される父子の傷

村上春樹と中国との関係は、すでに藤井省三が詳細に論じているが（『村上春樹のなかの中国』朝日新聞社、二〇〇七年）、本稿では父から息子に無言のうちに伝えられる上海における日中戦争の傷を描いた『トニー滝谷』（『文藝春秋』一九九〇年六月号、本稿のテキストはロングバージョンの『村上春樹全作品⑧』講談社、一九九一年）の考察を加えていく。

主人公・滝谷トニーは、ジャズ演奏家の滝谷省三郎を父に、

図2　村上春樹『ねじまき鳥クロニクル』表紙

物静かな日本人を母に日本で生まれた。省三郎は妻が出産三日後に亡くなったショックから出生届も失念し、彼の友人が自分の名を赤子に与えた。トニーの名付け親は駐留米軍キャンプのジャズ演奏仲間「イタリア系アメリカ人」である。イタリア移民を示す彼の来歴は語られていないが、そう平坦な道ではなかったはずであり、そういう名をトニーは背負うことになる。

名はその人の人生を時に指し示すことになるのだろうか。前出の藤井は省三郎の名に注目し、「省三郎はその名に反して日中戦争という『歴史に対する意志とか省察』を全く欠いた人間」、「戦争体験の忘却という罪を犯した父を持つ息子が、再び社会に対する無関心という罪を犯して孤独という罰を受ける、という父子二大の因果が『トニー滝谷』の物語ではなかったか」と述べた。

軽快でスタイリッシュな文体を駆使する村上作品には珍しく、本作は文末が過去形だけを使用した「〜た。〜だった。」が繰り返されている。彼らの行いを語り手が客観的に、換言すれば無味乾燥風に着地させることとも相俟って、省三郎もトニーも自分の行いをわが身に引き受けて判断しているようには感じられない。果たしてトニーは藤井のいう「無関心」な人間なのだろうか。もしそうなら、それはなぜなのか。

滝谷省三郎は二十一歳の時、太平洋戦争が始まる四年前に、演奏家として長崎から上海に渡る。作品内の言葉を引用して考察してみよう。

> 日中戦争から真珠湾攻撃、そして原爆投下へと到る戦乱激動の時代を、彼は上海のナイトクラブで気楽にトロンボーンを吹いて過ごした。戦争は彼とはまったく関係のないところで行なわれていた。（中略）戦争が終わったあとで、彼は様々な胡散臭い連中との交遊が祟って中国軍に目をつけられ、長いあいだ刑務所に放りこまれることになった。同じように投獄された連中の多くはろくな裁判も受けずにかたっぱしから処刑されていった。ある日何の前触れもなしに刑務所の中庭に連れ出されて、自動拳銃で頭を打たれるのだ。処刑はいつも午後の二時におこなわれた。
>
> （前掲『村上春樹全作品⑧』二二七頁〜二二八頁）

引用からわかるように、出来事だけが淡々と語られている。刑務所の中庭で午後二時に次々と処刑されていく銃声を聞く省三郎の日々の心情は、「贅沢は言えない。この戦争では何百万という数の日本人が死んだんだ」と独房の中でのんびりと口笛を吹きながら彼が時を過ごしたと語られている。解放後の生存者は省三郎と高級将校の二名で、将校はほとんど頭がおかしくなっていたと省三郎との差異が強調されるが、それほどの「死」の恐怖を前にして、「お気楽に」暮らせるはずもない。

昭和二十一（一九四六）年に帰国した省三郎は、天涯孤独となった。「彼はいくつかまとめて年をとったような気がした。でもそれだけだった。それ以上の感情はとくに湧いてこなかった」と語られ、帰国した翌年に結婚した妻の死にも「それについていったいどう感じればいいのか、自分でもよくわからなかった。彼はそういう感情に対して不案内だったのだ。」とある。反省を欠いた「お気楽」な人間というよりは、受け入れがたくつらい感情を封印し、無感情になって生き延びてきた姿が髣髴《ほうふつ》とされる。彼は言語による感情の変換ではなく、演奏によって感情を表出し、彼の息子は画用紙の上に現実を克明に「模写」することで変換していった。それが二人の生き延び方だったのだ。

## 三、多様に装う上海という都市

本作は、たとえば一九三六年から終戦までの上海での日本人ジャズ演奏者の姿を描いた斎藤憐の戯曲『上海バンスキング』（『新劇』一九八〇年三月号）のように、ジャズを通して当時の上海社会を描いたわけでなく、省三郎の上海体験は踏み込んでは語られていない。その体験は「演奏」によって表象され、父から息子へと伝わったようだ。

トニーはイラストレーターとして財を成した三十五歳の時に、十五歳年下の女性と結婚する。結婚生活は彼のそれまでの孤独な生活を救った。妻は父の演奏を聞きたがり、トニーは子どもの時以来聞きに行くことはなかった省三郎の演奏に妻を伴って聴きに行った。そのとき、それまでの「滑らかで、品が良くて、スイートだった」と思えた父の演奏が「息苦しく」「居心地悪く」させる演奏へと変貌して聞こえる経験をした。語り手は省三郎の演奏を「芸術ではなかった」と語り、あたかも芸術とは、魂の奥底に触れる感情が媒介すると示唆しているように読める。省三郎もトニーも自らのなまの感情、その中核に触れることを避けるように、それぞれの感情の表層だけを演奏や模写に移し替えて生きてきたのだと考えられる。

トニーが妻に心惹かれたのもその表層性にあった。素晴らしく気持ちよさそうに服を着こなしている、服によって新たな生命を獲得したかのようである妻の、その内面にはほとんど触れられていない。着こなしが夫の心を魅了しているのだから、妻は当然のごとく洋服購入への欲求に歯止めが利かなくなる。「こんなに沢山の高価な服が現実的に必要なんだろうか」とトニーに問われた妻は、自分自身の「現実」ではなく装いに心惹かれているトニーからの、この矛盾に満ちた言葉に混乱したかのように、言葉を受けた直後に交通事故で亡くなる。トニーは、妻の死が受け入れられず、妻と同一サイズの女性に妻の遺した服を着せて仕事をさせることを思い立つ。彼に選ばれた妻の形代《かたしろ》としての女性は、トニーの妻が残した美しい衣類を前に泣き出してしまう。本作の中で彼女が唯一、なまの感情をそのまま表出させ、彼らとの対照性を強調している。

　妻の形代を求めて乗り越えようとする思考は、「模写」によって現実を受け入れようとしてきた彼の方策であっただろうが、そこには人間の個別性を不問に付し、無機物として扱うメカニカルな対処癖が見出される。だが、女性が涙を流す感情に触れたことがきっかけとなって、トニーは妻の遺した洋服そのものには何の意味もないことに気づく。

　パスポートがなくても入国が許された日中戦争下の上海は、租界によって表面的には多様な装いをした都市であり、西洋の雰囲気に浸れる形代《かたしろ》的な都市だった。『ねじまき鳥クロニクル　第一部』で描かれたノモンハン戦闘地で九死に一生を得た本田伍長と間宮中尉との関係、「私たちはそれについて何も語らないということによって、その体験を共有しておったのです」（傍点ママ）のように、本作でも、言葉に変換せず、演奏と模写で傷を封じ込めてきた父子が描かれている。そして、村上は父から聞いた日中戦争の傷を、中華料理を口にしないことでその体験を共有し続けている。

**付記**　本稿脱稿後に、村上春樹は『文藝春秋』二〇一九年六月号において、これまでの沈黙を破って父親が二十歳のとき一九三八年に中国戦線に派兵されたことを記し、その内容を詳述している。これまで閉ざされていた村上と中国の関係について一層の研究が進むことが見込まれる。

# 桑島恕一軍医大尉の「正体」――一九四六年米軍上海軍事法廷の一案件

馬　軍（訳：丁　世理）

工藤美知尋『軍医大尉桑島恕一の悲劇』は、戦犯として死刑に処された奉天捕虜収容所軍医・桑島恕一《くわじまじょいち》の弁護と、BC級戦犯裁判に対する疑問を呈する内容である。しかしその論拠は、桑島側の証言や二次資料に偏っており、一次資料の発掘や近年の歴史学的研究の成果が等閑視されている。本稿はこの書物を例に、近年の歴史修正主義のはらむ問題について考えてみたい。

## はじめに

二〇一六年六月、日本ウェルネススポーツ大学教授・工藤美知尋の著書『軍医大尉桑島恕一の悲劇――われ上海刑場の露となりしか』（以下『桑島恕一の悲劇』と略）が潮書房光人社によって出版された。同書を通じて、工藤は彼の同郷――連合国軍捕虜を収容する奉天捕虜収容所で一九四二年から四四年にかけて軍医を務め、四六年に米軍上海軍事法廷において戦犯として死刑を言い渡された桑島恕一を弁護し、その死を冤罪による「悲劇」としたうえ、さらにはBC級戦犯裁判におけるいくつかの疑問点（合法性、正確性及び手続きへの疑問）を挙げている。

ば・ぐん――上海社会科学院歴史研究所研究員。専門は上海史、中国近現代史、中西文化交流史。主な著書に『一九四八年：上海舞潮案』（上海古籍出版社、二〇〇五年）、『中国近代科学家徐建寅伝略』（广西師範大学出版社、二〇〇五年）、『国民党政権在滬粮政的演変及后果』（上海古籍出版社、二〇〇六年）、『舞庁・市政――上海百年娯楽生活的一頁』（上海辞书出版社、二〇一〇年）などがある。

## 一、春の若芽のように温順、明朗

### 桑島の履歴

同書によれば、桑島の履歴は次のようである。一九一六年五月三十日に山形県西置賜郡長井町で桑島忠一（長井小学校長・長井町長を歴任）の長男として生まれ、三四年三月に県立長井中学校を卒業後、東京医専（現東京医科大学）に入り、軍医委託生となった。その後陸軍軍医学校に進学、卒業後、関東軍系列の奉天陸軍病院に配属。四一年中尉に昇格。四二年十二月から四四年十月まで奉天捕虜収容所に医務官として勤務、その間大尉に昇進。四五年八月終戦時に、支那派遣軍管内の済南航空隊に所属。同年十二月に日本に引揚げ、妻の節子と息子の純一に再会。翌年五月八日に、戦犯容疑で逮捕、巣鴨プリズンに収監。六月十日に、空路より上海提籃橋《ていらんきょう》監獄に護送。九月五日から十六日にかけて、米軍上海軍事法廷で公開裁判にかけられ、絞首刑に処せられた。四七年二月一日早暁刑執行。遺骨は同年六月に日本に届けられ、九月一日に長井市内の薬師寺に埋葬。

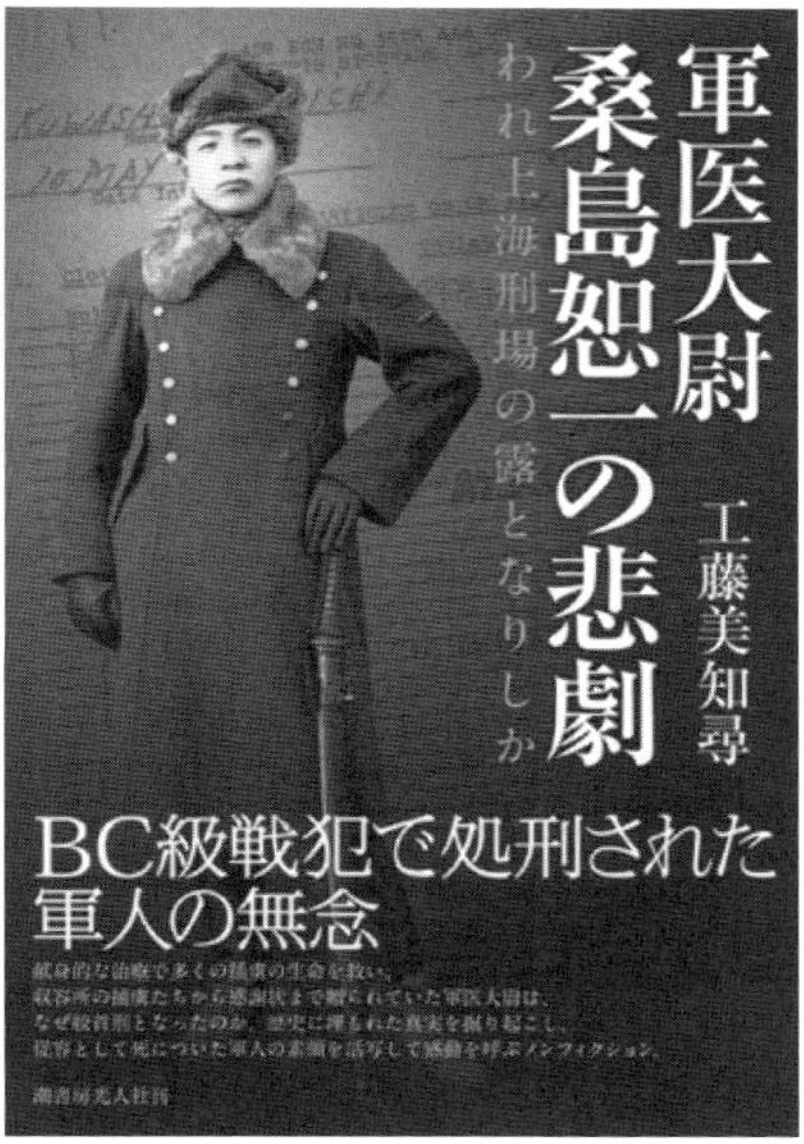

図1　工藤美知尋『軍医大尉桑島恕一の悲劇』（潮書房光人社、2016年）表紙

「奉天捕虜収容所」（以下「奉天収容所」と略）とは、四二年十一月から四五年八月まで、日本軍政当局が連合軍捕虜を収容すべく、奉天（現瀋陽）で設立した大規模な捕虜収容所である。四一年十二月八日に太平洋戦争勃発以後、多くの英米軍人は相次いで東南アジアの各地で捕らえられ、悲惨な長距離移動を経て、奉天収容所へと送り込まれた。第一回の一四二八人は四二年十一月十一日に奉天に到着。その内、フィリピンからの米軍捕虜は一三二八人、シンガポールからの英軍捕虜はオーストラリア人十六人とその他八十四人（含ニュージーランド人）。米軍のウェインライト将軍と英軍のパーシバル将軍もそのなかに含まれていた。その後の数年、さらに捕虜が送り届けられ、四五年六月三十日現在、総数は一七〇九人にも達していた。同年九月十一日に一六九八人の捕虜が解放され、奉天を離れることになった（楊競『盟軍戦俘在中国——奉天戦俘営口述紀実』、人民出版社、二〇一六年）。

同収容所に多くの戦争犯罪行為が存在していたことに鑑み、ワシントンにある米国陸軍部の命令により、四六年初めに、中国戦域の米軍総司令部は上海華徳路にある提籃橋監獄において、軍事法廷を設置、関係する容疑者への裁判を実施した。

四六年三月十四日に、「捕虜への虐待」を問われ、元監視官三木遂中尉は懲役二五年、同年九月十六日に元所長松田元治大佐は懲役七年、元医務官桑島恕一大尉は絞首刑、とそれぞれ処せられた。同軍事法廷では、九ケ月に及ぶ裁判において、約五十名の日本人戦犯容疑者を裁判にかけていた。その内、死刑となったのは六名で、桑島は唯一軍医として裁かれたものである。

## 工藤による資料調査の実際

桑島の冤罪を晴らすべく、工藤は資料調査を始めた。資料の欠乏に悩まされつつも、彼はいくつかのものを集めた。例えば、巣鴨法務委員会編『戦犯裁判の実相』（槙書房、一九五二年）と巣鴨遺書編纂会刊行『世紀の遺書』（一九五三年）がある。前者を通して、桑島案件の概要を知ることができる。後者には、桑島を含む九八四人のBC級絞首刑受刑者の遺書と手記が収録されている。ほかに桑島治三郎『殉国の軍医大尉』（日本医事新報社、一九七四年）もある。編者の桑島治三郎は桑島の同族で、六八年八月二十四日に、彼は雑誌『医事新報』に「殉国の軍医大尉」と題する追悼文を掲載し、五年後、新資料及び奉天時代の桑島の同僚（大気寿郎軍医・行方武治衛生兵など）の回想と証言を添えて、再び同誌に「続・殉国の軍医大尉」を発表した。七四年、桑島治三郎は、前記二つの文章と『医事新報』に投稿したその他のものや、何枚かの写真、桑島恕一が四六年から四七年にかけて、上海で記した「獄中日記」（処刑後、家族に返還）をまとめて上梓した。

一方、工藤は一次資料を掘り出すべく、何度も国立公文書館に足を運んでいた。たださしたる収穫は得られなかったようである。「法務大臣官房法制調査部作製・上海裁判（アメリカ裁判関係）」というファイル（十二冊、一〇〇〇枚以上）を発見したものの、「米国側からこの裁判に関する記録が返還されているわけではなく、日本側が、これまで法務省が独自に調査してきた記録や日本人弁護士が収集した資料や、遺族から提供された資料や手記などをまとめてファイルしているもので、かならずしもすべての裁判記録を網羅しているものではない」（『桑島恕一の悲劇』）。このほか、国立国会図書館憲政資料室に、桑島が四六年五月に巣鴨プリズンに収監された時の記録も見つかった。

以上が工藤の依拠した基本資料である。一方的で限られた二次資料的なものだと言わざるを得ない。アメリカ国立公文書記録管理局に所蔵されている米軍上海軍事法廷の裁判資料のみならず、裁判期間中の新聞記事や奉天収容所に関する中国側の最新研究成果も参照せず、いわば条件の整わぬまま、歴史を逆転させようと工藤が試みたのである。彼は桑島治三郎が『殉国の軍医大尉』において書いたことを焼き直しただけで、別に新しい捉え方を示したわけではない。

## 工藤による桑島の性格描写

工藤の試みは、まず桑島の性格から着手した。桑島治三郎の『殉国の軍医大尉』を祖述した形で、彼はこう書き始めた。「「恕一」の名前の由来は『論語』の「夫子の道忠恕而已」から引いたもの」である。「恕一の性格は長井町育ちの人間らしく温良そのものだった。背丈は一メートル七十センチ近くあり、体格もよく、旧制中学時代にはすでに剣道初段の腕前であった」。「忠一にとって、恕一は自慢の息子であり、周りからもその将来が大いに嘱望されていた」。「彼は学業も優れていたが、性格は春の若芽のように温順、明朗」だった。桑島の温和な性格及び奉天収容所における業績を際立たせるべく、収容所時代の同僚で同収容所の監視官だった三木遂中尉の証言も長々と引用されている。

一九四三年一月から十二月まで、私は同所職員として同氏とは公私ともに昵懇に交際し、その性格行状についても詳細に知悉している間柄であります。同氏は性質温厚にして責任観念旺盛、在任中は後述の如く、健康上最悪の状態にあった米軍捕虜に対し、献身的に診察治療に当たり、われわれ素人目には治癒困難と思われた幾多の重症患者を快癒せしめました。／一九四二年十一月十一日、捕虜が奉天に到着した際の状況を申し述べますと、彼らの大半はバターン、コレヒドール籠城当時から飢餓に苦しみ、また栄養失調、アミーバ赤痢、マラリア等に冒され、投降後キャバナツァン収容所における生活と奉天への長途長期の輸送（一九四二年八月～十一月）の間、これらの病状は進行し続け、奉天到着の時は文字通り骨と皮に痩せた者、少なくとも一日五、六回から多い者は三十回以上も下痢をする者が大多数でありました。／（中略）／最初の収容所付軍医は金子少尉で、この大量の重症患者に対して、設備、薬品、衛生部員ともに極度に不足しているのに心痛し、上司に善処方を要望したのですが、急場のため間に合わないので、同氏は自費で投薬（エメチン等）したり、代用の便器を備え付けたり大活躍をしました。／それでもなお死亡者は後を絶たず、多いときは一日に五名もあり、十一月中に五十名以上、十二月中に三十名以上もあったと記憶しております。／こんな中で、翌年（一九四三）一月上旬、奉天病院から派遣された桑島恕一中尉は、収容所の医務室を上司と折衝して『三等病院』（恕一のほかに軍医一名、衛生下士官二名、衛生兵約十名増員）に昇格させ、薬品も衛生材料廠まで何度も出向いて増配させ、捕虜中の重症患者、要手術患者等を奉天陸軍病院に入院させることに成功するなど、あらゆる努力を払い、また治療上の効果を上げました。／（中略）／いわば桑島氏は他の多くの収容所付軍医（金子少尉、山田少尉、大木少尉）等とともに、感謝の誠心を捧げられるべき救命者であったのです。

（『桑島恕一の悲劇』）

ちなみに、桑島が温順で誠実な好青年だったことを立証すべく、桑島治三郎も『殉国の軍医大尉』において、広田達三・関口《ママ》・久保文明・服部一雄・小林茂といった同僚や戦友の回想を引用している。しかし、これらの人々は、奉天収容所に赴任する前の桑島か、そこから転出した後の桑島しか知らなかったため、彼らの回想は、証明の材料としては説得力がない。とはいえ、こうした回想は、桑島に対する工藤の心証をよくしたのみならず、桑島を評価する行動へと工藤に働きかけたに違いない。

## 二、残虐な悪魔

### 奉天収容所をめぐる研究の現在

奉天収容所跡地に建立された「瀋陽二戦盟軍戦俘旧址陳列館」は、長年の保守工事を経て、二〇一三年五月十八日を以て、正式に無料開館し、「全国重点文物保護単位」にも指定されている。一方、ここ数年来、同館が「瀋陽九・一八歴史博物館」や遼寧大学日本研究所などの研究機関とともに推進した奉天収容所に関する研究も活発に行われている。いくつかの科研助成事業の下で、注目に値する研究成果があらわれた。主だったものは次の通りである。楊競編『奉天涅槃　見証二戦日軍瀋陽英米盟軍戦俘営』（瀋陽出版社、二〇〇三年）、王鉄軍・高建『二戦時期瀋陽盟軍戦俘営研究』（社会科学文献出版社、二〇一一年）、何天義編『日軍侵華戦俘営総論』（社会科学文献出版社、二〇一三年）、楊競編『日本盟軍戦俘営』（福建教育出版社、二〇一四年）、楊競編訳『皮蒂《ピーティ》日記　奉天戦俘営1942―1945』（瀋陽出版社、二〇一五年。以下『皮蒂日記』と略）、前掲『盟軍戦俘在中国――奉天戦俘営口述紀実』（以下『盟軍戦俘在中国』と略）、西里扶甬子著、王鉄軍等訳『在刺刀和藩籬下――日本731部隊的秘密』（瀋陽出版社、二〇一七年）などがある。指摘しておきたいのは、これらの研究成果は、奉天収容所の全体像、とりわけ医療の実態ないしは桑島の行動を把握するに、重要な参考文献になるにもかかわらず、工藤は著書の中でいずれにも触れていない。

日本側関係者の証言とは違い、戦後解放された捕虜の回想と研究者の研究によれば、「労役、飢餓、寒さと病気に加えて、医者・医薬品の不足と日本軍による虐待」のため、四二年十一月から四五年八月まで、計二五〇名の捕虜が死亡（うち三人銃殺、一人失踪）、死亡率は一六パーセントにも達し、ヨーロッパにおける連合軍捕虜死亡率の一・二パーセントをはるかに上回っている（『盟軍戦俘在中国』）。同収容所はいかに地獄・死亡を意味するものだったのかは想像に難くない。ある英軍捕虜は日本軍の誇っていた「医療」を猛烈に批判している。

> 日本人の薬品は奇異なものだった。日本にも名医があったが、多くの医者はシャーマンに毛の生えた程度のものに過ぎなかった。三人の米人捕虜軍医と一人のオーストラリア人捕虜軍医は僕に「犀の角を粉末にしたものは、日本人の薬品リストによく見かける」と告げたことがある。そして、真珠パウダーを含むとして、薬の効能は抜群だと宣伝する薬品の広告を見たこともある。日本人は牛乳を飲み物でなく、薬品と見なしていた。しかも処方箋を持ったうえで、はじめて匙単位で支給される。（中略）正直、あそこの医薬設備は低水準の老朽品でしかなかった。日本人は寄生虫検査のため、我々の排泄物を収集して調べたところ、全体の三九・六パーセントが回虫症にかかっていることが判明。しかし、我々は、薬がない、補給が来るかどうかもわからないと告げられるだけだった。それに、壊疽の注射剤もわずか一本しかなかった。日本内地に各種の物資が豊富にあると日本人がよく言うが、我々には信じがたい。日本の軍隊はまだ日露戦争時代の服装を着ていたのを見たこともある。彼等は被服に不自由だったと同じように、我々には食物と薬品が足らなかった。
>
> （『盟軍戦俘在中国』）

## 日本陸軍の精神性と暴力性

四二年はじめから四四年十月まで、桑島は奉天収容所付属病院の責任者であり、ほぼ唯一の軍医でもあった。英軍捕虜の話にある、医療の水準と観念において欧米側と大きな落差を感じられる「日本人医師」が誰を指すのかは、言わずもがなである。そして、以上の話からもう一つのポイントを読み取ることができる。即ち近代化していく日本海軍とは違い、日露戦争以後の日本陸軍の発展は明らかに停滞しており、精神論ばかりを高唱した弊害は、太平洋戦争において余すところなく露呈した。兵站・医療などの軍事面で、時代の潮流に大きな後れを取っていたため、軍医・医薬品の不足や食料・被服の欠乏は、捕虜のみならず、日本軍兵士をも悩ましていた。戦時中の青年将校で、戦後軍事史研究家となった藤原彰は『中国戦線従軍記』（大月書店、二〇〇二年）において、それを詳細に記している。

同書のはじめに藤原は次のように書いている。

昨二〇〇一年五月に、私は『餓死《うえじに》した英霊たち』という題の本を出した。この本では、第二次世界大戦における日本軍人の戦没者二三〇万人の過半数が戦死ではなく戦病死であること、それもその大部分が補給途絶による戦争栄養失調症が原因の、ひろい意味での餓死であることを、各戦線にわたって検証した。そして大量餓死をもたらしたのは、補給を軽視し作戦を優先するという日本軍の特性と、食糧はなくとも気力で戦えという精神主義にあったことを論じたのが、この本の主旨であった。

藤原によれば、医者・医薬品の不足について、作戦の勝敗に直接かかわらないとして、まったく重視されず、特別の保障手段も講ぜられなかった。野戦病院の設備は大抵劣悪で、キニーネも足らないため、マラリアにかかった多くの兵士は迅速に治療を受けられず、体力の消耗によって次々と死んでいた。それが病死の最大の原因となる。血清も非常に欠乏していた。負傷者の傷が一度感染すれば、早いうちに壊死した部分を切断するよりほかなかった。しかし手術に必須の麻酔薬はややもすれば品切れするので、命を救うべく、やむなく麻酔しないまま切断の手術を行わねばならなかった。野戦病院は「まるで戦傷病者の墓場である」と藤原が嘆いた。ゆえに、多くの傷病者が苦しみながら死んでいくことに、軍医と衛生兵は手を拱《こまね》くしかなかった。

自国兵士の医薬品問題すら満足に解決できない日本の軍政当局は、「俘虜の待遇に関する条約」（一九二九年、日本は署名を行ったが、批准しなかった）を無視したうえで、なおも捕虜に対して良質な治療を施すとは期待できない。奉天収容所における悪質な待遇、脆弱な医療体制及び高い死亡率の根本原因（あるいは遠因）はまさにそこにある。とはいえ、それは個々の実行者の責任を無化するものではない。

周知のように、日本陸軍の内部に様々な暴力が横行していた。上官が部下を殴る、将校が兵士を殴る、古年兵が新兵を殴るといったことは日常的にあった。この卑劣な風紀は、勢い敵国の兵士と庶民に対する恣意的な暴力に発展すると思える。捕虜の回想では、三十四ケ月の間、収容所内の暴行は途絶えたことがなかった。点呼の時、「一人一人は日本語で自身に宛がわれた番号を言わねばならなかった。言い間違えれば、日本人は銃や日本刀あるいは手あたり次第でその人をなぎ倒す」（『盟軍戦俘在中国』）。「殴打は高頻度なもので、誰もそれを異常とみて記録するものはいなかった」、「パンチあるいは靴底でビンタされるのは日常的なアイサツ」、「多くの場合、ちょっとした手落ちで殴りまくられる」（『皮蒂日記』）。

## 捕虜の見た桑島

シンガポールで捕虜となった英軍少佐ロバート・ピーティは、危険を冒して、秘密裡に日記をつけていた。それは戦後米軍上海軍事法廷において重要な証拠になっていた。この一次資料を通して、筆者はまったく異なる桑島のイメージを読み取った。以下、桑島に言及した部分を抄録する。

四三年九月一日　英国王立砲兵第一二二野戦連隊の砲手ゲーリングは桑島中尉に殴られた。桑島は彼に手を出せと命令した時、「出せ」としか言わなかった。彼は「長官、よくわかりません」と返事したところ、桑島は彼を殴り倒し、その股間を蹴ろうとした。その後、監視官の執務室に呼び出され、桑島に指示された川島通訳に再度殴打された。

四三年一〇月一三日　王立兵団第二中隊一等兵ポッターは昨夜整列点呼の時、不手際があったため、桑島に足蹴にされた。

四四年年八月二四日　桑島は休暇のため職場から離れた。収容所の病院に責任を負う医者はいなくなった。

四四年九月六日　桑島が僕の入れ歯を修理に出してから二ケ月過ぎた。一週間過ぎた時点で修理が完了したと教えてくれたが、忙しくて取ってくれる暇がないという。返ってくるのを諦めた。それに、入れ歯のない生活に慣れている。

四四年一一月二四日　捕虜軍医は仕事を再開した。彼等はいつ桑島に仕事をとりあげられたのかを僕は記録していない。恐らくハンキンズと連名で桑島に意見書を出した後だろう。桑島の休暇中、病院内の日本人は国際赤十字社が提供した薬を自分たちに流用したからだ。日本人の行為は彼の指示に違反したのかを調べてくれると思っていたが、実際、桑島はそれらの不正行為を知っていたし、黙認していた。（中略）幸い、我々の受けた報復は、捕虜軍医四人が職場から締め出されることだけだった。四人は不正行為をあまりにも知り尽くしているからだ。

（『皮蒂日記』）

これは工藤の言う温順な桑島恕一だろうか。残念ながら、桑島にほかならない。

ピーティ少佐の日記は、収容所内の暴力を全部カバーできないものの、「全世界にホラーシーンの一部を知らしめることができよう」（『皮蒂日記』）。全文を通じて、捕虜に暴行を加える頻度と悪質さにおいて、恐らく桑島は石川大尉と三木遂中尉に次ぐ三番手だと言える。ピーティ少佐から「残虐な悪魔」と呼ばれた桑島は、剣道に長けるためか、捕虜への暴行はいたって残忍だった。そして真相（国際赤十字社から供給された薬品を部下が流用したことを黙認）を隠すべく、内情を知悉している捕虜軍医を病院から追い払った。四四年十月、桑島が異動した時、ピーティは明らかに肩の荷が降りたような解放感を記している。

### いかに桑島を評価すべきか

桑島の多面性をどう解釈すべきか。彼の「変貌ぶり」を強いて弁護するならば、次のようなことが考えられよう。第一、戦時中、人の性格は若干変わるかもしれない。特にだらしない「鬼畜英米」の捕虜への軽蔑は、桑島に限らず、「生きて虜囚の辱めを受けず」と叩き込まれた日本軍兵士全体に多かれ少なかれ共有されていたはずである。第二、一〇〇〇単位で数えられる連合軍捕虜に、桑島とその配下にある数少ない衛生兵は医薬品や医療設備の不足のもとではとても対応しきれず、加えて言語や慣習の障害もあって、勢い恨み辛みを弱い立場にある捕虜にぶちまけてしまった。

死亡した二五〇名の捕虜を年代別にみれば、四二年に一三四人、四三年に九十一人、四四年に二十三人、四五年に二人と死亡者は年々減少していくことがわかる（『二戦時期瀋陽盟軍戦俘営研究』）。当然、それは桑島とその医療チームの尽力した結果だが、収容所内の劣悪環境と桑島本人の関与した捕虜への暴行を否定するものではない。

桑島は、四六年六月十日に上海の刑務所に移送され、八月二十一日に起訴状を受け取った。その日の日記では、「起訴項目は八項あり。びっくりするほど悪逆無道の人物にされたものだ。当時あの俘虜たちのために、僕は最善を尽くしてやったのにとも思われる。自分は思い残す事のないほど努力したのだ。だから如何なる結果になろうとも少しも恐れず、これ正に平常心か」（『桑島恕一の悲劇』）とある。そして九月六日の日記では、「不利な証言ばかり。この分では首が飛ぶかもしれぬ。人の行為は善い面は少しも表されず、悪い面だけ強調されるものであると、しみじみ思った」（『桑島恕一の悲劇』）とある。

断っておかねばならないのは、良い面と悪い面を持ち合わせる人間を裁く場合、裁判所の仕事は、総合的にその人間を判定することになく、悪い面を罰することにあるのみということである。

## 三、死刑になることは絶対にない

### 裁判批判の根拠

桑島は結局米軍上海軍事法廷で死刑を宣告された。工藤は次に同裁判の不公平さを批判していく。しかるに、彼の用いた材料は依然乏しく、三木遂の証言と桑島の「獄中日記」以外、彼自身の憶測や推測しかない。
桑島は元奉天収容所長松田元治大佐と同一案件で起訴されていた。二人のために、先に判決を言い渡された三木は、法廷に供述書を提出した。彼はこう回想している。
裁判開始前米側弁護士と、日本側弁護士関屋正彦氏、松田、桑島氏と私とは、二、三日打ち合わせのため会合をしており、その際米側弁護人は、『この裁判は二人の中どちらも死刑になることは絶対にないから、その点自分も楽だ』と明言しておりました。／桑島氏が不当に絞首刑を判決されるに至った原因は、少なくとも二つの重大なる虚偽の陳述がその主なものであると考えられます。／その一つは米軍収容者中の当時の最高先任将校ハンキンズ中佐（収容所当時少佐）が証人として出廷し、収容所の処遇に関し、まったく虚偽の事実を宣誓証言したことであります。／彼は収容所における給養が劣悪で、そのために奉天において新たに栄養失調患者が続発し、かつ大部分が医官の怠慢により、何等適切な治療を施されずして死亡するに至ったと述べたそうであります。／（中略）その二は、ギャグネットという米捕虜下士官が前記満州工作機械株式会社で就労中、工業用アルコールを飲用し視力障害を起こしたのでありますが、その男が上海軍事法廷に黒眼鏡をかけて妻に手を引かれて出廷し、『自分は奉天捕虜収容所に在所中、桑島に無根の事実で椅子に縛り付けられ、水を掛けられて一晩中拷問され、それが原因となって、さらにまた在所中の劣悪な給養による栄養失調と相俟って、失明同様の今日の状態になった』と、まったく架空の事実を宣誓口供したことであります。

（『桑島恕一の悲劇』）

供述書の中で、三木は「十ないし十五人の捕虜をビンタ、あるいは竹刀と棍棒を以て殴打したことがある」（『盟軍戦俘在中国』）と認めている。前科を持つ戦犯の言う「二つの重大なる虚偽の陳述」云々の回想に対して、工藤は裏付けを取ることもなく、そのまま桑島冤罪の証拠として引用している。実際、ハンキンズの証言はおおむね事実に合致しており、ギャグネットが工業用アルコールを飲用し、視力障害を起こしたということは、あくまで三木だけの意見で、それを支持する傍証はない。単なる三木だけの証言で原告側の偽証を証明するのは甚だ軽率である。

## 桑島冤罪説の根拠

この後、工藤は桑島の「獄中日記」の片言隻句を引用するだけをもって、桑島への裁判に不自然な箇所があると立証する。九月五日の開廷から同十六日の判決宣告にかけて、桑島はただ裁判の進行を見守るだけで、「証人台にも立たず、全く一言も発することなく終わってしまった」(『桑島恕一の悲劇』)。このような結果を招いた原因は、一人の米側弁護士カービイ中尉と二人の日本側弁護士にあると工藤は見ている。米側弁護士は、すでに勲章と恩給を授けられた二人の証人の名誉を傷つけないため、彼等の偽証を暴きたがらなかったという。そして、「死刑になることは絶対にない」、「証人台に立つのは不利になっても有利にはならない」(『桑島恕一の悲劇』)といった米側弁護士の意見は、桑島を自己陳述しないようミスリードした、あるいは桑島が証言台に立つことを妨害したと主張している(『桑島恕一の悲劇』)。二人の日本側弁護士関屋正彦・小林茂に至っては、ともに兵科の高級将校だったため、戦犯になる可能性もある状態である。加えて国際法に詳しくないので、合同裁判で松田の刑罰が軽くなれば、当然その部下に当たる桑島への判決も軽い刑罰ですむと思って、弁護の重点を松田の方に置いていた。結局、彼らの判断で、松田のみ証人台に立ち、桑島が医学上の問題を釈明する最後のチャンスを失ってしまった。しかし、「捕虜虐待はその事実が認定されれば、命令の有無や階級の上下などに関係なく実行者個人が処罰される」(『桑島恕一の悲劇』)という国際法上の規定を、桑島は知らなかったという。

かくして、捕虜収容所長の松田はわずか七年の懲役に処せられたのに対し、軍医の桑島はかえって絞首刑になったという意外な判決結果が出た。

続いて、工藤は桑島の受刑に至るまでの経過を描出したうえ、その遺書を展示したり、遺骨の埋葬や遺族の苦難に触れたりする。

不十分な証拠にいくつかの推測を重ねて、桑島「冤罪」を表象している工藤はさらに、折に触れて、次のような考え方もあらわにしている。即ち、桑島の案件は「BC級裁判で絞首刑になった九八四名の戦犯に共通するものを持っている」、「終戦後、ほとんどの証人は「日本憎し」で凝り固まっていた」、「一般的にBC級裁判の証言には、信憑性に欠けるものが多くあった」、「米軍の軍事委員会が古い伝統の上に作られたものではなく、今回の大戦の産物であってみれば、犯罪類型といい量刑といってもそこに独断と矛盾が横行するのは当然であった」、「軍事委員会は米行政権の作用に属するため、その証拠の許容も評価も、ともに普通法の煩瑣な規則に従うことを必要としなかった。このため捕虜の証言の絶対性という現象が生じることになった」、などがある。

## おわりに

ここまで来ると、工藤の真意ははっきりとわかる。つまり、桑島の「悲劇」を通じて、BC級戦犯裁判の正当性を疑問視することである。

とはいえ、工藤は著書の中で、確かに一考に値する疑問を読者に投げかけている。つまり、桑島の上官や同僚は、その一部が桑島以上に捕虜虐待をしたにもかかわらず、懲役刑で済んだのに、なぜ桑島だけが極刑に処せられたのかということである。弁護人のせいか、それとも米側が二五〇名もの捕虜を死亡に追い込んだ責任を一介の軍医になすりつけたのか、またはこの両方の理由がともに作用した結果なのか、あるいはほかにまだ知られざる理由があったのか。

それを解くには、さらなる史料が必要である。例えば、当時上海の大手新聞（『申報』や『ノース・チャイナ・デーリー・ニュース』など）の報道、及び現在ワシントンにある米軍上海事裁判記録が挙げられる。しかし、工藤はそれらの資料を探し当てたことさえなかったのである。

# 小泉譲の〈上海追懐もの〉六作品を読む

## ——見果てぬ夢の街、上海

竹松良明

小《こ》泉《いずみ》譲《ゆずる》が一九四九年から一九五〇年にかけて発表した〈上海追懐もの〉六短篇——「踊り子の記憶」「上海暮色」「死の盛粧」「稚《おさ》ない娼婦」「上海劇場」「漂泊の地図」——について考察し、その主要な特色としての客観的視座に立つ風俗小説的姿形、強いられた訣別としての引揚げが誘発する未練と追懐、〈魔都〉の本質たる〈社会悪〉を象る混沌と猥雑の描出、白系ロシア人やユダヤ人に代表される上海の国際性への参入などを確認する。

### 一、戦前期の文学活動

#### 閲歴と回顧

小泉譲は一九一三年七月十三日に埼玉県川口市に生れ、慶応義塾高等部を中退、その後満鉄上海事務所調査室勤務の傍ら中国経済文化研究会に所属し、また上海特別市政府に勤務、一九四六年四月に引揚げ帰国。戦後の小泉のライフ・ワークとなる、戦時下上海の国際感覚豊かな歴史的スペクタクルを見届けた一日本人の姿を描いた長編小説『失楽の城』（大日本雄弁会講談社、一九五八年）の「後記」によれば、「昭和十四年、当世流に言えば私の二十六歳の時のことである。当時、私は友人の紹介で満鉄に就職するつもりでいた。（中略）私の就職先は、東京支社でも満洲の本社でもなく、上海事務所調査室であった。（中略）上海と言われて正直、私は迷った。迷いの原因は余りに子供っぽいが、未知の世界に対する心細さであった。（中略）丹羽文雄先生に相談したところ、動乱

たけまつ・よしあき——大阪学院大学短期大学部教授。専門は日本近代文学。主な著書に『阿部知二論』（双文社出版、二〇〇六年）、『〈外地〉日本語文学への射程』（共編著、双文社出版、二〇一四年）、『戦前期中国関係雑誌細目集覧』（共編著、三人社、二〇一八年）などがある。

の中国を観ておくことは何かの役に立つであろう。視野を広めておくことはいいことであるという鶴の一声で、私の壮挙？は決定してしまった。(中略) 私が引揚者というみすぼらしい姿で東京に舞い戻ったのは昭和二十一年の四月のことであった」とある。

また、短編集『八月の砂』(芸文書院、一九五七年) 付随のPR誌『芸文』(四号) があり、内容は寺崎浩「丹羽文雄のこと」、丹羽文雄「小泉君のこと」、中村八朗「小泉譲君の青春」、郡仁次郎「小泉譲君」である。そのうちの中村八朗「小泉譲君の青春」の要点を以下に摘記しよう。それによれば、一九三七年頃、早稲田の仏文科にいた中村は原稿を見せに丹羽文雄の家に通っていたが、小泉は『三角州』という同人誌を丹羽に送ってきており、その中に小泉の「嫌がらせの世界」という僧侶の世界を描いた一〇〇枚の力作があったという。この作品を契機に二人は知り合ったが、当時の小泉は内務省に勤める「役人だった」。小泉はよく「美しい文学少女」を連れて歩いていたが、「オトンさん」というあだ名の彼女は丹羽の推薦で松竹の女優となり、中村が現役兵で入隊の際に丹羽が開いた送別会にも来てくれた。その会には田村泰次郎も出席している。「女優になって見違えるように美しくなったオトンさんのことが一番印象深く残っている」というその女性は、往年のスター小暮美千代であった。「私が軍隊に入ると、少時して小泉君は上海へ渡ったようだ。オトンさんなる小暮女史に失恋したからだろうと、私はかんぐっていたが、本人は絶対にそうではないと打ち消していた。が、どうやら本音は分らない」。

また、一九四一年の夏、南方の近衛部隊への転任の途中で中村は上海に寄り、小泉や多田裕計に会った。その近衛部隊は中村の着任後に南部仏印に進駐し、中村は通訳将校となるが、上海で「小泉君が『大陸往来』という雑誌にのせた「追放者の家」という作品を、彼のアパートで読んで感心した。ユダヤ人を描き、国際色豊かで、政治色の勝った、そして悲しい人間性をえぐった力作だった。(中略) 私はその時、小泉君が上海に来て、大きく成長していたことを認めて心から喜んだ。同じ頃、私は多田君のアパートで、彼の「長江デルタ」を読んだ。後にその作が芥川賞になったことを仏印で聞いて、上海は大きく日本の文学を育てているなとうれしく思ったものである」と記している。

## 上海時代の文学活動

この『大陸往来』は、上海の大陸交通倶楽部発行の機関誌『大陸交通』として一九四〇年一月に創刊され、五号より『大陸往来』(発行所も大陸往来社となる) と改題されて一九四四年十一月までを確認できるが、国会図書館（十五冊）、及びそれとの重複を含めて北京の中国国家図書館が最も多くを所蔵している。小泉が『大陸往来』に執筆した著作を列挙すれば以下の通りである。

「重慶文学の方向」（一九四〇年十一月、一巻八号）
「少女テレーゼ――上海碼頭風景」（小説・一九四〇年十二月、一巻九号）
「追放者の家」（小説・一九四一年六月、二巻六号）
「追放者の家（続）」（小説・一九四一年七月、二巻七号）
「〈風俗時評〉軽薄なる姿態について」（一九四二年十二月、三巻十二号）
「〈風俗時評〉もんぺいの効用に就いて」（一九四三年一月、四巻一号）
「〈風俗時評〉個人主義の風俗的現象に就いて」（一九四三年二月、四巻二号）
「街頭点描　支那芝居に於ける非倫理性に就いて」（一九四三年三月、四巻三号）
「支那女性の二つのタイプに就いて」（一九四三年四月、四巻四号）
「対支文化工作の基底――現地在留邦人の立場として」（一九四三年七月、四巻七号）
「〈航空小説〉空は一つ」（一九四四年十月、五巻十号）

次に、戦時下上海の唯一の日本語新聞『大陸新報』の「土曜文芸」（全て紙面の八頁に掲載）に小泉が執筆した著作は以下の通り。

「日本的なもの」（一九四〇年九月十四日）
「〈馬々虎々〉時代の小説家」（一九四〇年九月二十八日）
「〈馬々虎々〉浪漫主義文学台頭」（一九四〇年十月十二日）
「風俗時評（コント）」（一九四〇年十月十九日）
「ある季節（小説）」（一九四〇年十一月三十日）
「遠山君と小説『呉淞クリーク』」（一九四一年一月二十五日）
「文学偶感」（一九四一年二月一日）

更に、「土曜文芸」の発展形である『長江文学』（上海・長江文学会発行、一九四一年六月〜一九四二年五月までに全五冊）に小泉が執筆した著作は次の二点。

「海の色（小説）」（一九四二年二月頃発行、二巻一号、この号は実物未確認につき詳細目次は未詳）
「収穫以前（「桑園地帯」第一部、小説）」（一九四二年五月、二巻二号）

続いて、第十七回芥川賞（一九四三年上半期、授賞作は石塚喜久三「纏足の頃」）の候補作となった「桑園地帯」を掲載した『上海文学』（上海文学研究会、一九四三年四月〜一九四五年五月まで全五冊、創刊号と四号該当号は日本近代文学館所蔵、三号該当号と五号該当号は上海図書館徐家滙蔵書楼所蔵）に小泉が執筆した著作は、『上海文学』二号に当たる〈夏秋作品〉＝一九四三年十月号を未確認として、次の三点である。

「桑園地帯（小説）」　（一九四三年四月、〈春季作品〉）
「お前の胸に日の丸を（小説）」　（一九四四年四月、〈冬春作品〉）
「続詩聖故事（小説）」　（一九四四年十二月、〈秋冬作品〉）

### 「桑園地帯」

戦前期における小泉の代表作「桑園地帯」はまさに〈現地建設工作〉小説という当代流行のプロトタイプに即した作品であり、これは作者の実体験を基とすることなく、当時の用語で言えば存分に〈調べた小説〉に属するものである。舞台は上海から近い鎮江の北方にある四擺渡《スバイド》の桑園地帯であり、蒋介石が創設し今廃棄されている養蚕事業を再興させるために数々の困難に立ち向かう日本人の雄姿を描いている。主人公である長沢は、荒れ果てた周辺の草刈りや設備の修繕を果し、練習生として募集した一〇〇名の姑娘たちを技師たちと指導してこの秋の養蚕に漕ぎつけようと奮闘する。秋が来て期待以上の収穫を祝った夜に匪賊の襲撃があり、技師の一人が高熱に冒されながらも防戦に立った無理から命を落とす。その衝撃に長沢は深く気落ちするが、やがて内地から新たな講習生たちが到着し、その真率な姿には今後に開けるであろう新時代の逞しさを確信させるものがあった。

なお、以上の『大陸往来』、「土曜文芸」、『長江文学』、『上海文学』における小泉の著作については、『戦前期中国関係雑誌細目集覧』（三人社、二〇一八年）所収の『大陸往来』細目（大橋毅彦作成）、「土曜文芸」細目・『長江文学』細目（木田隆文作成）、『上海文学』細目（趙夢雲作成）を参照した。

## 二、作品素材としての上海

### 上海追懐もの

小泉が一九三九年（あるいは一九四〇年）に上海に渡ってから一九四六年四月の引揚げまでの、戦時上海における生々しい歴史体験を自己のライフ・ワークにしようとしたその最初の結実が、長編『失楽の城』（大日本雄弁会講談社、一九五八年）であるが、それに先立つ一九四九年から一九五〇年にかけて、『失楽の城』とは明らかに異なる色調を持った、まさに〈上海追懐もの〉と言うべき幾つかの短編があり、発表順に挙げれば以下の通りである。

「踊り子の記憶」（『若草』、一九四九年四月、二十四巻四号）

「上海暮色」（『サロン』、一九四九年五月、四巻四号）
「死の盛粧」（『文芸読物』、一九四九年十一月、八巻九号）
「稚ない娼婦」（『作家』、一九五〇年一月）
「上海劇場」（『デカメロン』、一九五〇年二月、四巻二号）
「漂泊の地図」（『令女界』、一九五〇年六月、二八巻六号）

## 「踊り子の記憶」

まずは最初の「踊り子の記憶」の冒頭部分を引用しよう。

マキは病気あがりの身体だつたので、今朝の勤労奉仕は、身に耐へすぎた。月に一度の興亜奉公日の行事ではあつたが、血のすくなくなつた体を、毎夜おそくまで擦り減らすので、一度土方の真似をすると、三日は牀についた。夜がおそい商売で、それがマキの場合は子供の頃から続いてゐるので、骨の髄まで夜の色に染つてゐ、太陽の真下では、体の置場にも戸迷ひした。国際都市と云はれて、自由気儘が振舞へさうな上海でも、日本人の間には、非常時局などと言ふ言葉が、軽くとび出すやうになつた。そんな言葉は、きまつて弱い商売に意地悪くからみつく。マキたち踊り子にも、いろんな形で投げられた。軍隊への慰問やら勤労奉仕に気を使ふホールの経営者の腹の底は、所詮は、商売可愛いさからの、世間への諂《へつら》ひにすぎなかつた。世間へと言ふよりも、権力者への迎合だつた。ダンサーたちが如何に、非常時を認識したところで、夜の稼業がそのまま、非難の的になり、世間の眼は白くせめたてる。つい、逆ふ気持で、世間の浪に拗ねてみる。逆へば逆ふほど、非常時局が変にからんで追ひかけてくる。

## 魔都の風俗小説

小泉の〈上海追懐もの〉には一見して明らかな素材主義の傾向が看取される。尤も、〈上海追壊もの〉の主たるテーマが、登場人物たちの生き方を通して結局はそれらの人間の劇の舞台である上海という不可思議な巨大都市の姿を描き出すことにある以上、それは当然に過ぎる方法と見ることができよう。ともかくも、戦時下の日本では既に廃業となったダンス・ホールが中国の大都市、中でも上海の租界では盛んに行なわれ、そこに花咲くダンサーたちが〈魔都〉上海を描く上での最も華やかな素材の一つであることは確かである。この短編のヒロインであるマキは、「継母の手で十の時まで女中代りに使はれて」育ち、「芸妓屋に奉公に出され」、「芸妓になり、人妻から妾稼業、女優もやつたし、酒場のマダムになつた」末に「三十二歳の乾からびた肉体をひきずつて、上海に来てダンサーになつたのである」。

この短編には戦時上海のダンサーの生活実態がつぶさに描

かれているが、八月十三日という上海事変の記念日に客と麻雀をした結果、警察から「お前たちはエロ賭博の常習だな」との嫌疑を受けて内地への強制送還となってしまう。作品の後半部はもっぱらこの「内地送還と言ふ忌しい事実」を描くことに力点が置かれていて、同じく送還される「お政」の「あたいは上海生れで上海育ち、お母ッさんは死んぢまつてゐるし、日本なんて初めてだし、一体、こんなあたいをどうするつて言ふんだい」という嘆きを聞くまでもなく、この作品の主たるモティーフは、上海との強いられた訣別の歎きを描くことにある。そして、そこには取りも直さず、一九四六年四月の上海引揚げ当時における小泉の心境そのものが色濃く反映されていたと見ることができよう。

## 三、国際都市の面貌

「上海暮色」

次の「上海暮色」における素材的特色は上海の華やかな国際色に見ることができる。ヒロインのマリアは日本人を母に持つ西洋人との混血児であり、戦後上海の「日僑《にっきょう》」集中地区で日本への引揚げ準備を余儀なくされている。「踊り子の記憶」と同様に、上海との強いられた訣別の嘆きを主たるモティーフとしているが、恋人のヂヤツクの誘いで「夜は八時以後は外出ができないの、それに虹口《ホンキュウ》からは出られない」日本人であるにも関わらず、一夜租界のダンス・ホールに遊びに行く。その場面を引用しておこう。

パーク・ホテルで食事を済すと、シロスに自動車をとばした。ドアをボーイが開けてくれる。中はあたたかい空気が流れてゐた。セントルイス・ブルースが、痺れるやうな音色で、ホールいつぱいに漂ふてゐた。バンドは三十人ほどで、豪華をきはめてゐた。テーブルに案内した中国人のボーイはていねいに頭をさげるると、メニウをさしだした。ヂヤツクはコクテルを注文した。ホールは緩やかな波を描いて、男女が絡み流れてゐた。後ろのサキソホーンが、官能的な音色でマリの胸をいたぶつた。コクテルは甘く、口あたりがよく、とろけるやうな刺戟が胃の腑にまで沁みわたつた。マリは陶然とした。ヂヤツクに抱かれて、ワルツを踊つた。続けて五六回踊つた。席にもどると、ボーイがスペシヤル・ルームに案内しようと言つて先に立つた。

パーク・ホテルにしてもシロスにしても敢えて実名を記しているのは、「昔よく行つたわね、会社の帰りに」「思ひ出の場所の一つだね、シロスへ行つて踊らう」という会話がそのまま小泉自身の懐旧を伝えているからであろう。「踊り子の記憶」と同じくこの短編の末尾も上海との強いられた訣別のシーンであるが、「上海暮色」に描かれた引揚げの様相、すなわち「荷物の検査場に指定されてゐる市政府の広場」「三〇〇〇人からの引揚者の荷物が、中国官憲の手で調べられるのである。検査の済んだ者から、飯田桟橋に向つて、今度は米軍のトラックで運ばれる」「引揚船は貨物船だつた」「与へられた場所は船底で、むしろ一枚に五人が押しこまれた」などの詳しい記述は、それが多分に小泉自身の体験に拠っていることを思わせる。

図1　「死の盛粧」（『文芸読物』1949年11月）の挿画（三芳悌吉）

## 「死の盛粧」

「死の盛粧」は〈魔都〉上海の暗黒面を、戦前期の軍事冒険小説よろしく大衆小説的筆致で描いた作品である。舞台は日本軍が重慶の特務工作に対抗してジェスフィールド七六号に設けた特殊工作機関であり、誰言うともなく「ジェスフィールド七六」と呼ばれて上海で最も恐れられた場所となった。地獄の入口を思わせるこの陰惨な建物のある界隈の特殊な雰囲気を、この作品の冒頭部の描写がよく伝えている。

> 雲は薄日の陽光を孕んで、瑪瑙色に拡がつてゐた。鈍重な響を残して二階バスが通りすぎると、黄昏の愚園路は不気味な静けさに包まれる。両側に高いコンクリートの塀が続いて、街路樹の若葉も薄紫色だつた。塀の上には硝子の鋭い破片が光つて、鉄条網が、言ひ合せたやうに張り巡ぐらされてゐる。強盗、殺人が毎夜の如くあるのもこの辺である。バツドランドと呼ばれて、外国人から恐れられてゐた。

この作品の主人公は「まだ三十を越えたばかりの青年ではあつたが、長い支那生活にあつて得た知識によつて、大陸新報の解説委員として新聞社に席を置いてゐたが、特務機関の依嘱によつて、情報活動もしてゐた。主として対重慶工作に関する情報の蒐集をしていた」とあるが、しかし物語の実質を担うのはジェスフィールド七六号の機関に捕らわれ銃殺される重慶側の美人スパイである。この女スパイの物語は実話に基づくもので、重慶側の特殊工作員鄭蘋茹《テンピンルー》（一九一八―一九四〇）の苛烈な生きざまは、後に張愛玲《ちょうあいれい》の小説「色・戒」に描かれ、それは香港・台湾などの合作映画『ラスト、コーション』（二〇〇七年封切）となって広く知られた。

## 四、白系ロシア人を描く

### 「稚ない娼婦」

「稚《おさ》ない娼婦」は母親が虹口に「ロシア女を二人雇ひ、自分も身体を張つた」店を開いて、「十五になる姉のリーダ」と七歳の「カーチヤ」を育てている白系ロシア人の家族の物語である。やがてこの姉妹の新しい「優しい」パパとなって幸福を運んで来たのは、母親よりも七歳年下で税関に勤務する日本人曽田であった。「母は愛情を含んだ男の愛撫は十五年目だつただけに、偏狭なほど」の愛情を曽田に注ぎ、「ひたひたと迫る淋しさにカーチヤは、ときどき眼に涙を溜めてゐた」。戦争が激しくなり曽田は兵隊に取られたが、日本の敗戦後は日僑の集中地区に離れて暮らす彼のもとに足繁く通う母親にはめっきり年齢の蔭りが目立つようになった。一方のカーチヤは十一歳、リーダは十九歳になり、リーダには曽田の「腹に、親娘以外の愛情がひそんでゐるのが、官能的に掴める気がした」。末尾に近く、リーダは母親に内緒で曽田の住居を訪ねて行く。

> リーダは曽田の顔をみるなり、悲しさが溢れて飛びついた。戸迷ひしながら曽田の両腕に力が入り、唇を噛み合つた。厚いリーダの胸は波打つてゐた。咄嗟の出来ごとであつた。お互ひに予期したことではなかつたので、身体が離れると気まづく眼を伏せ合つた。昨夜、母が来て泊つて今朝帰つたばかりだつたので、リーダの心は変に動揺した。（中略）リーダは眩しさうに曽田の顔を見た。くすつと笑ふと気が楽になつた。びつくりするほど女になりきつたリーダを、曽田は頸を傾けて見た。化粧のし方だけでもリーダの成長は、図抜けて見えた。「大人になつたね、びつくりしたよ」「だつてえ。今日来たこと、ママに内緒よ。あたしが来るつて言ふと、とても嫌がるの」紅い唇が光つて、口のきき方にも媚《こび》が漂ふた。

### 見果てぬ夢の街

義理の親子関係などは軽々と飛び越えるこの新鮮な情感の奔流は、やがて曽田が一人引揚げ船に乗って、彼女たちと訣別しなければならないという悲しい運命を前にして、初めて純粋無垢な結晶度の高いものとなる。十九歳のロシア娘の清純な色香に象徴されるものは、戦時下上海に生きた日本人が世界中のどの都市でも真に手に入れることの叶わなかった国際性、すなわち明治以後の日本人が列強に追従し続け辛うじて同列に伍して後も未だ、十全に具有することの難かった国際性というこの重要なセンスを、全く無理のない自然な感覚で身につけている事実を端的に示すものである。日本人曽田と白系ロシア人母子との関係性それ自体に、それが特異な結びつきではなく、ごくありがちな植民地情話に過ぎないという雰囲気が醸されていることがその証左である。

かつて横光利一の『上海』（改造社、一九三二年）が、その主人公及び副人物の水際立った仕事ぶりによって、当時の〈内地〉には未だ見られない近未来型とも言うべき、生き馬の眼を抜く国際社会〈上海〉でしか生息出来なくなってしまった人間の型を提示して見せたが、一九二〇年代末という この時点での上海の日本人が具有していた国際性という観点からすれば、そこにはいかにも横光らしい強引な創作色が感じられるはずである。しかしそれから二十年も経たないうちに、明治以来の日本の海外進出とそれに付随する被侵略国側の抵抗の諸相の中で最も無理なく国際都市の住人となり得た上海の日本人は、多国籍混在のこの街でごく卑近な生活空間にまで溶け込んだ国際性を何の抵抗もなく受容できる人種になっていたのである。そのような不思議な街がかつて存在し、それが敗戦によって全く別の実体になり変わってしまったこと、その重い事実の認識が失われたものへの限りない哀惜を呼び起こし、そこに日本人がかつて触れ得た最も美麗かつ矯飾に満ちた夢の植民地である〈魔都〉上海の魅力が、永遠に見果てぬ夢となって纏綿《てんめん》する。

## 五、暗黒都市の持つ魅力

「上海劇場」

「上海劇場」は「死の盛粧」同様に上海のどぎつい暗黒面を素材とした大衆小説であり、主人公は「上海に流れてきて、今は、佐山機関で働いてゐた。拳銃一挺で生活してゐるテロリストである」。過去の過ちから心に重い十字架を負って上海で殺し屋稼業を営んでいるこの主人公は、エドワード路と西蔵《チベット》路の角にある大世界《ダスカ》をこよなく愛している。

大世界とは歓楽のデパートである。六階建のビルヂングで、東京の浅草と大阪の楽天地を一緒にしたやうな遊楽館である。芝居、寄席、映画館、茶館等の娯楽機関に、賭博場、浴場、ホテル等がある。夕闇迫れば大世界の内外は街の天使で、むせるほどである。

大世界の中にある劇場の様子は次のように克明に記されて

> いる。
> 舞台が低いので観客との狎れ合ふ空気にも人情めいた色彩が濃かつた。寄席の芸とはよくよく所帯染みたものである。煙草のけむりが噎せるほど立ちこめてゐた。小屋の狭いのも理由の一つにはならうが、換気設備一つない古風さが、ここに集まる人々の肌にぴつたり合ふと言ふのであつてみれば、あながち煙草のけむりを嫌ふわけにはいくまい。西瓜の種を噛む音も、ピユツ、ピユツとその皮を吐きだす音も、熱ぽい空気の中で乱れとぶ。奥行の浅い舞台は、赤、黄、青の幕が背景の代りに貼りめぐらされ、金色の寿とか喜とかの縁起文字が大きく浮き出てゐる。緞帳はなく、舞台の下手に胡弓や銅羅や太鼓が見え、鳴物師がお茶をのんでは、ペツペツと客席に唾を吐いてゐる。（中略）売笑婦も客引に来てゐる。舞台の幕間は彼女らのかき入れ時である。熾《さか》んに客に媚《こび》をうる。まとまれば、そのまま女の家に行くか、五階六階の旅社に連れこむのだ。客も幕間が長ければ長いやうに、売笑婦をからかつて、時間を愉しむ術も心得てゐる。

図2　「上海劇場」（『デカメロン』1950年2月）の挿画（佐藤泰治）

殊更《ことさら》に大世界に着目したのは、小泉にとっての〈魔都〉上海の怪しい魅力の結晶体として大世界が選ばれていると思えるからである。戦後の健全な市民の娯楽場として再生した大世界ではなく、阿片窟や売春宿の類を全て併呑した戦前の大世界は、〈魔都〉上海の魔都たる所以《ゆえん》を一身に凝縮させた一大魔窟に他ならない。そして、小泉の上海追懐作品を通して確認されるべきは、大世界に象徴されるような〈魔都〉上海の魅力が中華人民共和国成立以後は見事に淘汰され消滅してしまった事実である。

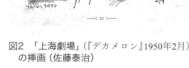

### 堀田善衞の所論

その事実については、堀田善衞の『上海にて』（筑摩書房、一九五九年）所収の「冒険家的楽園」に力説されている。それによれば、「万事混沌―これが上海の上海たる所以であったとすれば、まさに上海は上海でなくなっているわけであり、それはまさにほぼ完全に「克服」されてしまった。ここに克服といわれていることばを、今日の上海の人々は「解放」という」のであり、更にボードレールの「悪の華」や「パリーの憂鬱」を思い浮かべるにつけ、「私の「都会の魅力」という概念にこびりついているものをよく検討してみると、その奥の方に、ほとんど絶対的な要素あるいは基礎として、〈貧窮〉というものがついてまわっていることに気付くのである。（中略）都会の魅力、あるいは神秘は、必ずといっていいほどに住民のある部分がまったく非生産的な、ひょっとして公けの保護を得られないかもしれないようなことに従事していること、それから、要するに社会から放ったらかされてどん底の暮しをしていること、などと切りはなしがたい関係があるらしいのである。（中略）それはしかし、どうしても悪、あるいはより厳密には社会悪、と関係がある」。〈魔都〉上海の魅力の根源とも言うべき「社会悪」の存在、これこそが小泉の上海追懐作品が持つ独特かつ濃厚な風味を生み出す隠し味に違いない。

## 六、国際的難民の街

「漂泊の地図」

最後の「漂泊の地図」は上海の楊樹浦《ヤンジツポ》に住み着いた亡命ユダヤ人父娘の物語であるが、これも一見して国際都市としての見易い特色を前面に出した素材主義に立つ作品である。年老いた父親のシュトロベールはユダヤ人酒場の楽師となって娘と二人だけの侘しい生計を立てているが、その生活の実態がかなり克明に綴られている。

> 彼はやがて、ヴァイオリンをとると、あごの下にはさみ込んだ。楽譜は日本の流行歌集や軍歌集だつた。一体、こんなメロデイのどこに音楽を感じるのだろうと、頸をひねりながらも、一度は練習しなければならなかつた。彼は、ユダヤ人救済委員会から救済金を貰つていた。が、小額のその金だけでは乞食同様の生活も保てず、同じ仲間が経営している酒場の楽師として働いていた。娘のロザリーエも父と一緒にその酒場に勤めていたが、酒場での報酬は夕食と煙草銭の程度であつた。それにロザリーエの稼ぐチップが二人の収入である。（中略）楊樹浦界隈のユダヤ人の酒場の客は、ほとんど日本人に限られていた。従つて日本の音楽を、それも低調な流行歌を客の好みに応じて演奏しなければならない。愛染《あいぜん》かつらの曲を、シュトロベールが弾きだした。そんな父親のうしろ姿を瞶《みつ》めていたロザリーエは洗い物の手を休めて涙ぐんだ。伯林《ベルリン》交響楽団で、第一ヴァイオリンを弾いていた父が、こうした曲を弾かなければならない運命が恨めしか

つた。

## 敗戦国民の意識

「上海暮色」の西欧系混血のマリア、「稚ない娼婦」の白系ロシア娘のリーダ、また「漂泊の地図」の亡命ユダヤ娘のロザリーエ、この三人を並べるまでもなく小泉の描いた〈上海追懐もの〉の登場人物の多くが、世界の動乱に翻弄される国際的難民の様相を持っていることが指摘できよう。この場合、白系ロシア人やユダヤ人が上海の国際性を彩る代表的因子であることは言うまでもないが、しかし小泉が好んで描いたのは彼等のうちの最も同情に値する哀切な運命の享受者たちの姿である。そこには、日本の敗戦を内地ではなく上海で受け入れることになった小泉たちが、あたかも一夜にして白系ロシア人やユダヤ人と同列の憐れむべき国民に成り下がったという、言わば擬似的な難民意識を味わったことが密かに影響している可能性がある。

図3　「漂泊の地図」（『令女界』1950年6月）の挿画（向井潤吉）

## おわりに

以上、小泉譲の〈上海追懐もの〉六作品について、その主たるモティーフを中心に考察してきたが、その結果として六作品にほぼ共通して見られる特色は、概略次の四点にまとめることができる。

第一に、作者自身を象《かたど》った主格的主人公を一切設けることなく、飽くまで客観的視線の下に戦時（及び日本の敗戦直後の）上海の国際都市風俗を描出している。すなわち、『失楽の城』（大日本雄弁会講談社、一九五八年）以降の作品が当時の上海特別市政府に勤務していた小泉自身を主人公とする自伝的内容として描かれていることとは対照的な違いがあり、客観的リアリズムによる風俗小説に終始していてそれ以上でも以下でもない。

第二に、上海からの引揚げを強いられた訣別として描くことによって、戦前の上海生活全体が限りない哀惜の対象となって抒情化され、尽きせぬ未練と追懐を誘発せずにはおかない。そこには、旧満洲及び内蒙古からの引揚げが命辛々の脱出であった事実と比べるまでもなく、およそ中国大陸からの引揚げのうちで最も楽なケースであった事情が強く反映されているだろう。

第三に、〈魔都〉上海の魅力の本質とも言うべき、〈社会悪〉の概念に代言されるような混沌と猥雑を好んで描きだそうとする。中華人民共和国成立に伴って戦前期上海の代名詞とも言うべき〈魔都〉の面貌は見事に払拭されてしまったが、その事実を実際に確認できたのは恐らく昭和二十年代半ば以降のことと思われる。上海から〈魔都〉の魅力が喪失されたことは、かつての上海居留民にとっては敗戦によって失われた哀惜の街の魅力をより一層確かなものとさせずにはおかない。

第四に、白系ロシア人やユダヤ人など世界の動乱に翻弄される国際的難民の身上にいたく同情的な眼差しを投げかけている。白系ロシア人やユダヤ人は当時の上海の多国籍色を代表する存在だが、彼等との自然な親近性に満ちたこれらの作品には、戦前期の日本人には不足がちだった国際性が何の無理もなく備わっており、あまつさえその親近性には敗戦によって彼等と同列に国際難民化した〈日僑〉としての意識が反映されている可能性がある。

以上の四点を集約的な特色とすることによって、喪失された哀惜の街、上海を追懐する小泉譲の六作品が、全体としてその統合的モティーフとも言うべき〈見果てぬ夢〉の街、上海の残像を強かに焼きつけようとしていることは確かであろう。

# 終戦後上海の国民党系雑誌に見る日本

渡邊ルリ

わたなべ・るり――東大阪大学教授。専門は日本近代文学。主な論文に「一九三五年の野上弥生子――花蓮・大武の公学校教師との出逢い」（『アジア遊学一六七　戦間期東アジアの日本語文学』勉誠出版、二〇一三年）、「上海日僑管理処発行『導報』誌の中の日本人たち――内山完造・海野昇雄・林俊夫（三木七石）」（『アジア遊学二〇五　戦時上海グレーゾーン』勉誠出版、二〇一七年）などがある。

終戦後上海で一九四五年十一月から翌四六年六月まで、日僑管理処は『導報半月刊』（中文版・日文版）を発行した。今回確認された『導報』日文版第五期（一九四六年一月二十五日発行）と、同年五月五日発行の『導報画刊』について、同時代情況と日本人居留民に対する国民政府の姿勢がいかに投影されたかを考察する。

## はじめに――『導報』『改造評論』に見る中国文化人の日本観

一九四五年八月十四日、日本はポツダム宣言を受諾した。同月十五日、重慶で蒋介石が放送した講話の「以徳報怨（徳を以て怨みに報いる）」方針に則り、第三方面軍司令湯恩伯《とうおんはく》は、日本人居留民の生活管理・物資の接収・送還方針を上海日僑管理処（王光漢中将処長／狄思威路一一七号）に指示。日本人は虹口《ホンキュウ》地区に集中居住して引き揚げを待つことになった。終戦後の国際情勢と中国国民政府の政策・日本居留民の情況等は、陳祖恩『上海に生きた日本人幕末から敗戦まで』（大修館書店、二〇一〇年）、髙綱博文『「国際都市」上海のなかの日本人』（研文出版、二〇〇九年）に詳述されている。

趙夢雲「敗戦後上海の日本語新聞「改造日報」の誕生と終焉」（『植民地文化研究』二〇一三年七月）、「戦後上海に於ける国民政府対日宣伝定期刊行物目録一覧（前後編――改造日報館・改造　出版社関連）（東大阪大学アジアこども学科編『ASIA――社会・経済・文化』二〇一八年三月・二〇一九年三月）に

（日本問題座談會）（4）

# 日本問題座談會

時・六月十三日　所・改造日報館

**中國の對日國策は**

陸久之　本日各位の御來臨を得て、日本問題座談會を開き得ましたことは本社の光榮とするところであります。各位は日本問題に深い造詣を有され且つ憂國の至情を抱いて居られます。私は各位が日本の今後と我國の前途並にアジアの安定世界の平和とが深い相互關係をもつことを見透され、本日幾多貴重な意見を發表されることを信じて居ります。では先づ本社の金學成さんから簡單に日本に關する報告を――

金學成　座談會に先立ちまして簡單に日本の政治經濟情勢を報告します。マ

憲法草案の作成、總選擧の施行、戰犯の裁判といふ三つの大きな事柄が行はれ又行はれつゝある。しかしその憲法草案に於ては日本天皇は依然として日本統合の象徴であり、世襲的であり、内閣は天皇に對する從屬的地位に置かれ、所謂「天皇の大權」なるものは依然として温存せられてゐる。

又總選擧に於ける保守民主二大陣營鐵合の結果前者が勝利を占めた。保守政黨たる自由、進歩黨は舊政黨の看板を塗りかへたものであり、自由黨は前政友會の化身、進歩黨は前民政黨及び「大日本政治會」なるもの々結合してなつたものです。

図1　『改造評論』第2号

よれば、戦後一年間で、上海では『改造日報』『導報半月刊』『改造週報』『改造通訊』『改造論壇』『改造日報児童新聞』『新生』『導報画刊』『改造評論』『導報月刊』『改造雑誌』『改造叢書』『日本論壇』『新生少年』『改造画報』などの対日言論新聞・雑誌・書籍が刊行されている。このうち中国文化人による日本論を展開していた『改造評論』は、第二号（一九四六年九月一日）に、一九四六年六月十三日に改造日報社が主催した「日本問題座談会」記録を掲載している（**図1**）。

出席者は馬敘倫《ばじょりん》・田漢《でんかん》・郭沫若《かくまつじゃく》・翦伯賛《せんぱくさん》・馮乃超《ふうだいちょう》・茅《ぼう》盾《じゅん》・陳望道《ちんぼうどう》・葉聖陶《ようしょうきん》・于伶《うれい》、改造日報社より陸久之《りくきゅうし》・金《きん》学成《がくせい》である。郭沫若は、「日本の民主化の実現は即ち中国の幸福になる」故に「われわれは日本の民主化を促進させるべき責任を負ってゐる」として、天皇制・教育制度・経済制度・男女の地位について提言し、茅盾は日本の文芸界における一九三〇年前後の「進歩的文芸運動」に触れて「日本の民主文芸」の発展を希望し、日本民主化の決定要素に「連合国の日本管理政策」「日本自体の民主勢力」「中国の態度」を指摘しつつ、中国は「自分自身の民主化さへ完成してゐない」と語る。その他、政治・経済・教育・文化に関して議論された。

この前年、敗戦直後の上海日本人居留民にとっては、日本語新聞『改造日報』と日本語雑誌『改造週報』が、読み物かつ投稿可能な媒体として比較的身近な存在であったと思われる。中でも陸軍第三方面軍司令部兼改造日報館発行の『改造週報』は、第十七号（一九四五年五月一日）まで確認されるが、「日本憲法問題特輯」（第二号一九四五年十二月五日）、「集中生活下の諸問題特輯」（第三号一九四五年十二月二十二日）など各号テーマを掲げ、日本の新聞記事の引用も交えて日本人文化人による議論の場を設けている。これに対し、上海日僑管理処発行の『導報半月刊』は中文版が主体で、「日僑管理処工作報告」を掲載するなど中国国民党の方針を強く打ち出している。

『導報半月刊』（以下『導報』と表記）は、終戦三ケ月後の一九四五年十一月二十日から翌四六年六月一日まで、上海日僑管理処宣導科の編集で刊行された。中文版と日文版があり、第十三・十四期（合冊）まで刊行された中文版は、現在全期を見ることができる。主編人は周天籟《しゅうてんらい》と陳金煌《ちんきんおう》、発行部数は、中文版が上海市内四〇〇〇部・上海市外二〇〇〇部、日文版が上海市内八〇〇〇部・市外二〇〇〇部、総計一万六〇〇〇部（上海档案館所蔵「《导报》半月刊申请登记书」Q6-12-152）。第十一期以降、編輯兼発行者は「上海戰俘管理處導報社」である。

『導報』中文版は、国民政府高官による題詞、上海第三方面軍司令湯恩伯の訓辞、中日文化人の評論、外国評論の翻訳、座談会記録、視察・訪問記録、随筆、漫画、文芸を掲載する。日本人居留民に対する管理実践を記録し、軍国主義思想を排除して民主主義教育を推進するもので、国民政府側の寛容と正義を国内外に対して宣伝すると同時に、連合軍の日本占領政策の動向と国内外の世論・日本復興状況に関する記事を新聞報道から掲載する。日僑管理処長王光漢の回想によれば、「全て無償で集中区に分けられて日僑が読む為に発行された」という（「湯恩伯控制上海日僑管理処」（中国人民政治協商会議　上海市委員会文史資料工作委員会編『文史資料選輯第二十輯（内部発行）』中華書局、一九六五年））。

『導報』中文版では、日本に対する戦争責任追及とともに、中国文化人が「以徳報怨」に従い、日本人との個人的交流や日本文化への造詣を語り、掲載小説に日本人を描く。そこには自身と同胞が被った犠牲による怨みや敵対感情に収斂させられぬ、複雑な心情が見られる。

小説・戯曲研究者である趙景深《ちょうけいしん》は、『導報』に八篇を掲載するが、「溝通中日文藝」（第十一期）に、中学時代に魯迅・周作人訳『現代日本小説集』（商務印館、一九二三年）を愛読したこと、「八一三」（一九三七年八月十三日勃発、第二次上海事変）以前の、日本人中国文学研究者の青木正児や長澤規矩也等との交流を敬意をこめて語り、戦時中日本人が「親善」と称したものは「偽の慈悲」であったが、隔たりがなくなった現在こそ「我々は本当に親善を話すことができるようになった」（白坂昇氏訳）と述べる。また中文版に日本人居留民と中国人との感情の交錯を描く陳亮の短編小説三篇は、地位の変転によって生活や態度を変えていく日本人居留民に対する中国の人々の複雑な思いと、それを受けとめきれず去って行く日本人を描いている。そのほか李健吾《りけんご》、呉仞之《ごじんし》等の中国文化人が、日本人に関する自己の追憶と割り切れぬ思いを語るのが『導報』中文版の特徴である（拙稿「終戦直後の中国文化人が語る日本人——上海日僑管理処発行『導報』誌の一側面」（東大阪大学アジアこども学科編『ASIA——社会・経済・文化』二〇一七年三月）。

『導報』中文版は、上海その他の都市における日本人居留民の集中生活とその引揚げ、戦俘管理処の徒手官兵の生活や意識に関しても報告を掲載した。漫画も日本人居留民の生活ぶりを具体的に描く方法であった。**図2**は第三期「漫画上海日僑集中区生活」中の画である。右上は独身日本人男性数名の共同生活で、炊事と洗濯以外には煙草が唯一の慰め。左下は路上で売買する祖母と孫と父で、董天野《とうてんや》の作である。右下は部屋で囲碁大会に興じる日本人、左上は北四川路でのラジオ体操で、三井直麿の作である。これらは、敗戦を境に地位の逆転した日本人居留民を描出すると共に、人間的生活が保持されていることを示すものであろう。

図2　『導報』第三期中文版

一方、『導報』日文版は、日本語新聞『改造日報』紙面広告に第十期まで出版広告があるが、上海外灘档案館のマイクロフィルム収録の第一期・第二期に加え、今回、中国国家図書館にて第五期（一九四六年一月二十五日発刊）の原本が新たに確認されたのみである。

第一期・第二期では、日文版のみの記事は非常に少なく、ほぼ中文版記事を抜粋したものであり、全体としては、国民党軍人（政治家）・文化人によって、日本に対して軍国主義を否定し思想的改革を求める論調が主流となっている（拙稿「上海日僑管理処発行『導報』誌の中の日本人たち――内山完造・海野昇雄・林俊夫（三木七石）」（『アジア遊学二〇五　戦時上海グレーゾーン』勉誠出版、二〇一七年））。だが今回確認された日文版第五期は、中文版と同記事である金学成「明治維新前の日本侵略思想」等を掲載するものの、日文版のみの記事を多数掲載し、そこには日本居留民とその背後の日本に対する中国国民政府の姿勢を読み取ることができる。

本稿では、今回新たに確認された『導報半月刊』日文版第五期の記事を視座として、関連の中文版記事を参照しつつ、日本居留民に対する国民政府の対応を探りたい。

なお、本稿の中国語文献の邦訳は、白坂昇氏によるものである。

## 一、日本文化人の評論

『導報』日文版第五期中、中文版との共通記事は、中文版第四期・第五期・第六―七期から抜粋掲載されている。このうち、唐海天《とうかいてん》「聴く者にのみ語れ」（中文版第五期「言之諄諄聴者藐藐」）は、作者が長江沿岸の日本人居留民および俘虜の集中営を参観し、日本人を個別訪問した印象を記したもので、日本人の「懺悔」に疑念を抱き、中国側の姿勢「以徳抱恨」「忠恕之道」は「余りに寛大」と感じている。唐海天は、『導報』中文版第四期掲載の「與日本人談日本」において、内山完造と塚本助太郎への聞き取りを通して新たな中日「親善」を模索していた。

> 今こそ真に親善を論じ、真正の親善を語る時である。内山完造は「中日親善は自然であるべきで、政策的ではなく、人民のものであるべきで、政府のものではない」と語った。私は彼が過去日本が実行した「中日親善」の批判に対して同意する。中日人民は自然な親睦の程度は、おそらく未来の中日関係を導くだろう、しかしそれは日本人の痛切な覚悟に基づくものである。
>
> （唐海天「與日本人談日本」『導報』中文版第四期一九四五年十二月二十五日、白坂昇氏訳）

「以徳報怨」を是としながら、そこに日本人の「痛切な自覚」を必須とする要求は、『導報』の中国文化人記事に多く見られ、具体的に新憲法・天皇制への論議に向けられていく。この聞き取りにおいて塚本助太郎は、天皇は「偶像ではなく」、天皇を廃しても「抽象の天皇が依然として存在する」と述べたとされるが、これに唐海天は、「天皇を廃すること」と「天皇制度を廃すること」を別々に論ずることは出来ないだろうか、「学者専門家の議論を待ちたい」と応じている。

塚本助太郎は、日文版第五期の日文版のみの記事において、あらためて天皇制に言及している。末尾に（三四、一二、九）の日付があることから、恐らく唐海天と話した後のものであろう。

偶像の天皇が破壊されても抽象の天皇制を国民の脳裏より抹殺する事が果して可能であらうか等と日本の改造にも幾多の困難が横たわつてはゐるが聯合国側の管制中に日本は尠くとも外力によつて大転換を余儀なくされるに相違ない。／この転換は日本の好むと好まざるにかゝわらず実行されるのは事実ではあるが、それは日本人の意志に反する場合も勿論あるが、こう云つた場合は将来其訂正は日本人の意志によつてなさる可き事は云ふを待たない。／ポツダム宣言に従つて偃武修文の国策のみが日本人の今後行く可き道である事は明かである。

（塚本助太郎「日本人の今後行く可き路」『導報』日文版第五期一九四六年一月二十日、傍線渡邊、以後同）

塚本は文中で、日本人にとって天皇が精神的支柱でもあったという内面的課題を婉曲に述べている。終戦後の中国において天皇制度の方向性は大きな関心事であり、堀田善衞が『上海にて』（筑摩書房、一九五七年）で回想するように、天皇制に関する日本人の意識への中国側の追及は厳しいものであった。一方、中文版第十期「日僑民意測験統計結果多数―擁護天皇制度・支持民主戰線」が示すような、日本人が自身も戦禍に傷つき民主化に同意しながらも天皇制維持を望む大勢が、中国文化人には理解困難であった。その論調の中、『導報』日文版には、塚本助太郎が民族のアイデンティティに触れて婉曲に天皇制を語る場も設けられていたのである。

この時期、憲法改正案に関しては、一九四五年十月十一日マッカーサーが幣原首相に憲法の自由主義化を示唆し、同月二十五日憲法問題調査委員会を設置、十二月八日衆議院予算総会で松本烝治国務大臣が天皇の統帥権の堅持を含む「松本四原則」を答弁していた。この案は「憲法改正要綱」の基盤となるが、GHQは承認せず、翌二月十二日マッカーサー案を完成させることになる。十二月の時点でこの経緯は、『改造日報』の記事や、『改造週報』第二号掲載の青田良「マ元帥命令と日本の動向」によって日本居留民にも知らされ、日僑管理処は十二月十五日政経座談会「日本憲法の改正について」を開催している。

『導報』日文版第五期は、緒方俊郎「日本経済再建の方向」と、上村寿男「敗戦經濟の出路」を掲載する（中文版では第六―七期に掲載）。

緒方俊郎は、中国通信社社員として一九四一年より上海に滞在し、終戦後は日僑自治会長秘書となり、国民党中央宣伝部対日文化工作委員会に留用されたが、幹部の上海脱出後も留用が解除されないため帰国できず、人民政府の国際政治経済研究所研究員を経て河北省で在華日本人と共に「歴史審査」を受け、帰国は一九五四年九月であった（一九五四年十月七日参議院調査特別委員会における参考人としての証言による）。

「日本経済再建の方向」は、一九四五年十二月七日発表のエドウィン・ボーレーによる対日賠償問題中間報告を受けて書かれたもので、同頁に「ニューヨーク十二月二十四日電」による「旺盛な日本工業 ポー《ママ》レー賠償員の発表」を掲載する。緒方は、ボーレーの報告を肯い、「連合国の対日管理方針は、連合国内及びその相互の関係とは自づと別個に、過去の日本を蝕んだ基本的な癌を剔抉することに、その主力を集中されたい」と要望する。緒方が指摘する「連合国内及びその相互の関係」とは、モスクワ三国外相会議会議に至るまでの米ソの日本管理を巡る交渉を指していると考えられる。

一九四五年十二月十六日から二十六日にかけて開催された米英ソによるモスクワ三国外相会議の結果、日本管理に関してはワシントンに極東委員会（Far Eastern Committee）、東京に米英ソ中四国からなる対日理事会（Allied Council for Japan）が設置された。十月七日の東京朝日新聞には、四日発ロンドン特電により三日モスクワ放送局発表「四国共同で日本管理ソ連代表、米国へ提案」の記事が、会談後の十二月三十日には「三国の行詰り打開」「日本管理にソ連譲歩」の記事が掲載されている。この交渉に関して、下斗米伸夫「モスクワ外相会議（一九四五年十二月）再考（上）日本占領、核開発、および冷戦の起源」（『法学志林』一〇二巻二号、法学志林協会、二〇〇五年一月）、「モスクワ外相会議（一九四五年一二月）再考（下）日本占領、核開発、および冷戦の起源」（『法学志林』一〇二巻三・四号、法学志林協会、二〇〇五年三月）は、「日本管理問題での一元的責任を主張する米国」と、ウラン産出国「ブルガリア・ルーマニア」への「ソ連の覇権の承認」との「取引」があったと指摘している。緒方は、「今後の日本を管理する連合国自体」の中にも「矛盾が交錯してゐる」という表現で、米ソの駆引きを批判したのである。

また、「敗戦經濟の出路」を執筆した上村寿男は、もと上海日本経済会議所所員で、敗戦後は日僑代表委員に立候補し、『改造週報』にも数篇を掲載している。「敗戦經濟の出路」は、日本経済の旧支配体制改革のため、「民意に基く日本国憲法の徹底的民主主義化」を行い、「最高の政治的権威をもつ立法府」を設立して、「全国民の一人一人が政治に対する権利と責任を持ち得る如き体制」を作り出すことを説く。そしてマッカーサー司令部による農地解放令を受けて、特に「日本農業の民主主義革命」の必要に触れ、その意義を『改造週報』新年号（一九四六年一月一日）掲載の「新日本経済の鍵」において述べたことに言及している。『導報』の日本人執筆者が、『改造週報』と併せて日本人居留民に民主主義路線を説く例である。

## 二、中国新聞記事紹介に見る方向性

『導報』第五期の日文版独自の記事の多くは「中国国内新聞等の日本関連報道」であり、一九四六年一月二十日という出版時期の対日本政策を反映している。一つは日本人居留民・旧軍人の意識に対する観察。もう一つは、前述のモスクワ三国外相会議の決定における日本管理に関する対応である。

南京の日本人集中営二ケ所、獅子山麓の日本人居留民集中営と湯山の俘虜集中営の参観記録である「南京の日本人」（図3）は、副題に「前線日報より」と記される。日付はないが、この記事の原文は、『前線日報』一九四五年十二月三十一日「在南京的日本人」である。

日本人居留民の集中営では、「老幼一万一〇〇〇余の日本人」が「三十三棟に別れ、一棟が大保を代表」し「夫々の区長が居り、自治組織の各種委員会をもつてゐる」（筆者注・「大保」とは、保甲制度における単位）。「そこには医務室あり、共同風呂あり、自分たちの言論を代表する謄写刷の新聞が出来、また運動場を持つて居り、更に自由に児童の教育をも行つてゐるなど、とにかく一芸に長じた居留民はそれぞれの仕事にたずさはることが出来る。部屋にゐる時は暇つぶしに麻雀をやつたり、碁を打つたりして、日本は戦に敗れても、彼等は却つてとても幸福なやうに見えた」とある。一方湯山の日本俘虜集中営には六〇〇〇余人の元軍人が「奇麗な兵舎に住んでゐる」「それは決して敗戦国家の軍隊の受くるものとは凡そ不似合なものであるし、また敗戦国家の享くべきものでもない」「彼等は口に軍閥打倒を叫び、民主政府の再建を唱へてゐるが、依然その胸底深く日本軍閥主義への思想を抱いてゐる」とあり、「我々は（中略）彼等のあの一種ねばりのある潜勢力を恐ろしく感じ、日本人恐るべしの感を深くした次第である」と結ぶ。湯山の俘虜集中営参観記事は、『導報』中文版第四期（一九四五年十二月二十五日）の韓笑鵬《かんしょうほう》「湯山日軍集中營」でも、「彼らは果たして本当に悔い改めることができるのか？」と結ばれる。『前線日報』「在南京的日本人」は、居留民集中区と俘虜集中営の双方を簡潔に描写し、中国側の寛大な処遇と、元軍人の改心に対する拭いきれぬ疑念を、日本人居留民に投げかけている。

これと同様の意図で掲載されたと見られる「日本投稿後の陰謀」は、『文匯報』一九四六年一月九日・十日「日本投降後的陰謀」の邦訳である。筆者は「一日本人」とされ、冒頭に「本文は文匯報紙上に載せられた某日本人の投稿記事で筆者の希望により匿名にされてゐる」（『文匯報』「（略）他声名不願発表姓名，所以照他的意思，没有把他的姓名放上」）と記される。「日本ファシスト」が再軍備の合法的理由を得るために国共内戦参加を希望することを警戒する内容で、文中には、「八月十五日日本投降後、南京の日本総司令官岡村は上海陸軍部長川本と一部の者に対し」「再起を謀り、最低限度の実力を保存する」目的で、「中国政府官僚に連絡し密接な合作を行う」と「秘密の談話を発表した」とある。舟木繁『支那派遣軍総司令官岡村寧次大将』（河出書房新社、二〇一二年）は、岡村寧次が八月十六日に「たまたま、上海陸軍部長川本芳太郎少将が来訪したので、以上のような今後の日中関係を話し合ったところ」、岡村の「中国の強化繁栄を期待して、日本はできるだけ協力することが必要」「接収に際しても（中略）誠実に引渡さなければならない」という考えに、川本も「全く同意見であった」と、岡村の日記をもとに記述する。岡村寧次は十二月二十三日に蒋介石と面会、一九四九年一月二十六日軍事法廷で無罪判決を受け、死刑を要求する共産党の追及を間一髪で逃れ帰国した。『導報』日文版の川本芳太郎との面会情報は内容の証言は異なるが、敗戦直後の岡村の動きを反映している。

日本管理問題について、『導報』日文版第五期は「中国の論調」と題し、二つの記事「日本管制に関して」（時事新報社

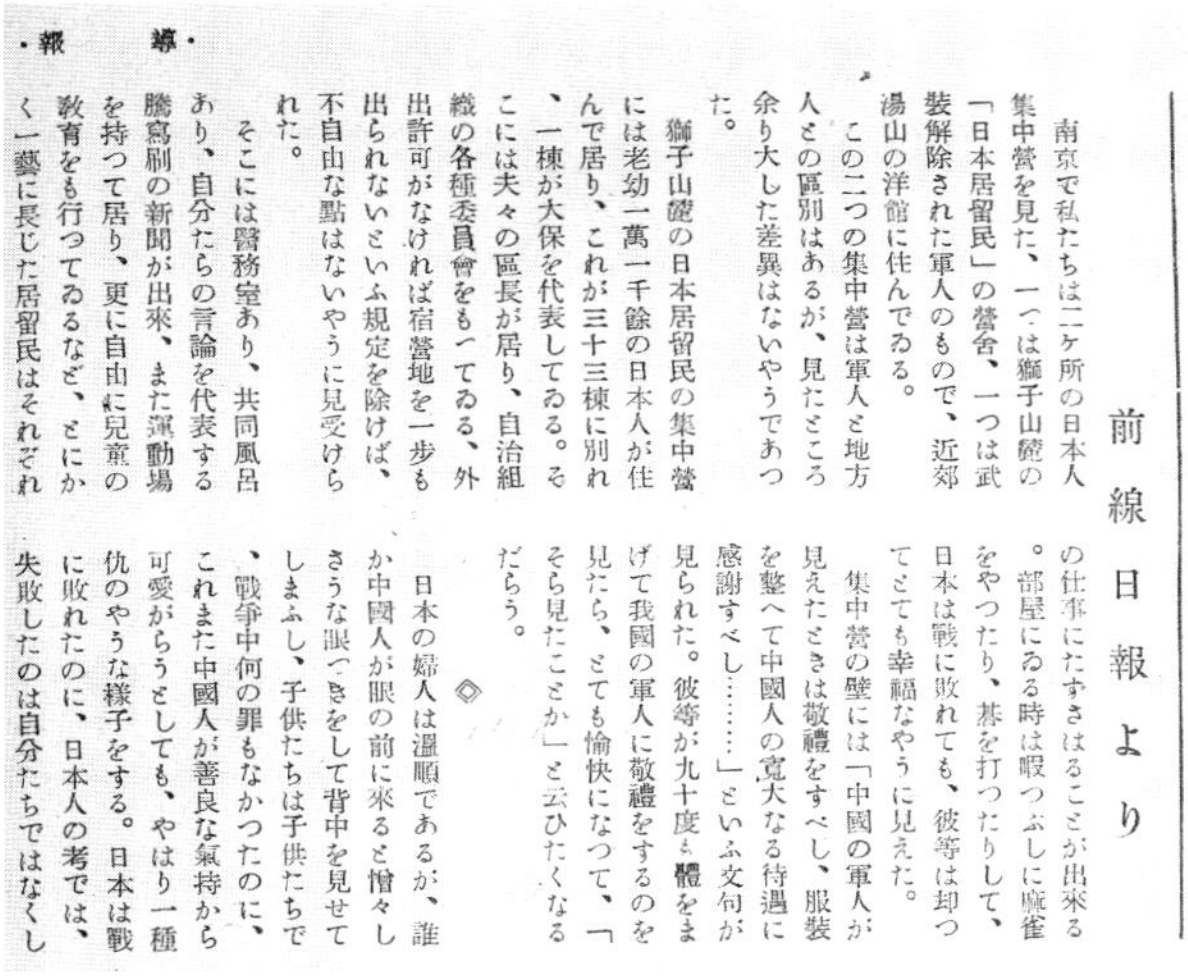
・報　　導・　　・10・

# 南京の日本人

前線日報より

南京で私たちは二ヶ所の日本人集中營を見た、一つは獅子山麓の「日本居留民」の營舍、一つは武装解除された軍人のもので、近郊湯山の洋館に住んでゐる。

この二つの集中營は軍人と地方人との區別はあるが、見たところ余り大した差異はないやうであつた。

獅子山麓の日本居留民の集中營には老幼一萬一千餘の日本人が住んで居り、これが三十三棟に別れ、一棟が大保を代表してゐる。そこには夫々の區長が居り、自治組織の各種委員會をもつてゐる、外出許可がなければ宿營地を一歩も出られないといふ規定を除けば、不自由な點はないやうに見受けられた。

そこには醫務室あり、共同風呂あり、自分たちの言論を代表する謄寫刷の新聞が出來、また運動場を持つて居り、更に自由に兒童の教育をも行つてゐるなど、とにかく一藝に長じた居留民はそれぞれの仕事にたずさはることが出來る。部屋にゐる時は暇つぶしに麻雀をやつたり、碁を打つたりして、日本は戰に敗れても、彼等は却つてとても幸福なやうに見えた。

集中營の壁には「中國の軍人が見えたときは敬禮をすべし、服装を整へて中國人の寛大なる待遇に感謝すべし……」といふ文句が見られた。彼等が九十度も禮をまげて我國の軍人に敬禮をするのを見たら、とても愉快になつて、「そら見たことか」と云ひたくなるだらう。

◇

日本の婦人は溫順であるが、誰か中國人が眼の前に來ると憎々しさうな眼つきをして背中を見せてしまふし、子供たちは子供たちで、戰爭中何の罪もなかつたのに、これまた中國人が善良な氣持から可愛がらうとしても、やはり一種仇のやうな樣子をする。日本は戰に敗れたのに、日本人の考では、失敗したのは自分たちではなくし

図3　『導報』日文版第五期

説「一月三日」）と、「四国の共管問題」（大公報社説「十二月廿八日」）を掲載している。

「日本管制に関して」は、マッカーサーによる日本管理に一定の評価を与えつつ、「管制の実際工作は遠東最大の四列強により組織された日本管制理事会の一手に収められるべき」とする。だが、この記事の原文として記載される一月三日『時事新報』「社評」は、「国際経済合作展望」という別の内容である。

もう一つの記事「四国の共管問題」は、「モスコー会談の成果に対し我々は慶賀の意を表するとともに日本共管の新らしき開始に対し熱烈なる希望を抱くものである。蓋し日本管制の成否はその中国に影響するところ大であり、日本管制の成功を保証せんとするには必ず中英米ソの合作一致を前提とするからである」と主張する。この記事の原文とされる「大公報社説「十二月廿八日」」の見出しは「問題要自己解決」であり、趣旨が類似する箇所はあるが原文ではない。同時期の『大公報』「社評」、十二月二十六日「管制日本的目標与途径」は、「日本の民主を早期に完成させて、日本人民により日本を管理」させよと説き、二十九日「三国外長会議的結果」は、「今後日本を管理する共同の目標に達するだけでなく、同時に団結と協力を強化しなければならない」とするが、原文ではなく、見出しに「四国共管」は見られない。

このような四国（英米ソ中）による日本管理の強調は、『改造週報』第五・六合刊号（一九四六・一・十四）にも見いだせる。

マツカーサー司令部に対する極東諮問委員会によつて日本管理問題を決定して行かうとする米国側とその前に四か国の日本管理委員会を設置することを要求し、敢て極東諮問委員会にも参加しようとしないソ連側との対立も、モスクワ会議は、中国政府の提出した折衷案を採択することによつて解決した。（中略）／極東委員会は日本管理の原則を協議し、それを多数決によつて（但し中、米、英、蘇四ケ国の同意を必須とする）決定した後、米国政府を経て連合国日本占領軍最高司令官の発する指令中に包含され実践される。

（「週間展望」「国際週評」「モスクワ会議の収穫」一九四六・一・七、M・M生）

この『改造週報』の記事も、読者である日本人居留民に対し、日本管理における中国の立場の重要性を強調する。それが国民政府の姿勢であるが、前述の『導報』記事「南京の日本人」と「日本投稿後の陰謀」が、原文掲載紙の日付を記載していないにも関わらず『前線日報』『文匯報』中に「見出し」と「原文」を確認できたのに対し、日本管理に関する二つの記事は、日付を明記しながらその紙面にはない、中国側の主張を強く打ち出す文章を掲載している。

## 三、日本人居留民の詩歌

『導報』日文版第五期は、日本人居留民六名による短歌十一首を、「短歌集」として掲載する。以下は、冒頭の井上規による三首である。

戦ひに敗れて国へ帰りゆくあはれに思へ何にたのしき

ある夜にパン売りの声をきくにさへ糧に乏しき国のおもほゆ

日ならべて家にこもれどとりわきてなすこともなし今日も暮るるを

第二首は、『改造日報』一九四五年十二月五日、「時雨」の題で掲載された井上規の三首「雨の降る夜といへどもパン売りの童子は家の前をすぎたり」「パン売りの声すぎゆく夜の街に日もすがらなる雨は止まずも」「よる夜にパン売りの声をきくにさへ糧に乏しき国の思ほゆ」の、第三首の語句を一部改めたものである。『改造日報』の歌は、パン売りの童子という上海情景の中に故郷の困窮への思いを描出したが、『導報』では、第一首の敗戦の「あわれ」が響き、第三首「なすことも」なく「家に」こもる、という敗戦下外地日本人の鬱屈へと続く。このあと南部芳枝「背に負ひかつは手にひき子の母の生く術ならば薬あきなふ」、田村光馬「不浄なる財捨てかねてぬくぬくとひとり奢れる生活もありと」といった歌が続き、後述する藤井啓子の三首の後、最後の二首は、香島美代子「敗戦のきびしき時世となりたれど我はひるまず生きゆく道に」、田村江美子「雲無心にただ流れて行きにけり励みて立たむ再建の道へ」と、前向きに「再建」を目指す決意を描く。この全体の構成に、敗戦による窮乏と失意から再建の意欲へという流れが見いだせる。

また、同誌は『改造日報』同年一月十三日に掲載した春山一夫の詩「最後の慰霊祭」を載せる。敗戦直後の八月二十日、上海西本願寺での慰霊祭。参列者は「子供を連れた若き婦人のたつた一人の遺族代表」「少数の居留民」「位階の低い将兵達」のみ、前年はあった「児童の弔辞」も、居留民の「英雄に捧げる言葉」もなく、「曽て傲然として椅子にそりかえつて居た部隊長の姿」も「徒らに肩章のベタ金を光らせて居た将軍達の姿」も「皆無」という様を描き、「嗚呼私は英霊の前に土下座して謝する部隊長を期待して居たのに／慟哭して焼香する将軍の姿を思つて居たのに」と続く。日本軍国主義を否定し、再建を決意する構想に、日僑管理処の編集意図は働いているであろう。しかし政治的意図を超えて、敗戦後上海の日本人居留民の心情を訴える作品もある。「短歌集」中の藤井啓子の三首である。

自由来たり思ひのままに言へと人等おらびてあれど言ふことあらず

物売りに出でては行かね或る時はたつきの末思ひあぐめり

故なくただに勝たむとたかぶりしこころは今はしづみをはりぬ

第二首にある現実的な生活不安の中、第一首には、敗戦によってそれまで自己を支えてきた民族意識の喪失感にあって、「自由」をおらぶ（叫ぶ）価値転換に適応できぬ葛藤が詠まれている。第三首で、戦時中「ただに勝たむとたかぶりしこころ」が「故」のないものであったと悟るのは「今」になってこそであるが、それも同じ我が心である。この三首は、外界と自己の内面の転換を静かに見つめるものである。

作者の藤井啓子は、帰国後、林泉短歌会の歌集『百泉』（初音書房）、『雁木』（同）に短歌を収録され、一九七四年十二月に歌集『ぐみ』を刊行する。それらによれば、彼女は一九三九年夫と子とともに上海に渡り、大日本紡績上海工場に勤務、工場のある楊樹浦に居住し、『大陸新報』紙「大陸歌壇」選者三浦桂祐の勧めで歌会に参加した。一九四六年二月に帰国、同年四月にアララギと関西アララギに入会し、大日本紡績に勤めている。一九六二年刊行の『歌集百泉』には、「神戸」と題して上海行の追憶を詠む五首が収録されている。そのうちの三首は、「若かりし夫と吾と子と見送りのうからもなくて神戸を発ちき」「通訳の張徳松《ちゃんとすん》のむごき死を思ふ上海の記憶も淡くなりたり」「鞄より大豆をこぼしし友の居き防空頭巾持ちし上海の歌会」とある。

敗戦後の上海で藤井啓子が詠んだ「自由来たり思ひのままに言へと人等おらびてあれど言ふことあらず」「故なくただに勝たむとたかぶりしこころは今はしづみをはりぬ」は、歴史の転換点において情況を受容しきれぬ自己に向き合うものである。『導報』日文版第五期の記事のほとんどが、日本人居留民に向け、国民政府側から軍国主義否定と民主主義路線を求める論調であり、恐らくその路線で編集されたものでありながら、藤井啓子の歌は、外地での敗戦体験とは何かを自身に問う、一居留民の心をとどめている。

## おわりに

『導報』中文版は、主として中国文化人と政治家が国際情勢における日本の動向を論じ、日本と日本人について語るものであるが、日文版第五期では、日本人居留民に向けた特色を強く打ち出している。『導報』半月刊中文版が一九四六年六月一日刊行の十三―十四期を以て終刊となる前、南京還都を記念して五月五日に刊行された『導報画刊』は、還都を祝し国父孫文を讃え、第三方面軍司令湯恩伯と日僑管理処の業績を掲げる。日本に関しては、中国国民党革命に尽した山田良政・山田純三郎兄弟の事績を語り、国民政府の日本居留民への心ある対応を示す「日僑俘遣帰情景」と「日僑生活」（図4）を写真と共に紹介している

『導報画刊』以後、このように日本人居留民を対象とする日僑管理処の仕事を特集したものは見当たらない。八月一日発行の『導報月刊』創刊号に中国文化人は引き続き執筆するが、日本人執筆者は姿を消している。日文の『改造評論』は、第三号（一九四六年十月十五日）まで確認できるが、一般の日本人居留民はほとんどが帰国し、上海に残っていたのは内山完造、林俊夫、室伏クララ、緒方俊郎などの国民政府に留用された人々である。日本を主題とする論考は、『亜洲世紀月刊』（一九四七年五月一日創刊、発行人・徐逸樵、編輯人・方秋葦、発行所・改造出版社経理部）によって続き、緒方俊郎など日本人の執筆も見られるが、すべて中文である。

今回確認された『導報』日文版第五期は、中文版記事の抜粋を主とする第一期・第二期と比較すれば、日本人居留民への配慮と同時期の国際情勢に即した国民党側の対応を読み取ることができる。その展開はどのようなプロセスで行われ、最終刊はどのような構成であったのか。それを明らかにするために、日文版の更なる発見が待たれる。

図4　「日僑生活」『導報画刊』（上海戦俘管理処導報社、1946年）

◎コラム◎

# 「凍結」された街並みと摩天楼

岸　満帆

きし・みちほ――森ビル株式会社文化事業推進室勤務。一九九七年より同社中国事業に携わる。二〇〇八～二〇一一年上海駐在(広報担当)。日本上海史研究会会員。

## 一、いまに残る租界時代の面影

上海の街を象徴するものと言えば、和平飯店を中心とする租界時代の保存建築群である。黄浦江沿いの外灘《ワイタン》には、十九世紀末から一九三〇年代に建てられた荘厳な西洋建築が林立している。元々上海は地震の発生が極めて少ない土地柄で、第二次世界大戦中も市街地の多くが租界であったことから大きな戦禍を免れ、当時の建物のほとんどが無傷のままだった(同じく港町である横浜にあった西洋建築は、関東大震災と太平洋戦争の空襲で、そのほとんどが失われた)。一九四九年の新中国建国以降もそれらの建物はそのままの姿で使用され、租界時代の街並みそのものが「凍結保存」されたのである。

その中で、東洋一の国際都市だった往年の上海を象徴するのは、旧香港上海銀行上海支店ビルだろう。一九二三年竣工のこの建物は、上海でもっとも有名だった建築事務所パーマー&ターナーによるものだ。ギリシャ神殿のようなドームを頂いた外観は新古典主義建築。八角形のエントランスホールの天井とその八方の壁に色鮮やかなモザイク画があり、それぞれの壁にはロンドン、ニューヨーク、パリ、東京など、当時の香港上海銀行の支店のあった八つの都市が描かれている。毛沢東時代の一九五〇年代に、この美しい西洋の作品が破壊されないように、何者かがモザイクを被うように化粧漆喰を施し絵画を隠していたことが一九九七年のビル修復時に明らかになるが、この隠されていた絵画については、上海建築のドラマチックな物語の一つとして、今でも語り継がれている。

## 二、ヒューデックという建築家の遺産

パーマー&ターナーと上海において双璧を成した、もう一人の建築家の存在も

図1　上海競馬場から見た上海初の高層建築国際飯店（写真の左側）。建設当時威容を誇ったその姿は現代に至るまでそのまま残されている。（画像提供：田内昂作）

忘れてはならない。ハンガリー人のラズロ・ヒューデックだ。ヒューデックは第一次世界大戦中にオーストリア・ハンガリー帝国軍の兵士として戦地に赴き、ロシアの捕虜収容所から脱走しハルビン経由で命からがら上海に辿り着いたという、数奇な運命の持ち主である。母国が第一次世界大戦で崩壊し、自らのパスポートすら確保できない立場であった彼を受け入れてくれたのが、上海だった。

ヒューデックはアメリカ人の建築事務所に入所してキャリアを積んだ後に独立。ドイツ表現主義など世界各地から先進的なデザインや技術、新しい素材などを積極的に取り入れ、独創性を大いに発揮した。特に彼の代表作で、現在の人民広場の向かいに立つ国際飯店（**図1**）は二十二階建てで、アジア初の高層建築となった。軟弱な地盤の上海では、高層建築の建設は困難と言われていたのだが、ヒューデックは当時の最新工法を用い、未来の上海の繁栄の礎を完成させたのだ。チャイニーズ・アメリカンの巨匠建築家I・M・ペイが、竣工当時の国際飯店を見て建築家への道を決めたという話も有名である。

その後、上海は日中戦争時の日本軍による租界占領、国共内戦等の混乱が続き、当時中国経済全体の六割を占めていたとされる巨大な上海の富は、その大部分が一九四九年以降、新中国の建国資金として中央政府に吸い上げられてしまった。結果、以降しばらくは上海市内で新たな大型建築の建設はほぼ皆無となり、香港上海銀行上海支店ビルは中国共産党上海党本部の事務所として、国際飯店はヘンリー・キッシンジャーなど海外の要人も宿泊するホテルとして、その存在感を残した。そして、往年の姿を留めていた租界時代の街並みが解凍され、新たに高層建築が建設され始めたのは、一九八〇年代に入ってからのことである。

## 三、新旧の街並みが向かい合う上海

一九七八年に改革開放政策が打ち出されると、半世紀の時を経て初めて、国際飯店の高さを上回る上海賓館（一九八三

図2　外灘より黄浦江対岸の浦東陸家嘴金融貿易区方面を望む。中央に見えるのが東方明珠テレビ塔、右手に上海環球金融中心、上海中心などの現代の摩天楼がそびえ立つのが見える。（撮影：金鋭）

年竣工）が誕生する。その後は華僑資本を中心として南京路や淮海路沿い周辺に次々と高層ビルが建設されていくが、一方で外灘のレトロな建築群は、その多くが歴史的建造物として手厚く保護された。

一九九二年の鄧小平による南巡講話以降、上海の都市開発はさらに加速。上海市政府が威信をかけて開発した浦東《ほとう》金融貿易ビジネス地区に東方明珠テレビ塔が竣工したのが一九九四年。それ以降、四、五十階建てレベルの高層ビルが次々と建設された。現在では米国ゲンスラー社設計による地上一二七階建ての上海中心《シャンハイセンター》（高さ六三二メートル）を筆頭に、ＫＰＦ（コーン・ペダーセン・フォックス）設計の一〇一階建て上海環球金融中心《シャンハイワールドフィナンシャルセンター》、ＳＯＭ（スキッドモア・オウィングス＆メリルズ）設計の八十八階建ての金茂大厦《ジンマオタワー》が、二十一世紀の新たな摩天楼を象徴するようにそびえ立っている（**図2**）。そしてそれらは黄浦江《こうほこう》を挟んだ対岸に一世紀近くもの間「凍結保存」されている西洋建築群と鮮やかな対比を成すこととなった。

黄浦江のこちら側とあちら側。一〇〇年前の街並みとその一〇〇年後の街並みを、これほどドラマチックに同時に眺めることができる都市は、世界でも上海だけではないだろうか。外灘は、一〇〇年余りの時の流れを一望しつつ、上海の歴史と現在をもっともリアルに体感できる場所として、国内外の人々を魅了し続けている。

◇インタビュー◇

# 上海漫画『星間ブリッジ』を描いて

きゅっきゅぽん（聞き手：小浜正子）

きゅっきゅぽん――漫画家。福岡県出身。二〇一二年、ゲッサン新人賞準グランプリ（『ばさらか！吹部マーチ』）と新人コミック大賞入選（『タキさんちのスパイ』）を同時受賞し、プロデビュー。代表作に『星間ブリッジ』など。
こはま・まさこ――日本大学教授。専門は中国近現代史、ジェンダー史。主な著書・論文に『現代中国のジェンダー・ポリティクス――格差・性売買・「慰安婦」』（共編、勉誠出版、二〇一六年）、「ある中国農村における計画出産の展開――湖南省B村の場合」（松岡悦子編『子どもを産む・家族をつくる人類学――オールターナティブへの誘い』勉誠出版、二〇一七年）、『中国ジェンダー史研究入門』（共編、京都大学学術出版会、二〇一八年）などがある。

――今回、上海を舞台にしたマンガ『星間ブリッジ（一～四）』（小学館、ゲッサン少年サンデーコミックススペシャル、二〇一六年八月～二〇一八年六月）の作者、きゅっきゅぽん先生にお話をうかがいます。はじめに『星間ブリッジ』について、少しご紹介いただけますか。

この作品は、戦中の、とある女の子の青春物語として描き始めました。当時上海に住んでいた女の子ハルが、中国人の男の子シンと友達になって、仲良く遊んだり絵を習ったりしていた。けれど、戦争が起きていったん帰国し、数年後に上海に戻って、家族を日本軍に殺されて抗日の闘士になっていたシンと再会する、という話です。

ちょうどその年代の長崎生まれの祖母が、上海で暮らしていたので、上海を舞台にしました。そのため、十代の女の子の視点の作品です。「上海って日本とは敵の国じゃないの？」という素朴な疑問が最初あって、そこから当時の、上海の人と日本人、敵同士の関係を物語にできないかなと思って、男の子を設定して、その二人の終戦までの関係を描いた話です。

――読ませていただいて、本当にいいマンガだと思いました。今、中国に対して嫌中本なども出てますが、そういったものとは異なり、相手のことも丁寧に見る視線が素晴らしい。微妙な子供の感情が丁寧な絵で表現されていて、「ああ、マ

©きゅっきゅぽん／小学館

ンガってこういうふうに描けるんだ」と思いました。内容と表現の両方で、とても素敵だと思います。

　長崎のおばあさんには、上海の話はよく聞いたんですか。

　祖母が上海に住んでいたことは、全然知りませんでした。ですから上海の話を聞いた時は、まったく違う蓋を開けられたような、知らなかった人生の一面を見たような気がしました。まさか自分がこんなに上海を調べるとはまったく思っていませんでした。

――初めて上海って聞いた時の、イメージはどんなだったですか。

　正直、最初は全然知識がなかったので、あまりいいイメージがありませんでした。ニセモノのキャラクターの遊園地がある、というようなイメージが先行してましたね。ですから、上海にいる祖母はなかなか想像しがたかったのです。小さい時に外国で暮らすというのも、私には想像がつかないですし、それが戦時中の、しかも敵だった国というのが、全然わからない。そういう話をなんで今までしてこなかったの、という気持ちでした。

――マンガでは上海の古い家などほんとうにリアルに、いろいろな風景が描かれてますね。どういうものを通して具体的なイメージにしていかれたんですか。

　最初は古い上海の白黒の写真集を見たりしました。窓の形とか。子供の視点なので、子供が地面を走ると、地面の質感はどうなってるのだろうかとか。

――細部まですごく丁寧にきちんと描いてあるから、上海の世界はこういうふうに表現できるんだと感じました。それに比べるとわれわれ研究者の論文はまさにピンポイントしか書かなくていい。

　主人公のハルは、祖母とほとんど年齢がかぶっています。シンのモデルは特にありませんが、「子供時代は、中国の子と遊んで、けんかも中国語でしてたよ」と聞いてました。

――男の子も女の子も、中国人の子供と、日常的に遊んだりしていたんですね。

　そうみたいです。「今は全然忘れたけど、上海語でしゃべりあったんやろうね」って祖母が言うので、上海語のセリフを出したんです。文法的にちゃんとはしゃべってなかったでしょうけど、子供同士の言い合いなんかは、柔軟に覚えてたんじゃないですかね。

――大人でも、何年いても、上海語なんか全然できない人は、結構いらっしゃったと思うんですよ。

おばあちゃんが写っている当時の家族の写真を見ると、どうも祖母の両親が現地の上海の文化が好きだったみたいです。お母さんはチーパオ着てるし、お父さんの着ているのは、たぶん京劇の衣裳のコスプレですよね。

――（写真を見ながら）マンガに出てくるお母さんがチーパオを作った話というのは、本当だったんですね。この方は中国人の実業家のような雰囲気ですね。

内山書店の前だと思うんですが、調べたら有名な作家さんでした。

――ひょっとして郭沫若《かくまつじゃく》さんですか？

そのとおりです。ひいおじいさんは、有名な人と一緒に写真撮りたがりだったようです。

――アマさん（お手伝いさん）が『星間ブリッジ』に出てきますが、おばあさんにはそういう思い出があるんですか。

なんでもアマさんがしてくれたそうです。『星間ブリッジ』の最後のほうに出てくる話ですが、（敗戦後、日本人が）収容所に入れられていた時は、食べ物が限られていたので、アマさんがこっそり運んできてくれたそうです。

――実話なんですね。

ほんとにそれが嬉しかったっていう話を聞きました。そこからアマさんのキャラクターが見えてきて、こういう人だったのかなと想像しました。

――アマさんが上海の人じゃなくて、余所の農村から来たことも描かれてましたね。今でも、上海でお手伝いさんをお願いすると、外地の方が多いようですね。

そういうところから、ちょっと日本を離れた考えをするような性格というのが、できてきたのかもしれません。日本だけにいるとなんでも日本のものばかりになってしまいますが、祖母は、海外の人と出会って話すことで、視野が広がっていったのかなと感じました。

――おばあさんは、随分視野の広い方でいらっしゃるんですか。

やっぱり戦争の経験をしていると、「日本は素晴らしくて、あの時私は頑張った」みたいなことを言うんじゃないか、と想像してたのですが、そんなことは言いません。当時はすごく大変な生活だったけど、それでもやっぱり、中国の人たちのほうが大変だったし、それに「日本がやったことはおかしかった」という話をしていました。そういう広い視野を持っていたのは、そんな経験をしているからかなと思いました。

私も中学生が習う歴史ぐらいの知識しかない中で始めたので、祖母が「あの時は日本がおかしかったんだよ」と話すのを直接聞いた時、最初に、「えっ、そうなの？」という、驚きがありました。

――戦争の話が、特に第四巻にきちんと描いてあります。ハルが日本に帰っていた間に、シンが日本軍のために非常につらい経験をしたことが描かれていますが、どうしてそういう話を描こうとなったんですか。

　私は絵や写真からアイデアをもらうことが多いのですが、『一億人の昭和史　日本の戦史5　日中戦争3』（毎日新聞社、一九七九年）という写真集があって、日中戦争の時に子供が兵隊になっている写真を見ました。そのとき体中にいっぱい、食器類とか、ガラガラと下げて、靴もボロボロで、非常に険しい顔をした、十歳くらいの男の子の写真がありました。それが「シン」のモデルになったと思います。

――（『一億人の昭和史』を開いて）中国で撮った写真ですね。

　そうです。それからニュースを見ていると、同じような少年兵などの映像が今も流れてくるので、それと重ねて描いた感じがあります。

　当時の資料がなかったので、今のニュースの画像と結びつけて、自分のイメージで描いていきました。

――たとえば上海事変の話が『星間ブリッジ』に登場しますが、これなどは、アウトラインは文字の本である程度知っていらっしゃった上で、写真から具体的なイメージにされたということですか。

　そうです。文字の本だと内山書店店主の内山完造の書いた『花甲録』は、何月何日と、日記のように書かれていたのがよかったです。それから人の様子や天気が書かれていることが、マンガにするには便利でした。

　ほかの資料だと、上海やその人びとを上から見たように、全体は把握できるのですが、そこを地上に降りて、周りの人を見ているような視点が『花甲録』にはあるので、すごく参考になりました。

――日本人の中でも、比較的豊かなスコット組と後から来た貧しい後来組との関係とか描かれていますが、そうしたことも、おばあさんから聞かれたのですか。

　それは、聞いた話ではなく、資料からです。スコット組に関する資料があったので、参考にしました。それに加えて、日頃生活していく中で、仕事がものすごくきつい時とか、満員電車にぎゅっと詰めこまれている時とかに、人間ってどういう気持ちになるのかな、と考えたりします。そういう時に、あまりにもきついと、やっぱり自分はマシだと思いたい気持ちが私にあって、そこからちょっと負の感情といったものが生まれるのだなと思いました。それを自分の中に見つけた時に「これだから、人間って差別がなくならないんだな」という気持ちになりました。学校の中でいじめられたりすると、自分たちより下だと見ていた中国の人たちに対して、「あいつよりはマシだ」と思うためにいじめたりすることは、自然な流れだろうと、自分の満員電車の体験から深めました。

――日本人の中でも、スコット組の子供が後来組の子供をいじめます。それから、後来組のワルガキが、中国人をいじめる。そういう人間の心理や気持ちを、当時の歴史的な状況の中できちんと描くことは、なかなかできないことだと思いました。

そうなんですね。

――人の気持ちを描くのは、文学でもマンガでも、よく行われます。それを、非常に抽象的な言い方になりますが、歴史家も研究する、社会の中の差別と抑圧の構造を踏まえて描いてあって、すごく感心しました。

このイジメのエピソードを描いたことで、「そう言えば、そういう風潮、あったよ」という話を聞きました。そう言われて「想像と合ってたんだ」と、うれしかったです。

――はじめは日本人のワルガキにいじめられて怯えていたシンが、ものすごく強い抗日の闘士になっていくところや、子供の非常にやわらかい感性を、歴史の流れの中で、マンガで描けるのだと思いました。

マンガはキャラクターを追って、読んでいくものだと思うので、資料集や年表ではわからない、人の心の動きを、浮き彫りにしたいなと思いました。

――タイトルの『星間ブリッジ』ですが、どういう意味で決めたんですか。

二つがつながるイメージで橋渡しと思って「ブリッジ」にしました。それから、物語の最初が七夕で始まっているので、「星間」がいいんじゃないかと、くっつけたものです。

――描いていく中で、こだわった点はどんなところですか。

生活感だと思います。食べたり、怪我をしたり、病気になったり、トイレが出てきたり、馬桶《マートン》（移動式便器）とか、そういう人の生活というのを描こうと思いました。

――読者はどんな方が多いんですか。

アンケートは、四十代男性の方から、結構いただきます。二十代から三十代の方もいます。そんな中で、五十代ぐらいの方が『星間ブリッジ』を読んで、お母様が上海の女学校だったので、こういうのがあるよと教えたらしいんですよ。そしたら「当時の風景、背景がそのままで、なつかしくて」というお葉書をいただきました。

――いいお話ですね。

すごくうれしくてお返事したら、さらに同級生がいらして、読者層が九〇代の女性の方に広がったのが、驚きでした。私としては、当時の方に読んでもらえるなんて思っていませんでした。想像で描いた部分も「体験のまま」といわれると「ああ、頑張って考えてよかった」と思いました。

**高綱博文**――日本だけではなく、現地の中国の人たち、上海の人たちに読んでいただいてはと思います。こういうふうに上海のこと、戦争中のことを、日本の若い人がとらえてるんだと、中国版が出るといいなと思っています。

デジタル版では、中国の出版社と契約して、翻訳出版がされているそうです。

私は、中国の方に読んでいただくのは

どうなのかなと思った時がありました。現地の方で当時のことをしゃべらない人がいると聞いて、そうした日本人との関係に嫌な思い出を持ってる人がいるんだと思ったからです。でも最近、微博《ウェイボー》（中国版Twitter）で紹介してくださって、すごい反響がありました。好意的なコメントがたくさん寄せられたと聞いて、びっくりしました。「きゅっきゅぽん」は、漢字で「灸球本」です。伝えたかったことが伝わってうれしかったです。

**髙綱**——中国、上海をテーマにするなら、向こうの方々に受け入れられるようなものがいいね。日本のマンガが、海外でたくさん読まれていますが、おそらくいろいろな世代の人たちが読んでいると思います。昔の古い日中関係で考えないで、若い人たちがお互いに発信しあって共感するような交流ができて、名前のとおりに、日中のブリッジになりましたね。

　うれしいです。

**髙綱**——私は以前、『ミッシェルの口紅』など上海を舞台にした作品をお書きになった作家の林京子さんのインタビューを何度かしました。彼女の作品も子供の視点で書かれてます。子供はいわば中立なので、政治的なこともあまり複雑にならないで書けますから。

　このマンガを書くにあたって一番気をつけようと思ったのも、そういう思想とか、大人の事情とかいうのを、入れないということです。ひたすらに翻弄されながら生きている人を描こうと思いました。ただ、後半に行くに従って、主人公が、やっぱりお国のためにというようになっていくのが、描きながら難しいと思いました。

——それもちゃんと描いてあるのがいいんだと思います。それがないと逆にあの時代としてはうそっぽい。それから敗戦の時ですが、日本が戦争に負けて、中国の人たちが喜んでる場面がありますね。中国で描かれたものにそういう話は出てくるけど、日本人の描いたものにはあまり出てこないこともちゃんと描かれているのもいいですね。

　次作もどんなものをお描きになるか、すごく楽しみで、期待しています。今日は本当にありがとうございました。

二〇一九年一月二十五日

於／勉誠出版

## 編者プロフィール

**髙綱博文**（たかつな・ひろふみ）
日本大学教授。専門は中国近現代史、上海史。
主な著書に『「国際都市」上海のなかの日本人』（研文出版、2009年）、『戦時上海1937〜45年』（編著、研文出版、2005年）、『戦時上海のメディア―文化的ポリティクスの視座から』（共編著、研文出版、2016年）、『アジア遊学205　戦時上海グレーゾーン』（共著、勉誠出版、2017年）などがある。

**木田隆文**（きだ・たかふみ）
奈良大学文学部教授。専門は日本近代文学。
主な著書・論文に『アジア遊学205　戦時上海グレーゾーン』（共編著、勉誠出版、2017年）、「武田泰淳『中秋節の頃（上）』の周辺―日本統治下上海における邦人文学界の状況」（『日本近代文学』2011年11月）、「上海漫画家クラブとその周辺―『大陸新報』掲載記事を手掛かりに」（『戦時上海のメディア―文化的ポリティクスの視座から』研文出版、2016年）などがある。

**堀井弘一郎**（ほりい・こういちろう）
日本大学非常勤講師。専門は日中関係史。
主な著書・論文に『汪兆銘政権と新国民運動―動員される民衆』（創土社、2011年）、『「満州」から集団連行された日本人技術者たち―天水「留用」千日の記録』（創土社、2015年）、『アジア遊学205　戦時上海グレーゾーン』（共編著、勉誠出版、2017年）などがある。

## 執筆者一覧（掲載順）

| | | | |
|---|---|---|---|
| 高綱博文 | 関　智英 | 山口早苗 | 上井　真 |
| 菊池敏夫 | 石島紀之 | 邵　迎建 | 石川照子 |
| ヒキタミワ | 片山和之 | 藤田拓之 | 関根真保 |
| 趙　怡 | 陳　祖恩 | 堀井弘一郎 | 武井義和 |
| 井上邦久 | 吉村明郎 | 陳　童君 | 丁　世理 |
| 藤原崇雅 | 戸塚麻子 | 山﨑眞紀子 | 馬　軍 |
| 竹松良明 | 渡邊ルリ | 岸　満帆 | きゅっきゅぽん |
| 小浜正子 | | | |

【アジア遊学236】

# 上海《しゃんはい》の戦後《せんご》

## 人びとの模索・越境・記憶

2019年7月31日　初版発行

編　者　高綱博文・木田隆文・堀井弘一郎
発行者　池嶋洋次
発行所　勉誠出版株式会社
〒101-0051　東京都千代田区神田神保町3-10-2
TEL：(03)5215-9021(代)　FAX：(03)5215-9025

〈出版詳細情報〉http://bensei.jp/

印刷・製本　㈱太平印刷社

ISBN978-4-585-22702-1　C1322

**235 菜の花と人間の文化史 —アブラナ科植物の栽培・利用と食文化**

武田和哉・渡辺正夫　編

## 231 中国雲南の書承文化 —記録・保存・継承

山田敦士　編



## 232 東アジア古典演劇の伝統と近代

毛利三彌・天野文雄　編

巨木と仙薬が奏でる物語―『うつほ』の物語、
あるいは陶酔と幻想の「胡笳の調べ」　上原作和
「花の詩学」と「樹の詩学」（試論）　長谷川弘基
「ワークワークの樹」のはるかなる旅
―『千一夜物語』から『西遊記』まで　長谷川亮一
近世随筆に見る樹木奇談―樹が動くとき
碁石雅利
漱石文学と隠喩としての植物―『門』を中心に
李哲権
泉鏡花、魂のゆくえの物語　兵藤裕己
あとがき　正道寺康子

## 229 文化装置としての日本漢文学

滝川幸司・中本大・福島理子・合山林太郎　編

序言　滝川幸司・中本大・福島理子・合山林太郎

**Ⅰ　古代・中世漢文学研究の射程**

平安朝漢文学の基層―大学寮紀伝道と漢詩人たち
滝川幸司
長安の月、洛陽の花―日本古典詩歌の題材となった中国の景観　高兵兵
後宇多院の上丁御会をめぐって　仁木夏実
誰のための「五山文学」か―受容者の視点から見た五山禅林文壇の発信力　中本大

**Ⅱ　江戸漢詩における「唐」と「宋」**

語法から見る近世詩人たちの個性―“エクソフォニー”としての漢詩という視点から　福島理子
室鳩巣の和陶詩―模倣的作詩における宋詩の影響
山本嘉孝
竹枝詞の変容―詩風変遷と日本化　新稲法子
近世後期の詩人における中唐・晩唐　鷲原知良

**Ⅲ　東アジア漢文交流の現実**

通信使使行中の詩文唱和における朝鮮側の立場
―申維翰の自作の再利用をめぐって　康盛国
蘇州における吉嗣拝山　長尾直茂

**Ⅳ　漢詩・和歌が統べる幕末・維新期の社会**

幕末志士はなぜ和歌を詠んだのか―漢詩文化の中の和歌　青山英正
漢詩と和歌による挨拶―森春濤と国島清
日野俊彦
西郷隆盛の漢詩と明治初期の詞華集　合山林太郎

**Ⅴ　近代社会の礎としての漢学**
**―教育との関わりから**

明治日本における学術・教学の形成と漢学
町泉寿郎
懐徳堂と近現代日本の社会　湯浅邦弘

**Ⅵ　新たな波―世界の漢文学研究と日本漢詩文**

英語圏における日本漢文学研究の現状と展望
マシュー・フレーリ
朝鮮後期の漢文学における公安派受容の様相
姜明官（康盛国訳）
越境して伝播し、同文の思想のもと混淆し、一つの民族を想像する―台湾における頼山陽の受容史（一八九五～一九四五）
黄美娥（森岡ゆかり・合山林太郎訳）
あとがき

## 230 世界遺産バリの文化戦略 ―水稲文化と儀礼がつくる地域社会

海老澤衷　編

まえがき

**Ⅰ　バリ島研究とそのイメージ形成**

「バリ島」イメージの形成と日本　海老澤衷
クリフォード・ギアーツの人類学とその後の人類学的研究　西村正雄
スバック・グデ・スウェチャプラと王朝の伝統
三浦恵子

**Ⅱ　バサンアラス村の調査から**

スバック・バサンアラスの形態的特質と東アジアの水利社会　海老澤衷
バサンアラス村における神聖と不浄の生活空間
三浦恵子
バサンアラス村の奉納舞踊ルジャン　河合徳枝

**Ⅲ　バリ島の世界遺産と農業**

バリ州の文化的景観―世界遺産登録の過程と地元農民の期待と課題

## アジア遊学既刊紹介